Kompendien
für Studium, Praxis und Fortbildung

Dirk Weber
unter Mitwirkung von Prof. Dr. Jürgen Vahle

Methodik der Fallbearbeitung
im Ordnungs- und Sozialrecht

Die Deutsche Nationalbibliothek verzeichnet diese Publikation in
der Deutschen Nationalbibliografie; detaillierte bibliografische
Daten sind im Internet über http://dnb.d-nb.de abrufbar.

ISBN 978-3-8487-4455-8 (Print)
ISBN 978-3-8452-8667-9 (ePDF)

1. Auflage 2018
© Nomos Verlagsgesellschaft, Baden-Baden 2018. Gedruckt in Deutschland. Alle Rechte, auch
die des Nachdrucks von Auszügen, der fotomechanischen Wiedergabe und der Übersetzung,
vorbehalten. Gedruckt auf alterungsbeständigem Papier.

Vorwort

Das öffentliche Recht stellt auch in methodischer Hinsicht eine besondere Herausforderung dar. Bundes- und Landesrecht, materielles Recht und Prozessrecht – beide überlagert durch das Europarecht - sind in vielfacher Weise miteinander verknüpft. Das bloße „Einpauken" des Stoffes einzelner Module bietet keine Garantie für eine gelungene Klausur. Fallbearbeitungen scheitern vielfach nicht (nur) an inhaltlichen, sondern an methodischen Mängeln. An erster Stelle der Mängelliste stehen unzureichende Kenntnisse der Normauslegung und der Subsumtion, also der Anwendung einer Norm auf einen konkreten Sachverhalt. In vielen Fällen werden nur schlichte Behauptungen aufgestellt und Ergebnisse mitgeteilt.

Dieser Befund ist nicht neu. Seit Jahren veröffentlichen die Fachzeitschriften entsprechende Erfahrungsberichte. Der Zustand ist umso mehr zu bedauern, als die juristische Methodik zu den Grundlagenfächern der Ausbildung gehört. Offenbar wird die Bedeutung des Faches in verhängnisvollem Ausmaße unterschätzt. Dabei ist die juristische Methodik kein akademischer Selbstzweck. Sie soll helfen, das materielle Wissen in den Köpfen der Studierenden in eine gelungene Falllösung umzusetzen. Eine saubere Argumentation hilft zudem über Wissenslücken hinweg, zumal nicht jedes Rechtsproblem und jeder Theorienstreit bekannt sein dürften, geschweige denn müssen. Bei unbekannten Problemen können methodensichere Studierende mindestens eine vertretbare Lösung mit nachvollziehbarer Begründung erarbeiten. Studierende ohne Methodenverständnis schießen demgegenüber mit der Schrotflinte und hoffen auf einen (Zufalls-) Treffer. Ein gesundes Rechtsgefühl ist zwar wertvoll, ersetzt aber keine methodisch einwandfreie Argumentation.

Nun mag der eine oder andere einwenden, methodische Mängel in Klausuren seien lässliche Sünden, in der Verwaltungspraxis komme es auf ganz andere Dinge an. Indessen ist zu befürchten, dass ein „gelernter" sorgloser Umgang mit Methodenregeln sich später im Beruf fortsetzen wird. Die Behördenpraxis bietet hinreichend Anschauungsmaterial für „bürgerunfreundliche" – schlecht strukturierte, unsorgfältige und schwer verständliche – Bescheide, die ihre Überzeugungsfunktion nicht zu erfüllen vermögen. Wer es nicht gelernt hat, ein präzises Gutachten zu verfassen, wird im Beruf kaum in der Lage sein, einen überzeugenden Bescheid, Bericht oder Vermerk abzuliefern.

Die nachfolgenden methodischen Hinweise sollen eine möglichst frühzeitige Hilfestellung bei der Erarbeitung der wichtigsten Methodenregeln geben. Hierbei sind die Erfahrungen der Verfasser als Dozenten und Prüfer in Staatsexamen im Diplom-Studiengang sowie in der aktuellen, auf den Abschluss als „Bachelor" angelegten Ausbildung eingeflossen. Zahlreiche Beispiele sollen den gelegentlich als trocken und abstrakt empfundenen Stoff auflockern. Enzyklopädische Breite und Tiefe wurde bewusst nicht angestrebt, um die Leserinnen und Leser nicht mit theoretischem Ballast zu „erschlagen". Weniger ist auch hier manchmal mehr.

Bielefeld, im Dezember 2017　　　　　　　　　　　　　　　　　　Die Autoren

Inhaltsverzeichnis

Abkürzungsverzeichnis		9
A.	**Rechtsanwendung**	11
B.	**Auslegungsregeln**	91
	I. Verortung und Bedeutung der Auslegung	91
	II. Wortlautauslegung	92
	III. Systematische Auslegung	94
	IV. Teleologische Auslegung	97
	V. Historische Auslegung	100
C.	**Rechtsfortbildung**	101
	I. Teleologische Reduktion	101
	II. Gesetzesanalogie	105
	III. Erst-Recht-Schluss	110
	IV. Umkehrschluss	112
	V. Rechtsfortbildung contra legem	113
D.	**Technik der Fallbearbeitung**	115
	I. Klausurtext und Fragestellung	115
	II. Die Klausurlösung	116
	1. Der Einstieg in die Falllösung	116
	2. Gliederung	117
	3. Überzeugende Argumentation	119
	4. Überzeugende Problemdarstellung	121
	5. Offenlassen eines Tatbestandsmerkmals	124
	6. Haupt- und Hilfsbegründung	125
	7. Hilfsgutachten	125
	8. Hilfsgutachten bei verunglücktem Sachverhalt	127
	9. Die Niederschrift der Arbeit – richtige Schwerpunktbildung	127
	10. Das äußere Erscheinungsbild	128
	11. Stilistische Hinweise	129
E.	**Klausurübungen**	134
	I. Fall 1 (Vahle)	134
	II. Fall 2 (Weber)	152
Literaturverzeichnis		173
Stichwortverzeichnis		175

Abkürzungsverzeichnis

a. A.	andere Ansicht / andere Auffassung
AEUV	Vertrag über die Arbeitsweise der Europäischen Union
AGG	Allgemeines Gleichbehandlungsgesetz
AGO	Allgemeine Geschäftsordnung für die Behörden des Freistaates Bayern
ALG II-V	Arbeitslosengeld II-Verordnung - Verordnung zur Berechnung von Einkommen sowie zur Nichtberücksichtigung von Einkommen und Vermögen beim Arbeitslosengeld II/Sozialgeld
AllMBl.	Allgemeines Ministerialblatt des Bayerischen Staatsministeriums
AöR	Archiv des öffentlichen Rechts
AufenthG	Aufenthaltsgesetz
BFH	Bundesfinanzhof
BGB	Bürgerliches Gesetzbuch
BGBl.	Bundesgesetzblatt
BHKG	Gesetz über den Brandschutz, die Hilfeleistung und den Katastrophenschutz
BImSchG	Bundesimmissionsschutzgesetz
BSG	Bundessozialgericht
bspw.	beispielsweise
BVerfG	Bundesverfassungsgericht
BVerfG	Bundesverfassungsgerichtsgesetz
BVerfGE	Entscheidungssammlung des BVerfG
BVerwG	Bundesverwaltungsgericht
BVerwGE	Entscheidungssammlung des BVerwG
d.h.	dass heißt
DVP	Deutsche Verwaltungspraxis (Zeitschrift)
EFA	Europäisches Fürsorgeabkommen
EMRK	Europäische Menschenrechtskonvention
EuGH	Europäischer Gerichtshof
EuV	Vertrag über die Europäische Union
FeV	Fahrerlaubnisverordnung
GewO	Gewerbeordnung
GG	Grundgesetz
ggf.	gegebenenfalls
GO	Gemeindeordnung
GO NRW	Gemeindeordnung Nordrhein-Westfalen
GVG	Gerichtsverfassungsgesetz
i. S.	im Sinne
i.V.m.	in Verbindung mit
JA	Juristische Arbeitsblätter (Zeitschrift)
Jura	Juristische Ausbildung (Zeitschrift)
JuS	Juristische Schulung (Zeitschrift)
JustG NRW	Gesetz über die Justiz im Land Nordrhein-Westfalen
KAG	Kommunalabgabengesetz für das Land Nordrhein-Westfalen
KommJur	Kommunaljurist (Fachzeitschrift)
KWahlG	Kommunalwahlgesetz
LBauO NRW	Landesbauordnung NRW

LGG	Landesgleichstellungsgesetz
lit.	Buchstabe
LZG NRW	Landeszustellungsgesetz NRW
n. F.	neue Fassung
NJW	Neue Juristische Wochenschrift (Zeitschrift)
NRW	Nordrhein-Westfalen
NRWVerf	Verfassung für das Land Nordrhein-Westfalen
NVwZ-RR	Neue Zeitschrift für das Verwaltungsrecht – Rechtsprechungsreport (Zeitschrift)
NWVBl.	Nordrhein-Westfälische Verwaltungsblätter (Zeitschrift)
OBG	Ordnungsbehördengesetz NRW
OVG	Oberverwaltungsgericht
OVGE	Entscheidungen der Oberverwaltungsgerichte
OWiG	Gesetz über Ordnungswidrigkeiten
PolG NRW	Polizeigesetz des Landes Nordrhein-Westfalen
Rn.	Randnummer
S.	Satz, Seite
SchulG NRW	Schulgesetz für das Land Nordrhein-Westfalen
SG	Sozialgericht
SGB I	Erstes Buch Sozialgesetzbuch
SGB II	Zweites Buch Sozialgesetzbuch
SGB X	Zehntes Buch Sozialgesetzbuch
SGB XII	Zwölftes Buch Sozialgesetzbuch, Zwölftes Buch Sozialgesetzbuch
sog.	sogenannte
StAnz	Staatsanzeiger
StRegBek.	Bekanntmachung der Behörden und Stellen, denen Auskunft aus dem Strafregister zu erteilen ist
StrWG	Straßen- und Wegegesetz
StrWG NRW	Straßen- und Wegegesetz des Landes Nordrhein-Westfalen
StVG	Straßenverkehrsgesetz
StVO	Straßenverkehrs-Ordnung
u. a.	unter anderem
u. Ä.	und Ähnliches
VG	Verwaltungsgericht
VGHG NRW	Gesetz über den Verfassungsgerichtshof für das Land Nordrhein-Westfalen
VR	Verwaltungsrundschau (Zeitschrift)
VwGO	Verwaltungsgerichtsordnung
VwVfG	Verwaltungsverfahrensgesetz
VwVfG NRW	Verwaltungsverfahrensgesetz für das Land Nordrhein-Westfalen
VwVG NRW	Verwaltungsvollstreckungsgesetz für das Land Nordrhein-Westfalen
WaffG	Waffengesetz
z. B.	zum Beispiel
ZJS	Zeitschrift für das Juristische Studium
ZPO	Zivilprozessordnung

A. Rechtsanwendung

I. Bedeutung der juristischen Methodik

Als bei mir vor kurzem ein Handwerker ein Loch bohren sollte, fehlte ihm die Bohrmaschine. Ich konnte ihm aushelfen. Als er die Bohrmaschine anlegte, nahm er den falschen Bohrer, bohrte das Loch in der falschen Größe und beschädigte den Klinker irreparabel. Ein Handwerker ohne sein „Handwerkszeug" und ohne Kenntnis der richtigen Bedienung der Geräte gibt ein erbärmliches Bild von sich ab.

Obwohl es eigentlich jedem einleuchten sollte, dass man z. B. eine Lochbohrung wohl kaum nur mit bloßen Händen durchführen kann, glauben manche, ein juristischer Fall könne ohne jedes "Handwerkszeug" gelöst werden. Dies ist eine grobe Fehleinschätzung, die mir unverständlich ist. Wer sie teilt, wird im Berufsalltag an seine Grenzen stoßen und im Klausur"geschäft" scheitern.

Wollen Sie in ihren Klausuren glänzen? Wollen Sie dauerhaften beruflichen Erfolg, weil Sie das von Ihnen anzuwendende (Verwaltungs-) Recht gut beherrschen? Dann wird Ihnen dieses Buch helfen, die genannten Ziele zu erreichen.

Dabei vergegenwärtigen Sie sich bitte, dass Sie sich – zumindest während ihres Studiums – in einem laufenden Prozess befinden. Kein Mechaniker kann den Reifenwechsel bereits beim ersten Mal in Perfektion ausführen. Sie müssen also die juristische Methodik üben, einstudieren und wiederholen. Dann wird Ihnen die Rechtsanwendung zunehmend einfacher und plausibler erscheinen. Studieren Sie daher dieses Werk nicht nur am Anfang ihrer Ausbildung, sondern machen Sie es zu ihrem regelmäßigen Begleiter.

Gerade am Anfang ihres Studiums oder ihrer Ausbildung werden Sie möglicherweise die Bedeutung dieses Moduls bzw. dieses Faches nicht „richtig" einschätzen. Sie wissen am Start ihres Studiums noch nicht, was Rechtsanwendung ist, welchen systematischen Regeln sie folgt oder generell welche Bedeutung methodische Kenntnisse haben, um zu einem nachvollziehbaren Ergebnis zu kommen. Dies liegt daran, dass Sie in allen Rechtsfächern mit einem neuen Lehr- und Lernbereich konfrontiert werden, zu dem Sie in ihrem bisherigen Leben (vermutlich) keine Berührungspunkte hatten. Ihnen fehlt es am Anfang also an den Fachkenntnissen des jeweiligen Rechtsgebietes. Das macht die Angelegenheit für Sie und Ihren Dozenten zu einer Herausforderung. Bleiben Sie trotzdem „am Ball". Folgen Sie dem Unterricht oder der Vorlesung auch dann, wenn Sie keinen Leistungsnachweis erbringen müssen.

Juristische Methodik ist kein Hexenwerk. Es folgt zwar nicht mathematischen Regeln. Es gibt bei problematischen Fragen auch nicht die „einzig richtige Lösung". Die Auslegung von Recht und die Rechtsanwendung unterliegen aber bestimmten – in der Anzahl und im Umfang überschaubaren – Methoden. Dabei kommt es darauf an, eine rechtlich vertretbare Lösung zu erarbeiten.

Auch die Ansicht, es werde im Recht mit "Gummiparagrafen" gearbeitet, ist letztlich unzutreffend. Ich will Ihnen das an einem Beispiel verdeutlichen:

Stellen Sie sich vor, Sie wären im Ordnungsamt einer Behörde tätig. Sie sollen begutachten, ob gegen ein "Damen-Schlamm-Catchen-Oben-Ohne" behördliche Maßnahmen ergriffen werden sollen.

1

Lesen Sie bitte § 14 Abs. 1 OBG. Dieser lautet: „Die Ordnungsbehörden können die notwendigen Maßnahmen treffen, um eine im einzelnen Falle bestehende Gefahr für die öffentliche Sicherheit oder Ordnung (Gefahr) abzuwehren."

Dabei stoßen Sie auf den Begriff "öffentliche Ordnung". Erst wenn Sie genau wissen, was darunter zu verstehen ist, können Sie auch eine richtige Entscheidung treffen. Dabei ist es durchaus möglich, dass Sie einen Verstoß gegen die öffentliche Ordnung annehmen oder auch nicht. Dies hängt nämlich von den Umständen des Einzelfalls ab. Man kann dies eben nicht generell sagen, weil möglicherweise die örtlichen Gegebenheiten eine Rolle spielen (auf St. Pauli wird der Fall vermutlich anders zu beurteilen sein als im beschaulichen Extertal im Kreis Lippe). Aber selbst, wenn ein Verstoß gegen die öffentliche Ordnung angenommen wird, müssen Sie noch nicht ohne weiteres einschreiten. Da Sie eine sog. Ermessensentscheidung treffen (das ist ein Problem des Allgemeinen Verwaltungsrechts, bitte nicht mit Willkür verwechseln!), kann es durchaus rechtlich richtig sein, untätig zu bleiben, aber auch auf diese oder jene Weise einzuschreiten.

Möglicherweise meinen Sie jetzt, gerade solch ein Beispiel zeige, wie vage das Recht doch sein kann. In Wahrheit handelt es sich hier aber nur um die Anwendung einer Vorschrift, die den Behördenbediensteten bewusst weite Handlungsspielräume eröffnen will. Rechtliche Fehler dürfen Sie jedoch nicht begehen. So stellt sich im Beispielsfall die Frage des Einschreitens logisch erst dann, wenn überhaupt ein Verstoß gegen die öffentliche Ordnung anzunehmen ist. Auch wäre es rechtsfehlerhaft, wenn Sie sich für verpflichtet hielten, in jedem Falle tätig zu werden.

Wer aber weiß, wie man ein Gesetz liest, wird diese Pannen vermeiden und zu einer vertretbaren Lösung gelangen. Hierfür gibt es Regeln, die bei der Entscheidungsfindung zu berücksichtigen sind (Das verkennen Laien oft, z. B. wenn vermutet wird, eine Behörde habe immer Ermessen!).

Im Folgenden wird Ihnen u. a. gezeigt werden, wie man ein Gesetz liest, wie man es anwendet und ggf. auslegt. All dies sind typische methodische Probleme. Wer dies wirklich für unwichtig hält, sollte nicht weiterlesen. Im Übrigen soll die Einführung an dieser Stelle abgebrochen werden, weil juristische Methodik nicht beschrieben, sondern praktiziert werden sollte.

II. Zitieren von Rechtsvorschriften

2 Das Arbeiten mit und an Rechtsnormen und Gesetzestexten macht das Zitieren von Rechtsvorschriften erforderlich. Ohne dass es eine rechtsverbindliche Vorgabe gibt, haben sich inzwischen gängige Zitierformen etabliert. Darüber hinaus gibt es Anstrengungen, eine einheitliche Zitierweise auch verbindlich vorzugeben. Das Bundesjustizministerium hat z. B. in seinem „Handbuch der Rechtsförmlichkeit" unter http://hdr.bmj.de festgelegt, wie Rechtsvorschriften zitiert werden müssen. Für Bayern sind nach § 22 Abs. 3 AGO „Redaktionsrichtlinien"[1] erlassen worden.

3 Nach dem Handbuch der Rechtsförmlichkeit sollten Sie sich an folgende Zitierregeln halten:

---

1 StRegBek vom 06.08.2002 (AllMBl 2002, S. 595, StAnz 2002, Nr. 35 (Beilage 5), zuletzt geändert durch StRegBek vom 03.12.2013 (AllMBl, S. 549).

II. Zitieren von Rechtsvorschriften

	Schreibweise nach dem Handbuch für Rechtsförmlichkeit	Alternativ
Paragraf	§	
Paragrafen	§§	
Artikel	Artikel	Art.
Absatz	Absatz	Abs.
Satz	Satz	S.
Halbsatz	Halbsatz	Hs.
Alternative	Alternative	Alt.
Nummer	Nummer	Nr.
Ziffer	Ziffer	Ziff.
Buchstabe	Buchstabe	Buchst.; lit.

Ein „Absatz" oder auch ein „Satz" wird nur zitiert, wenn die maßgebende Rechtsnorm auch einen „Absatz" oder „Satz" besitzt. Wird ein Satz, ein Halbsatz, eine Nummer bzw. Ziffer oder ein Buchstabe verwendet, wird die numerische oder alphabetische Bezeichnung nachgestellt. **4**

In wissenschaftlichen Arbeiten und Abhandlungen sollten diese genannten Abkürzungen verwendet werden, weil sie der gängigen Konvention entsprechen, auf den Leser besser wirken und für mehr Klarheit sorgen. Jedem Paragrafennachweis muss die Kurzbezeichnung des zitierten Gesetzes folgen.

In einer verkürzten Schreibweise ist es zulässig, die Absätze in römischen und die Sätze in arabischen Ziffern wiederzugeben. Diese Kurzform bietet sich in Klausuren an, wenn auf unnötige Schreibarbeit verzichtet werden und Zeit eingespart werden soll. **5**

Beispiele für Alternative 1	Beispiele für Alternative 2
§ 433 Abs. 1 BGB	§ 433 I BGB
Art. 2 Abs. 2 S. 1 GG | Art . 2 Abs. 2 Satz 1 GG	Art. 2 II 1 GG
§ 35 S. 1 VwVfG NRW | § 35 Satz 1 VwVfG NRW	§ 35, 1 VwVfG NRW
§ 9 Abs. 2 S. 3 SGB II | § 9 Abs. 2 Satz 3 SGB II	§ 9 II 3 SGB II
§ 39 S. 3 Nr. 2 SGB XII | § 39 Satz 3 Nr. 2 SGB XII	§ 39 S. 3 Nr. 2 SGB XII
§ 41 Abs. 1 S. 2 Buchst. a) GO NRW § 41 Abs. 1 Satz 2 Buchst. a) GO NRW	§ 41 I 2 Buchst. a) GO NRW
§ 41 Abs. 1 S. 2 lit. a) GO NRW § 41 Abs. 1 Satz 2 lit. a) GO NRW	§ 41 I 2 lit. a) GO NRW
§ 7 Abs. 3 Nr. 3 Buchst. a) SGB II	§ 7 III Nr. 3 Buchst. a) SGB II
§ 7 Abs. 3a SGB II	§ 7 IIIa SGB II
§ 43 Abs. 1 Hs. 1 SGB XII	§ 43 I Hs. 1 SGB XII

Beispiele für Alternative 1	Beispiele für Alternative 2
§ 80 Abs. 2 S. 1 Nr. 4 VwGO	§ 80 II 1 Nr. 4 VwGO
§ 80 Abs. 2 Satz 1 Nr. 4 VwGO	

6 Halbsätze entstehen, wenn ein Satz durch ein Semikolon geteilt wird. Auch ohne „Semikolon" können Sätze durch ein alternatives „oder" geteilt sein. Dann kann die Zitation durch „Alt." für „Alternative" oder mit „Var." für „Variante" abgekürzt werden.

Beispiel

§ 61a Abs. 1 SGB XII lautet: „¹Pflegebedürftig sind Personen, die gesundheitlich bedingte Beeinträchtigungen der Selbständigkeit oder der Fähigkeiten aufweisen und deshalb der Hilfe durch andere bedürfen. ²Pflegebedürftige Personen im Sinne des Satzes 1 können körperliche, kognitive oder psychische Beeinträchtigungen **oder** gesundheitlich bedingte Belastungen **oder** Anforderungen nicht selbständig kompensieren oder bewältigen."

Eine Person kann also pflegebedürftig sein, wenn gesundheitlich bedingte Belastungen nicht selbständig kompensiert oder bewältigt werden können. Rechtsgrundlage hierfür wäre § 61a Abs. 1 S. 2 **Alt. 2** SGB XII.

7 Werden von den Rechtsanwendern andere „kreative" Varianten verwendet, sind diese frei erfunden und sollten vermieden werden. Dies gilt insbesondere für die Verwendung von Klammern, wenn die Nummer des „Absatzes" genannt wird. Die Schreibweise „§ 61 (1) 2 SGB XII" ist mindestens unüblich, wenn nicht sogar fehlerhaft.

8 Beachten Sie in beiden Varianten, dass Sie so genau und konkret wie möglich zitieren. Es reicht beispielsweise nicht aus, wenn Sie einen Absatz einer Rechtsnorm benennen, wenn die maßgebende Anspruchs- oder Ermächtigungsgrundlage in einem bestimmten Satz des jeweiligen Absatzes zu finden ist. Zitiert wird im Zweifel nach Satz, Halbsatz und/oder Nummer und/oder Alternative bzw. Variante.

9 Stehen zwei Rechtsnormen miteinander in Beziehung, wird dies durch die Wörter „in Verbindung mit", regelmäßig abgekürzt durch „i.V.m." deutlich. Die Verbindung kann dadurch bestehen, dass auf eine andere Rechtsnorm verwiesen wird (Rechtsfolgen- oder Rechtsgrundverweisung) oder dass ein Tatbestandsmerkmal einer Rechtsnorm durch eine andere Rechtsnorm definiert oder ausgefüllt wird (Hilfsnormen). Zum Beispiel verweist § 31 Abs. 1 SGB X auf die Regeln zur Fristberechnung im BGB. Eine mögliche Zitation kann also lauten: § 31 Abs. 1 SGB X i.V.m. §§ 187 ff. BGB, wenn der Verfasser z. B. die Fristberechnung anhand der einschlägigen Paragrafen deutlich machen will.

III. Rechtsnormtypen

1. Antwortnormen

a) Bedeutung

10 Als Antwortnormen bezeichnet man eine Rechtsnorm, deren Rechtsfolge die Fallfrage unmittelbar beantwortet.

11 In der öffentlichen Verwaltung gibt es nur zwei Typen von Fallfragen. Entweder möchte der Bürger eine Leistung vom Staat erhalten – dann spricht man von einer **Anspruchsgrundlage**. Oder die Verwaltung möchte in die Rechte der Bürger eingreifen, indem sie vom Bürger ein Tun, Dulden oder Unterlassen verlangt – ggf. be-

III. Rechtsnormtypen

nötigt die Verwaltung aufgrund des Grundsatzes der Gesetzmäßigkeit der Verwaltung (Art. 20 Abs. 3 GG) eine **Ermächtigungsgrundlage (Ermächtigungsnorm oder Befugnisnorm).**

Beispiele für Anspruchsgrundlagen
§ 7 Abs. 1 S. 1 SGB II, § 19 Abs. 1, § 19 Abs. 2, § 19 Abs. 3 SGB XII, § 75 Abs. 1 S. 1 BauO NRW

Beispiele für Ermächtigungsgrundlagen
§ 93 SGB XII, § 102 SGB XII, § 103 SGB XII, § 104 SGB XII
§ 14 Abs. 1 OBG, § 35 GewO

Da in unserer Rechtsordnung das Recht primärer Ordnungsfaktor ist, hat der Bürger nur einen Anspruch gegenüber dem Staat – oder im Zivilrecht gegen eine andere private Person -, wenn er sich auf eine entsprechende Rechtsgrundlage berufen kann. Kann der Anspruchsbegehrende dies nicht, hat sein Wollen keine rechtliche Relevanz.

Wenn Sie Antwortnormen und auch alle anderen Rechtsnormen betrachten, wird Ihnen auffallen, dass sich diese Rechtsnormen nie auf einen konkreten Fall beziehen. Rechtsnormen sind abstrakt-generell verfasst. Abstrakt heißt: losgelöst vom konkreten Einzelfall; anwendbar auf eine Vielzahl von denkbaren Sachverhalten. Generell heißt: losgelöst von einer konkreten Person oder Personengruppe; anwendbar auf eine unbestimmte Vielzahl von Personen bzw. Adressaten.

Im Verwaltungsrecht geht es vielfach darum, dass Sie die Rechtmäßigkeit eines Verwaltungsaktes prüfen müssen. Ein Verwaltungsakt (vgl. § 35 VwVfG NRW; § 31 SGB X) stellt das Ergebnis der Rechtsanwendung dar, d. h. die Umsetzung der abstrakt-generellen Regelung der Rechtsnorm auf den konkret-individuellen Einzelfall.

b) Einfach aufgebaute Antwortnormen

Die jeweils notwendige Rechtsgrundlage (Antwortnorm) wird der Gesetzesanwender **12** in den jeweiligen Rechtsquellen (insbesondere Verfassung, Gesetze, Rechtsverordnungen, Satzungen) finden.

Eine vollständige Rechtsnorm ist aufgebaut wie ein Konditionalsatz: „Wenn diese **13** Voraussetzung erfüllt ist, dann soll, kann oder muss eine bestimmte Rechtsfolge eintreten".

Eine solche Rechtsnorm ist also i.S. einer „Wenn ..., dann ..." Struktur aufgebaut. **Nur** wenn die „Wenn-Bedingung" erfüllt ist, kann auch die Rechtsfolge eintreten. Innerhalb des „Bedingungsteils" steht eine oder stehen mehrere Voraussetzungen. Deshalb spricht man auch von Voraussetzungs- oder Tatbestandsseite.

Die rechtliche Prüfung muss beendet werden, wenn bereits die Voraussetzungsseite nicht erfüllt ist. Es wäre verfehlt, die Rechtsfolgeseite zu prüfen, wenn die Anwendbarkeit einer Norm bereits an der Voraussetzungs- bzw. Tatbestandsseite scheitert. Ausführungen zur Rechtsfolgeseite können allerdings nötig sein, wenn ein „umfassendes" Gutachten erstellt werden soll, dass sich auf alle Aspekte eines Rechtsfalls erstreckt.

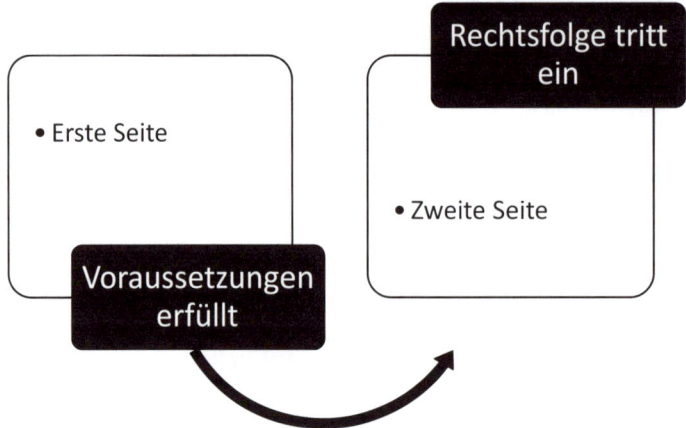

Beispiel

§ 28 Abs. 1 VwVfG NRW lautet: „Bevor ein Verwaltungsakt erlassen wird, der in Rechte eines Beteiligten eingreift, ist diesem Gelegenheit zu geben, sich zu den für die Entscheidung erheblichen Tatsachen zu äußern." Die Rechtsnorm kann auch wie folgt gelesen werden: **„Wenn** ein Verwaltungsakt (VA) erlassen wird, der in Rechte eines Beteiligten eingreift, **dann** ist diesem Gelegenheit zu geben, sich zu den für die Entscheidung erheblichen Tatsachen zu äußern."

Dann weist § 28 Abs. 1 VwVfG NRW also folgende Struktur auf:

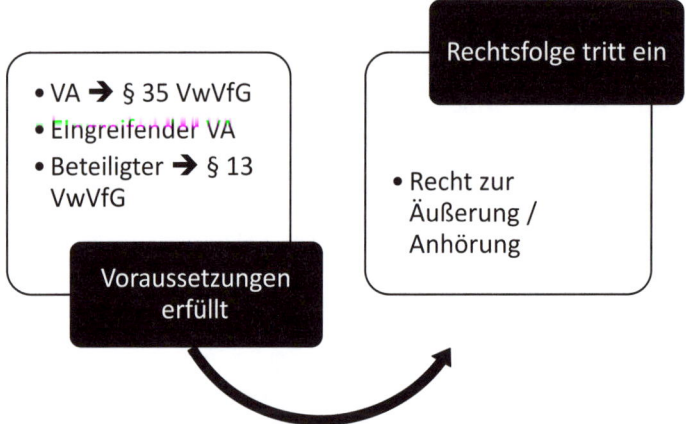

14 Das Beispiel macht deutlich, dass die Voraussetzungsseite aus mehreren sog. Tatbestandsmerkmalen bestehen kann. Die hier relevanten drei Tatbestandsmerkmale müssen gleichzeitig, d. h. kumulativ, vorliegen.

Werden mehrere Tatbestandsmerkmale durch das Wort „und" verbunden, ist grundsätzlich damit gemeint, dass auch hier alle Tatbestandsmerkmale gleichzeitig vorliegen müssen.

15 Verwendet der Gesetzgeber das Wort „oder", will er damit deutlich machen, dass die Tatbestandsmerkmale alternativ vorliegen können, bevor die Rechtsfolge eintritt.

III. Rechtsnormtypen

Im nachfolgenden Fall stehen die Tatbestandsmerkmale kumulativ zueinander:

§ 4 WaffG Voraussetzungen für eine Erlaubnis
(1) Eine Erlaubnis setzt voraus, dass der Antragsteller
1. das 18. Lebensjahr vollendet hat (§ 2 Abs. 1),
2. die erforderliche Zuverlässigkeit (§ 5) und persönliche Eignung (§ 6) besitzt,
3. die erforderliche Sachkunde nachgewiesen hat (§ 7),
4. ein Bedürfnis nachgewiesen hat (§ 8) **und**
5. bei der Beantragung eines Waffenscheins oder einer Schießerlaubnis eine Versicherung gegen Haftpflicht in Höhe von 1 Million Euro - pauschal für Personen- und Sachschäden - nachweist.

Aufgrund der Aufzählung in § 4 Abs. 1 WaffG ist aus den ersten drei Nummern nicht erkennbar, ob die genannten Voraussetzungen alternativ oder kumulativ zueinander in Beziehung stehen. Durch die Verwendung des Wortes „und" in der vorletzten Nummer macht der Gesetzgeber allerdings deutlich, dass alle Voraussetzungen gleichzeitig erfüllt sein müssen. Hätte er hier das Wort „oder" benutzt, wäre ein alternatives Verhältnis der Voraussetzungen anzunehmen. Das Bindewort zwischen dem vorletzten und dem letzten Glied der Aufzählung entscheidet also darüber, ob eine alternative oder kumulative Reihung vorliegt.

Vor dem beschriebenen Hintergrund ist es teilweise unklar, ob Voraussetzungen alternativ oder kumulativ vorliegen müssen, wenn der Gesetzgeber in einer Aufzählung weder „und" noch „oder" verwendet. In diesen Fällen bedarf es einer Auslegung (dazu später), um zu klären, ob die Anwendbarkeit der verschiedenen Aufzählungsgründe herauszufinden.

§ 102 Abs. 3 SGB XII (Kostenersatz) lautet:
Der Anspruch auf Kostenersatz ist nicht geltend zu machen,
1. soweit der Wert des Nachlasses unter dem Dreifachen des Grundbetrages nach § 85 Abs. 1 liegt,
2. soweit der Wert des Nachlasses unter dem Betrag von 15.340 Euro liegt, wenn der Erbe der Ehegatte oder Lebenspartner der leistungsberechtigten Person oder mit dieser verwandt ist und nicht nur vorübergehend bis zum Tod der leistungsberechtigten Person mit dieser in häuslicher Gemeinschaft gelebt und sie gepflegt hat,
3. soweit die Inanspruchnahme des Erben nach der Besonderheit des Einzelfalles eine besondere Härte bedeuten würde.

Bei den hier genannten Aufzählungsbeispielen handelt es sich um eine abschließende (enumerative) Aufzählung. Weitere Voraussetzungen über die in der Aufzählung genannten Gründe hinaus muss der Rechtsanwender also nicht in Erwägung ziehen. Wenn der Gesetzgeber aber die Wörter „insbesondere" (vgl. z. B. § 28 Abs. 2 VwVfG NRW) oder „in der Regel"[2] verwendet, handelt es sich nur um eine beispielhafte Aufzählung. Der Rechtsanwender hat dann zu überlegen, ob im zu prüfenden Fall über die vom Gesetzgeber vorgenommene Aufzählung weitere Fallgestaltungen in Frage kommen.

Der Gesetzgeber kann auch „und" und „oder" als Bindeglied zwischen den Voraussetzungen miteinander kombinieren.

Beispiel
§ 14 Abs. 1 OBG NRW lautet: „Die Ordnungsbehörden können die notwendigen Maßnahmen treffen, um eine im einzelnen Falle bestehende Gefahr für die öffentliche Sicherheit oder Ordnung (Gefahr) abzuwehren."

Der Gesetzgeber hat hier die „Wenn-Dann-Struktur" spiegelbildlich angeordnet. Erst hat der Gesetzgeber die Rechtsfolgeseite formuliert und erst anschließend die Tat-

---
2 Achtung: Die Wörter „in der Regel" können auch für eine sog. Vermutung sprechen.

bestandsseite. Es ist die Aufgabe des Gesetzesanwenders, eine Vorschrift dahingehend zu analysieren, den Tatbestand von der Rechtsfolge zu unterscheiden, indem er den Konditionalsatz „hinter" der Vorschrift herausfiltert. Denn häufig entspricht die sprachliche Gliederung einer Norm nicht der juristischen konditionalen Aufteilung in Tatbestands- und Rechtsfolgeseite. Das Ergebnis einer Analyse von § 14 Abs. 1 OBG NRW kann dann wie folgt aussehen:

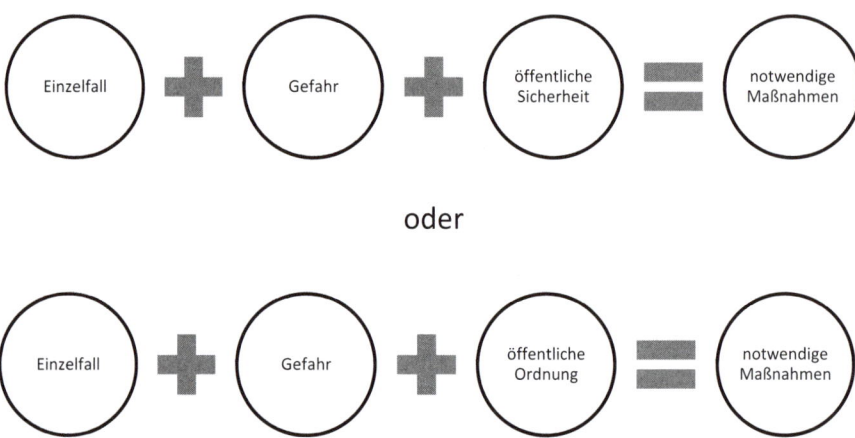

oder

20 Für den Rechtsanwender ist es wichtig, die einzelnen Tatbestandsmerkmale einer Rechtsnorm herauszufiltern und zu isolieren, um eine Subsumtion unter die jeweilige Voraussetzung vorzunehmen. In § 28 Abs. 1 VwVfG können z. B. die Begriffe „eingreifend" und „Verwaltungsakt" zunächst isoliert gefiltert werden. Das ist sinnvoll, wenn zu untersuchen ist, ob überhaupt ein Verwaltungsakt gemäß § 35 VwVfG vorliegt. Ist das nicht problematisch, kann es zweckmäßig sein, einzelne Tatbestandsmerkmale zusammen zu fassen und zusammen zu prüfen. Regelmäßig ist es daher eher angezeigt, § 28 Abs. 1 VwVfG dahingehend zu prüfen, ob ein „eingreifender Verwaltungsakt" vorliegt.

Weiterhin ist auch bei einer einzelnen Subsumtion eines Tatbestandsmerkmals zu beachten, dass dessen Bedeutung sich erst im Kontext der gesamten Norm erschließt. Zumindest hinsichtlich der Auslegung eines Tatbestandsmerkmals sind daher auch die anderen Rechtsbegriffe der jeweiligen Norm heranzuziehen.

c) Schwierig aufgebaute Antwortnormen

21 Es kann vorkommen, dass Antwortnormen komplizierter aufgebaut sind. Die Voraussetzungen dieser Normen erstrecken sind dann z. B. über mehrere Absätze, ggf. sogar über mehrere Normen, auf die verwiesen wird.

Beispiel
Der 67jährige Anton Anders bekommt nur eine bescheidene Rente von 400,00 € und beantragt beim Sozialamt Grundsicherungsleistungen nach dem 4. Kapitel SGB XII. Der Sachbearbeiter muss prüfen, ob Anton Anders einen Anspruch auf die beantragte Leistung hat. Dazu muss er eine Antwortnorm – in diesem Fall eine Anspruchsgrundlage – suchen und finden. Es handelt sich um eine **Einstiegsantwortnorm**, die die Fallfrage unmittelbar und passend beantwortet. In der Regel verweist die Einstiegsantwortnorm direkt oder indirekt auf andere Normen, so dass sich eine **Kette von Antwortnormen** ergibt.

III. Rechtsnormtypen

Als Anspruchsgrundlage für begünstigende Leistungen kommt hier § 19 Abs. 2 S. 1 SGB XII in Frage. Diese Rechtsnorm lautet: „Grundsicherung im Alter und[3] bei Erwerbsminderung nach dem Vierten Kapitel dieses Buches ist Personen zu leisten, die die Altersgrenze nach § 41 Absatz 2 erreicht haben oder das 18. Lebensjahr vollendet haben und dauerhaft voll erwerbsgemindert sind, sofern sie ihren notwendigen Lebensunterhalt nicht oder nicht ausreichend aus eigenen Kräften und Mitteln, insbesondere aus ihrem Einkommen und Vermögen, bestreiten können."

Als Tatbestandsvoraussetzung wird u. a. verlangt, dass Leistungen nur nach näherer Maßgabe des Vierten Kapitels erbracht werden. Das Vierte Kapitel ist in den §§ 41 ff. SGB XII geregelt (vgl. die Überschriften im Zwölften Buch Sozialgesetzbuch (SGB XII)). Bei genauer Betrachtung von § 41 SGB XII (bitte lesen) findet der Rechtsanwender ein ganzes Arsenal an Voraussetzungen, die ihrerseits an die beiden anspruchsberechtigten Personenkreise anknüpfen und auf weitere Rechtsnormen verweisen. Eine Analyse der §§ 41 ff. SGB XII wird daher folgendes Ergebnis bringen:

Rechtssatz	Ältere	Dauerhaft voll Erwerbsgeminderte
§ 41 Abs. 1 S. 1 SGB XII § 41 Abs. 2 SGB XII § 41 Abs. 3 SGB XII § 43 Abs. 2 S. 2 SGB VI	Älter ist derjenige, der die Voraussetzungen des § 41 Abs. 2 SGB XII erfüllt	Dauerhaft voll erwerbsgemindert ist derjenige, der unabhängig von der jeweiligen Arbeitsmarktlage voll erwerbsgemindert i.S. von § 43 Abs. 2 SGB VI ist und bei dem unwahrscheinlich ist, dass die volle Erwerbsminderung behoben werden kann
§ 19 Abs. 2 SGB XII		18. Lebensjahr vollendet
§ 44 Abs. 1 S. 1 SGB XII § 130 BGB	Antrag	Antrag
§ 41 Abs. 1 S. 1 SGB XII § 30 Abs. 3 S. 2 SGB I	Gewöhnlicher Aufenthalt im Inland	Gewöhnlicher Aufenthalt im Inland
§ 43 Abs. 1 S. 1 SGB XII	Der notwendige Lebensunterhalt kann nicht aus Einkommen und Vermögen nach den §§ 82 bis 84 und § 90 SGB XII bestritten werden (sog. Hilfebedürftigkeit).	Der notwendige Lebensunterhalt kann nicht aus Einkommen und Vermögen nach den §§ 82 bis 84 und § 90 SGB XII bestritten werden (sog. Hilfebedürftigkeit).
§ 41 Abs. 4 SGB XII	Keine vorsätzliche oder fahrlässige Herbeiführung der Hilfebedürftigkeit.	Keine vorsätzliche oder fahrlässige Herbeiführung der Hilfebedürftigkeit.
§ 43 Abs. 5 SGB XII	Kein unterhaltspflichtiger Angehöriger ersten Grades mit einem Gesamteinkommen i.S. des § 16 SGB IV von 100.000 € oder mehr.	Kein unterhaltspflichtiger Angehöriger ersten Grades mit einem Gesamteinkommen i.S. des § 16 SGB IV von 100.000 € oder mehr.

Will der Rechtsanwender alle Voraussetzungen und damit einen Leistungsanspruch prüfen, muss er neben den §§ 41 ff. SGB XII auf weitere Normen eingehen, auf die direkt oder indirekt verwiesen wird. Im vorliegenden Fall sind dies z. B. § 30 Abs. 3 S. 2 SGB I (Legaldefinition des

---

3 Das Wort „und" ist in diesem Kontext als „oder" zu interpretieren. Der Gesetzgeber wollte zum Ausdruck bringen, welcher Personenkreis anspruchsberechtigt ist.

"gewöhnlichen Aufenthalts"), §§ 82 – 84 SGB XII (Prüfung des zu berücksichtigenden und einzusetzenden Einkommens) oder des § 43 SGB VI (Legaldefinition der Erwerbsminderung). Dadurch ergibt sich ein **Untersuchungsprogramm** sowie ein verschachtelter Prüfungsaufbau mit einer hohen Gliederungstiefe. Es ist ihre Aufgabe und das Ziel Ihres jeweiligen Fachdozenten, sich die Strukturen des jeweiligen Fachgebietes anzueignen und ein Verständnis über Aufbau und Gliederung des jeweiligen Rechtsgebietes zu entwickeln, um alle relevanten Tatbestandsmerkmale vollständig und überzeugend zu prüfen.

22 Im obigen Beispielsfall ist es u. a. notwendig, einen "Antrag" zu prüfen. Der Sachbearbeiter muss dazu wissen, dass ein Antrag eine einseitige, empfangsbedürftige Willenserklärung ist. Damit muss zusätzlich § 130 BGB geprüft werden, wonach ein Antrag "zugehen" muss. Das bedeutet, dass er so in den Bereich des Empfängers (hier der Behörde) gelangen muss, dass dieser unter normalen Umständen die Möglichkeit hat, vom Inhalt der Erklärung Kenntnis zu nehmen.

23 § 41 Abs. 4 SGB XII, wonach der Antragsteller die Hilfebedürftigkeit nicht schuldhaft herbeigeführt haben darf, stellt übrigens ein sog. "negatives Tatbestandsmerkmal" dar. Wie die Begrifflichkeit schon nahelegt, bedeutet dies, dass die hier beschriebene Voraussetzung nicht vorliegen darf. Negative Tatbestandsmerkmale sind abzugrenzen von sog. "Einwendungen" (bei denen ein Anspruch "untergeht" bzw. "erlischt") und haben Konsequenzen hinsichtlich einer etwaigen Frage, wer das Vorliegen oder nicht Vorliegen von Voraussetzungen beweisen muss (sog. materielle Beweislast).[4]

24 Um ein **Untersuchungsprogramm** zu beherrschen, geben Prüfungsschemata Hilfestellung. Beachten Sie bitte bei Benutzung von (ggf. auswendig gelernten) Prüfungsschemata, dass die dort genannten Prüfungspunkte je nach Problemlage des Falles mit einem unterschiedlichen Schwerpunkt geprüft werden müssen und grundsätzlich nur dann eine Prüfung angezeigt ist, soweit der konkrete Sachverhalt aufgrund seiner Problem- und Fragestellung überhaupt Anlass dazu gibt. Die Besonderheiten des Falles können auch eine Umstellung der Prüfungsreihenfolge erfordern.

2. Hilfsnormen und Normen mit besonderer Funktion

a) Überblick

25 Hilfsnormen – teilweise auch als unvollständige Rechtsnormen bezeichnet – haben die Funktion, die Rechtsanwendung zu erleichtern. Bei Hilfsnormen geht es z. B. darum
- einen Rechtsbegriff durch eine Definition zu erklären und so die Auslegung zu erleichtern,
- Regelbeispiele zu nennen, um sich so den Inhalt eines Rechtsbegriffs zu erschließen,
- eine Vermutung aufzustellen, damit die Behörde das Vorliegen eines Rechtsbegriffs nicht beweisen muss,
- eine Fiktion aufzustellen, damit auch etwas möglicherweise Unwahres rechtlich als wahr unterstellt werden kann,
- durch Verweise auf andere Rechtsnormen Wiederholungen zu vermeiden.

---

4 Vgl. Landessozialgericht Baden-Württemberg, 10.12.2014 – L 2 SO 1027/14, juris (Rn. 45).

III. Rechtsnormtypen

b) Legaldefinitionen

Die bekannteste Untergattung von Hilfsnormen stellen die Legaldefinitionen dar. Bei Legaldefinitionen definiert der Gesetzgeber an einer Stelle eines Gesetzes ein Tatbestandsmerkmal bzw. einen Rechtsbegriff. Dies geschieht entweder durch einen vollständigen Satz oder durch einen Klammerzusatz.

Begriffe in Klammern beziehen sich auf die zuvor genannten Gesetzeswörter, so dass im fachlichen Austausch an Stelle der Gesetzeswörter auch der Klammerzusatz genannt werden kann.

Beispiele
- § 48 Abs. 1 S. 2 VwVfG NRW lautet: Ein Verwaltungsakt, der ein Recht oder einen rechtlich erheblichen Vorteil begründet oder bestätigt hat **(begünstigender Verwaltungsakt)**, darf nur unter den Einschränkungen der Absätze 2 bis 4 zurückgenommen werden.
- § 36 Abs. 2 Nr. 1 VwVfG NRW lautet: Unbeschadet des Absatzes 1 darf ein Verwaltungsakt nach pflichtgemäßem Ermessen erlassen werden mit einer Bestimmung, nach der eine Vergünstigung oder Belastung zu einem bestimmten Zeitpunkt beginnt, endet oder für einen bestimmten Zeitraum gilt **(Befristung)**. ...
- § 121 Abs. 1 BGB lautet: Die Anfechtung muss in den Fällen der §§ 119, 120 ohne schuldhaftes Zögern **(unverzüglich)** erfolgen, nachdem der Anfechtungsberechtigte von dem Anfechtungsgrund Kenntnis erlangt hat. Die einem Abwesenden gegenüber erfolgte Anfechtung gilt als rechtzeitig erfolgt, wenn die Anfechtungserklärung unverzüglich abgesendet worden ist.

Der **Rechtsanwender** hat durch die Definition den Vorteil, Klarheit oder größere Klarheit über das Verständnis eines Rechtsbegriffs zu erhalten. Er muss auf diese Weise im Optimalfall keine größeren Auslegungs-Anstrengungen vornehmen, um sich den Inhalt des Rechtsbegriffs und der Rechtsbedeutung zu erschließen. Durch die Definition erfährt der Rechtsbegriff eine Präzisierung. Gleichwohl entbehrt dies nicht immer einer zusätzlichen juristischen Untersuchung, ob der Rechtsbegriff erfüllt ist oder nicht. Die Feststellung eines Polizisten, dass Sie in einer Einbahnstraße in die falsche Richtung fahren, könnte ein bloßer Hinweis auf ihr Fehlverhalten oder eine Regelung i.s.v. § 35 VwVfG sein (mit dem Gebot umzukehren und dem Verbot weiterzufahren).

Der **Gesetzgeber** hat durch die Definition eines Rechtsbegriffs den Vorteil, dass er – wie bei einer relationalen Datenbank – eine Definition nur einmal vornehmen muss. Wird der Rechtsbegriff in demselben Gesetz oder in anderen Gesetzen noch einmal verwendet, muss eine erneute Definition durch den Gesetzgeber nicht vorgenommen werden. Legaldefinitionen entlasten also den Gesetzgeber.

Schließlich dienen Legaldefinitionen auch der Verständlichkeit der Rechtssprache. Sprechen zwei Rechtskundige von „unverzüglichem" Handeln und legen sie dies z. B. in einem Vertrag fest, ist damit jeweils „ohne schuldhaftes Zögern" i.S.v. § 121 Abs. 1 BGB gemeint. Gleichzeitig ist damit die Rechtssprache auch verlässlich und eine Interpretation von Rechtsbegriffen eingeengt.

Der Rechtsanwender muss den Ort der Legaldefinition kennen, um beim Lesen eine Verknüpfung zur maßgebenden Antwortnorm herzustellen.

Beispiel
Der Verwaltungsakt ist in § 35 VwVfG legaldefiniert. Soweit der Gesetzgeber den Begriff z. B. in § 42, § 68, § 70, § 80 oder § 113 VwGO oder in den §§ 36 bis 39, 41 bis 53 VwVfG nochmals verwendet, ist jeweils der Verwaltungsakt i.S. des § 35 VwVfG gemeint.

Möchte der Rechtsanwender also im Rahmen einer Klageprüfung die Statthaftigkeit der Klage nach § 42 Abs. 1 VwGO[5] prüfen, dann hat er als Voraussetzung u. a. das Vorliegen eines Verwaltungsaktes zu prüfen. Dies geschieht durch Rückgriff auf § 35 VwVfG.

28 Dennoch ist Vorsicht geboten. Eine Legaldefinition gilt nicht für alle Rechtsbereiche. Beispielsweise gilt die Definition des § 35 VwVfG NRW weder für Bundesbehörden noch für das Sozialrecht. Die Definition ist also räumlich und sachlich begrenzt.

Dies liegt an dem räumlichen Geltungsbereich des Verwaltungsverfahrensgesetzes NRW auf das Land Nordrhein-Westfalen, für dessen Gebiet der Landesgesetzgeber auch nur die Gesetzgebungskompetenz hat. Gemäß § 1 VwVfG NRW gilt das Verwaltungsverfahrensgesetz nur „für die öffentlich-rechtliche Verwaltungstätigkeit der Behörden des Landes, der Gemeinden und Gemeindeverbände, der sonstigen der Aufsicht des Landes unterstehenden juristischen Personen des öffentlichen Rechts, soweit nicht Rechtsvorschriften des Landes inhaltsgleiche oder entgegenstehende Bestimmungen enthalten."

Der sachliche Geltungsbereich ergibt sich aus § 2 VwVfG NRW. Gemäß § 2 Abs. 2 Nr. 1 und Nr. 3 VwVfG NRW gilt das Verwaltungsverfahrensgesetz NRW nicht für Verwaltungsverfahren, in denen Rechtsvorschriften der Abgabenordnung anzuwenden sind und auch nicht für Verwaltungsverfahren, für die das Sozialgesetzbuch (SGB) anzuwenden ist. Möchte der Rechtsanwender also die Möglichkeit einer Aufhebung eines Verwaltungsaktes nach § 45 SGB X untersuchen, muss er für das Vorliegen eines Verwaltungsaktes auf § 31 SGB X (Legaldefintion eines Verwaltungsaktes im Sozialverwaltungsverfahrensrecht des Zehnten Buches Sozialgesetzbuch) Bezug nehmen.

Legaldefinitionen werden auch als „unvollständige Rechtsnormen" bezeichnet. „Unvollständig" deshalb, weil "nur" eine Definition vorgenommen wird. Bei genauer Betrachtung besitzen solche Legaldefinitionen aber regelmäßig auch eine Voraussetzungsseite und eine Rechtsfolgeseite. Im Beispiel des § 35 VwVfG könnte man z. B. die Rechtsnorm so zerlegen: Wenn eine hoheitliche Maßnahme vorliegt, die eine Behörde zur Regelung eines Einzelfalls auf dem Gebiet des öffentlichen Rechts trifft und die auf unmittelbare Rechtswirkung nach außen gerichtet ist, dann liegt ein Verwaltungsakt vor. Deswegen kann man feststellen:

„Bei Hilfsnormen hat der Gesetzgeber die „Wenn"-„Dann"-Struktur zugunsten flüssiger Formulierungen und besserer Verständlichkeit zumeist nicht hervorgehoben. Sie liegt den Hilfsnormen gleichwohl zugrunde."[6]

c) Regelbeispiele

29 Legaldefinitionen nahe kommen „Regelbeispiele". Der Gesetzgeber verwendet hier die Begriffe „insbesondere", „in der Regel" oder „auch".

Beispiele
- § 28 Abs. 2 VwVfG NRW lautet: Von der Anhörung kann abgesehen werden, wenn sie nach den Umständen des Einzelfalls nicht geboten ist, **insbesondere** wenn

---

5 § 42 Abs. 1 VwGO lautet: „Durch Klage kann die Aufhebung eines **Verwaltungsakts** (Anfechtungsklage) sowie die Verurteilung zum Erlaß eines abgelehnten oder unterlassenen **Verwaltungsakts** (Verpflichtungsklage) begehrt werden."
6 *Kohler-Gehrig*, Einführung in das Recht, 2010, S. 38.

III. Rechtsnormtypen 23

1. eine sofortige Entscheidung wegen Gefahr im Verzug oder im öffentlichen Interesse notwendig erscheint;
2. durch die Anhörung die Einhaltung einer für die Entscheidung maßgeblichen Frist in Frage gestellt würde; ...

- § 87 Abs. 1 S. 2 SGB XII lautet: Bei der Prüfung, welcher Umfang angemessen ist, sind **insbesondere** die Art des Bedarfs, die Art oder Schwere der Behinderung oder der Pflegebedürftigkeit, die Dauer und Höhe der erforderlichen Aufwendungen sowie besondere Belastungen der nachfragenden Person und ihrer unterhaltsberechtigten Angehörigen zu berücksichtigen.

- § 34 Abs. 4 S. 2 SGB XII (Übernahme der Beförderungskosten zu den Schulen) lautet: Als zumutbare Eigenleistung gilt **in der Regel** der in § 9 Absatz 2 des Regelbedarfs-Ermittlungsgesetzes geregelte Betrag.

Der Gesetzgeber nennt also zunächst Beispiele oder typische Fälle. Gleichwohl sind die genannten Fälle nicht abschließend und können durch nicht geregelte, aber **ähnlich gelagerte** Fälle oder Sachlagen ergänzt oder eingeschränkt werden. Das Problem besteht darin zu klären, welche Fälle „ähnlich" sind. Das kann nur durch eine Wertung geschehen, die der Rechtsanwender überzeugend begründen muss.

Hinsichtlich der Wörter „in der Regel" ist zusätzlich anzuführen, dass diese auch 30 einer sog. „Soll-Regelung" entsprechen. Das heißt, auf der Rechtsfolgeseite soll man den Anweisungen des Gesetzgebers folgen, es sei denn, es liegt eine atypische Situation vor, die ein Abweichen vom Regelfall rechtfertigt.

d) Vermutungsregelungen

Vermutungsregelungen verfolgen den Zweck der **Beweislastumkehr**. Der Gesetzge- 31 ber bedient sich dieser Technik, wenn nach den Regeln der objektiven Beweislast oder aufgrund der Sachverhaltsermittlungspflicht nach § 24 VwVfG bzw. § 20 SGB X die Behörde für das Vorliegen bestimmter Voraussetzungen den Nachweis führen müsste, dies der Behörde aber nicht zuzumuten ist.

Vermutungsregelungen sind nicht zwingend „Hilfsnormen", sondern können selbständige Antwortnormen sein. Deshalb handelt es sich um Rechtsnormen mit besonderer Funktion. Vermutungsregelungen sind durch das Wort „Vermutung" regelmäßig leicht zu erkennen.

Beispiele

- § 7 Abs. 3a SGB II lautet: „Ein wechselseitiger Wille, Verantwortung füreinander zu tragen und füreinander einzustehen, wird **vermutet**, wenn Partner
  1. länger als ein Jahr zusammenleben,
  2. mit einem gemeinsamen Kind zusammenleben,
  3. Kinder oder Angehörige im Haushalt versorgen oder
  4. befugt sind, über Einkommen oder Vermögen des anderen zu verfügen."

- § 39 SGB XII lautet: „Lebt eine nachfragende Person gemeinsam mit anderen Personen in einer Wohnung oder in einer entsprechenden anderen Unterkunft, so wird **vermutet**, dass sie gemeinsam wirtschaften (Haushaltsgemeinschaft) **und** dass die nachfragende Person von den anderen Personen Leistungen zum Lebensunterhalt erhält, soweit dies nach deren Einkommen und Vermögen erwartet werden kann."

Im obigen Beispiel des § 7 Abs. 3a SGB II hat sich in der Vergangenheit gezeigt, 32 dass das Vorliegen einer eheähnlichen Gemeinschaft bzw. einer Einstands- und Verantwortungsgemeinschaft durch die Behörde kaum nachzuweisen war. Deshalb hat der Gesetzgeber § 7 Abs. 3a SGB II eingefügt, so dass die Behörde unter den oben genannten Voraussetzungen ohne weitere Sachverhaltsermittlung die eheähnliche

Gemeinschaft vermuten darf. Sollte diese von den Antragstellern bestritten werden, müssten diese die dann nichtbestehende eheähnliche Gemeinschaft glaubhaft machen.

Für das Prozessrecht ist die Funktion einer Vermutung sogar in das Gesetz aufgenommen worden. § 292 S. 1 ZPO lautet: „Stellt das Gesetz für das Vorhandensein einer Tatsache eine Vermutung auf, so ist der Beweis des Gegenteils zulässig, sofern nicht das Gesetz ein anderes vorschreibt."

e) Fiktionsregelungen

33 Ebenfalls Rechtsnormen mit besonderer Funktion sind Fiktionsregelungen. Hier verwendet der Gesetzgeber regelmäßig das Wort **„gilt"** und will damit auch (zusätzlich) – über den Normtext hinaus – Fälle erfassen, die unwahr sind. Etwas möglicherweise Unwahres soll also durch Fiktionen als „wahr" unterstellt werden:

Beispiel[7]
§ 1: Die Badeanstalt ist in eine Männer- und Frauenabteilung eingeteilt.
§ 2: Das Betreten der Frauenabteilung ist nur Frauen gestattet.
§ 3: Der Bademeister **gilt** als Frau i.S. des § 2.

34 Teilweise ist es schwierig, Fiktionsregelungen von Vermutungsregelungen zu trennen.

Beispiel
§ 41 Abs. 2 VwVfG NRW lautet: „Ein schriftlicher Verwaltungsakt, der im Inland durch die Post übermittelt wird, **gilt** am dritten Tag nach der Aufgabe zur Post als bekannt gegeben. Ein Verwaltungsakt, der im Inland oder in das Ausland elektronisch übermittelt wird, gilt am dritten Tag nach der Absendung als bekannt gegeben. **Dies gilt nicht**, wenn der Verwaltungsakt nicht oder zu einem späteren Zeitpunkt zugegangen ist; im Zweifel hat die Behörde den Zugang des Verwaltungsaktes und den Zeitpunkt des Zugangs nachzuweisen."

Eine Ordnungsverfügung wird am Donnerstag, den 3.3. zur Post mit „einfachem Brief" aufgegeben. Wann ist der Verwaltungsakt bekanntgegeben, wenn der Adressat die Ordnungsverfügung am 4.3. erhalten hat?

Gemäß § 41 Abs. 2 S. 1 VwVfG NRW gilt der Verwaltungsakt als am 6.3., also drei Tage nach Aufgabe der Post, als bekanntgegeben, und zwar auch dann, wenn der Verwaltungsakt früher zugegangen ist. Aufgrund der Fiktionsregelung ist es unerheblich, dass der Verwaltungsakt tatsächlich früher zugegangen ist. Die Fiktionsregelung bewirkt also, dass etwas (tatsächlich) Unwahres als wahr unterstellt wird.

Fallabwandlung:

Eine Ordnungsverfügung wird am Donnerstag, den 3.3., zur Post mit „einfachem Brief" aufgegeben. Wann ist der Verwaltungsakt bekanntgegeben, wenn der Adressat glaubhaft macht, dass er die Ordnungsverfügung erst am 8.3. erhalten hat, weil sie versehentlich seinem Nachbarn zugestellt wurde und dieser die Ordnungsverfügung erst später an ihn weiter gereicht hat?

In diesem Fall kann daran gedacht werden, dass erneut die Fiktionsregelung gilt. Allerdings gilt gemäß § 41 Abs. 2 S. 3 VwVfG NRW die Fiktionsregelung nicht, wenn der Verwaltungsakt zu einem späteren Zeitpunkt zugegangen ist. Die Fiktionsregelung mutiert in diesem Fall zu einer Vermutungsregelung, weil der Zugang widerlegt werden kann und die Behörde „im Zweifel" den Zugang zu beweisen hat. Das heißt: Die Behörde darf den Zugang nach drei Tagen vermuten. Wird dies vom Empfänger bestritten, trägt die Behörde die Beweislast.

---

7 *Zippelius*, Juristische Methodenlehre, 11. Aufl. (2012), S. 36.

Allerdings muss der Adressat des Verwaltungsaktes die Gründe für den nicht rechtzeitigen Erhalt des Verwaltungsaktes glaubhaft machen. Die bloße Behauptung seitens des Adressaten, er hätte den Verwaltungsakt nicht erhalten, genügt also nicht.

Eine weiteres Beispiel für eine Fiktions- oder Vermutungsregelung findet sich in § 49 Abs. 1 GO NRW. **35**

Beispiel

§ 49 Abs. 1 GO NRW lautet: „Der Rat ist beschlußfähig, wenn mehr als die Hälfte der gesetzlichen Mitgliederzahl anwesend ist. Er **gilt** als beschlußfähig, solange seine Beschlußunfähigkeit nicht festgestellt ist."

Wenn ein Gemeinderat z. B. aus 45 Ratsmitgliedern besteht (vgl. § 3 Abs. 4 KWahlG NRW, § 40 Abs. 2 S. 2 GO NRW) und während eines Tagesordnungspunktes nur noch 22 Ratsmitglieder einschließlich dem Bürgermeister anwesend sind, ist der Rat gemäß § 49 Abs. 1 S. 1 GO NRW beschlussunfähig. Allerdings wird diese grundsätzliche Regelung durch § 49 Abs. 1 S. 2 GO NRW verdrängt, wonach der Rat kraft Fiktionsregelung als beschlussfähig gilt, wenn die Beschlussunfähigkeit nicht durch den Bürgermeister festgestellt wird.

Diese Regelung dient einerseits dem Zweck, die Arbeitsfähigkeit des Rates sicherzustellen, andererseits soll sie Rechtssicherheit für die getroffenen Entscheidungen gewährleisten. Aus diesen Gründen wird von einer Fiktionsregelung ausgegangen.[8]

Eine wiederlegbare Vermutung kann angenommen werden, wenn man davon ausgeht, dass die Vorschrift „nur" der Beweiserleichterung dienen soll.[9] Das würde dann dazu führen, dass die Beschlussfähigkeit durch Nachweis widerlegt werden kann.

Das Beispiel zeigt, dass im Einzelfall durch Auslegung zu ermitteln ist, ob das Wort „gilt" für eine Fiktions- oder eine Vermutungsregelung steht.

f) Verweisende Rechtsnormen

Mit Hilfe von verweisenden Rechtsnormen verlangt der Gesetzgeber vom Rechtsanwender, dass andere Rechtsnormen zusätzlich anzuwenden oder zu beachten sind. Verweisende Rechtsnormen zählen ebenfalls zu den Hilfsnormen, weil die „eigentlich" anzuwendende Norm nur mit den Normen, auf die verwiesen wird, „funktionieren". Zu unterscheiden sind **36**

- Rechtsgrundverweisungen und
- Rechtsfolgenverweisungen.

Eine **Rechtsgrundverweisung** liegt vor, wenn die Rechtsfolge der verweisenden Norm nur eintritt, wenn die Tatbestandsvoraussetzungen als auch die Rechtsfolgen der in Bezug genommenen Norm ebenfalls erfüllt sind bzw. die Rechtsfolgen eintreten. **37**

Beispiele für Rechtsgrundverweisungen:

- § 153 Abs. 1 VwGO lautet: „Ein rechtskräftig beendetes Verfahren kann nach den Vorschriften des Vierten Buchs der Zivilprozeßordnung wiederaufgenommen werden."
- § 11 OBG lautet: „Die Behörden der allgemeinen Aufsicht über die Gemeinden und Gemeindeverbände haben auch in ordnungsbehördlichen Angelegenheiten die Befugnisse der §§ 121 bis 125 der Gemeindeordnung."
- § 103 Abs. 4 S. 1 SGB XII lautet: „Die §§ 44 bis 50 des Zehnten Buches bleiben unberührt." Nach dieser Vorschrift kann ein sog. Kostenersatz gegenüber dem sich sozialwidrig verhaltenen Sozialhilfeempfänger nur verlangt werden, wenn der rechtswidrige Bewilligungsbe-

---

8 Vgl. Verwaltungsgericht Düsseldorf, 05.12.1997 – 1 K 9828/95, NWVBl. 1998 (1998), 202; *Wagner*, in: *Kleerbaum* (Hrsg.), Kreisordnung Nordrhein-Westfalen, 2009, 49.
9 Vgl. *Hofmann/Theisen/Bätge*, Kommunalrecht in Nordrhein-Westfalen, 15. Aufl. (2013), S. 386.

scheid zusätzlich nach den §§ 44 ff. SGB X aufgehoben werden kann. Es müssen also die Voraussetzungen für die Aufhebung vorliegen und auf der Rechtsfolgeseite muss es zu einer Aufhebung tatsächlich kommen. Da § 103 Abs. 4 S. 1 SGB XII gleichzeitig auf § 50 SGB X (Kostenerstattung) verweist, kann – an Stelle eines Kostenersatzes – auch eine Kostenerstattung verlangt werden. In einer solchen Konstellation hat der Rechtsanwender die Möglichkeit, zu Unrecht gezahlte Sozialhilfe entweder im Wege eines Kostenersatzanspruchs nach § 104 bzw. § 103 Abs. 1 S. 2 SGB XII zu verlangen oder im Wege eines Kostenerstattungsanspruchs. Hat der Gesetzgeber eine solche Auswahl zwischen zwei Normen, ohne dass eine Norm vorrangig anzuwenden ist, spricht man von einer sog. Anspruchskonkurrenz.

- Nach § 44 Abs. 3 Nr. 2 VwVfG NRW ist ein Verwaltungsakt nicht schon deshalb nichtig, weil eine nach § 20 Abs. 1 Nr. 2 bis Nr. 6 VwVfG NRW ausgeschlossene (befangene) Person mitgewirkt hat.

- Nach § 58 Abs. 2 S. 1 GO NRW finden auf die Ausschussmitglieder und das Verfahren in den Ausschüssen einer Gemeinde die für den Rat geltenden Vorschriften entsprechende Anwendung. Damit müssen die Voraussetzungen der §§ 47 ff. GO NRW vorliegen, damit ein Ausschussverfahren rechtmäßig durchgeführt wird. Soweit hier der Begriff „entsprechend" verwendet wird, bedeutet dies nicht eine „analoge" Anwendung einer Norm. Um eine „Analogie" handelt es sich dann, wenn der Gesetzgeber einen Sachverhalt versehentlich nicht geregelt hat, das Gesetz also lückenhaft ist und durch eine Rechtsfortbildung geschlossen werden muss. Angesichts der hier vorliegenden Rechtsgrundverweisung ist das Gesetz aber nicht unvollständig oder lückenhaft.

- Nach § 31 Abs. 1 VwVfG NRW (§ 26 Abs. 1 SGB X) gelten für die Berechnung von (gesetzlichen) Fristen und für die Bestimmung von Terminen die §§ 187 bis 193 des Bürgerlichen Gesetzbuchs entsprechend, soweit nicht durch die Absätze 2 bis 5 etwas anderes bestimmt ist.

38 Eine **Rechtsfolgenverweisung** liegt dann vor, wenn die verweisende Norm lediglich auf die Rechtsfolge einer anderen Norm Bezug nimmt und nicht fordert, dass auch die tatbestandlichen Voraussetzungen der anderen Norm erfüllt sein müssen.

Beispiele

- Eine Rechtsfolgenverweisung findet sich z. B. in § 528 Abs. 1 S. 1 BGB. Danach gilt: „Soweit der Schenker nach der Vollziehung der Schenkung außerstande ist, seinen angemessenen Unterhalt zu bestreiten und die ihm seinen Verwandten, seinem Ehegatten, seinem Lebenspartner oder seinem früheren Ehegatten oder Lebenspartner gegenüber gesetzlich obliegende Unterhaltspflicht zu erfüllen, kann er von dem Beschenkten die Herausgabe des Geschenkes nach den Vorschriften über die Herausgabe einer ungerechtfertigten Bereicherung fordern."
Die Vorschriften über die ungerechtfertigte Bereicherung finden sich in den §§ 812 ff. BGB wieder. Verwiesen wird aber nicht auf sämtliche Vorschriften, sondern nur auf den Umfang des Bereicherungsanspruchs (§§ 818 ff. BGB), so dass es sich um eine Rechtsfolgenverweisung und nicht um eine Rechtsgrundverweisung handelt. Durch die Rechtsfolgenverweisung wird sichergestellt, dass z. B. nicht das ganze Geschenk herausgegeben werden muss (vgl. § 528 Abs. 1 S. 1 BGB), sondern alternativ auch Wertersatz im Umfang der Verarmung gezahlt werden kann (vgl. § 818 Abs. 2 BGB).

- Ein weiteres Beispiel für eine Rechtsfolgenverweisung findet sich in § 49a Abs. 2 VwVfG NRW: Für den Umfang der Erstattung mit Ausnahme der Verzinsung gelten die Vorschriften des Bürgerlichen Gesetzbuchs über die Herausgabe einer ungerechtfertigten Bereicherung entsprechend.

3. Gegennormen

39 Gegennormen sind ebenfalls vollständige Rechtsnormen, die aus einer Voraussetzungsseite (Tatbestandsseite) und einer Rechtsfolgeseite bestehen. Sie heben die

III. Rechtsnormtypen

Wirkung der Antwortnormen (Anspruchsgrundlagen und Ermächtigungsgrundlagen) auf.

Besondere Bedeutung haben Gegennormen im Privatrecht. Das generelle Prüfungsschema lautet dort:
1. Ist der Anspruch entstanden?
2. Ist der Anspruch durch eine Einwendung (z. B. durch Erfüllung i.S. von §§ 362 ff. BGB oder durch Anfechtung i.S.v. §§ 119 BGB), d. h. durch eine Gegennorm, untergegangen?
3. Ist der Anspruch durchsetzbar (das kann z. B. bei einer Einrede, d. h. durch eine Gegennorm in Form der Verjährung nach den §§ 194 ff. BGB nicht möglich sein)?

Im bürgerlichen Recht unterscheidet man zwischen **rechtshindernden Einwendungen** (rechtshindernde Gegennormen), bei denen das geltend gemachte Recht nicht entstanden ist (z. B. Nichtigkeit des Vertrages nach den §§ 125, 134 oder 138 BGB) und **rechtsvernichtenden Einwendungen** (rechtsvernichtende Gegennormen), bei denen ein zunächst wirksam entstandenes Recht nachträglich, d. h. rückwirkend, erloschen ist (z. B. nach §§ 119 ff. BGB i.V.m. § 142 Abs. 1 BGB). **40**

Davon zu trennen sind **Einreden** als rechtshemmende Gegennormen. Hier bleibt das einmal entstandene Recht erhalten, nur die Durchsetzung des Rechts kann verhindert werden, wenn sich der Anspruchsgegner auf die Einrede beruft. Bekanntestes Beispiel für eine (rechtshemmende) Einrede stellt die Verjährung dar. Einreden werden nicht von Amts wegen berücksichtigt. Der Anspruchsgegner muss sich auf die Einrede berufen. **41**

Wenngleich es im öffentlichen Recht an einer derartigen „Prüfungstradition" fehlt, sollte sich der Rechtsanwender über die Bedeutung von Gegennormen im Klaren sein. Denn Gegennormen werden immer **nach** den Anspruchs- und Ermächtigungsgrundlagen geprüft. Z. B. regelt § 28 Abs. 2 VwVfG NRW Ausnahmen von der Anhörungspflicht des § 28 Abs. 1 VwVfG bei dem Erlass von eingreifenden Verwaltungsakten. Erst wenn die Anhörungsnotwendigkeit nach § 28 Abs. 1 VwVfG NRW bejaht wird, dürfen in einem Gutachten die Ausnahmetatbestände des § 28 Abs. 2 VwVfG auf Vorliegen untersucht werden. Die dort genannten Ausnahmetatbestände machen eine Anhörung entbehrlich. **42**

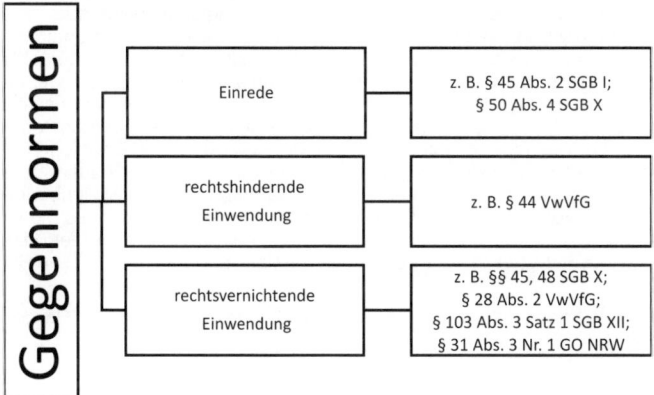

Beispiel „kommunalrechtliches Mitwirkungsverbot"

S ist Vereinsvorsitzender des Handballvereins H e.V. in der Gemeinde G.

In der Gemeinde G (15.000 Einwohner) soll eine neue Turnhalle gebaut werden. Gleichzeitig ist S auch Ratsmitglied und im Sportausschuss tätig, der sich mit der Angelegenheit befasst.

Darf S bei der Ratssitzung, die über den Bau der Turnhalle entscheidet, mitwirken (vgl. § 43 Abs. 2 i.V.m. § 31 Abs. 1 GO NRW)?

Möglicherweise darf S bei der Ratsentscheidung über den Bau der neuen Turnhalle nicht mitwirken. Das kann sich nach § 43 Abs. 2 i.V.m. § 31 GO NRW entscheiden (Obersatz im Konjunktiv – ausgerichtet auf die Fallfrage[10]).

Nach § 31 Abs. 1 S. 1 GO NRW darf der zu ehrenamtlicher Tätigkeit oder in ein Ehrenamt Berufene weder beratend noch entscheidend mitwirken, wenn die Entscheidung einer Angelegenheit
1. ihm selbst,
2. einem seiner Angehörigen,
3. einer von ihm kraft Gesetzes oder kraft Vollmacht vertretenen natürlichen oder juristischen Person

einen unmittelbaren Vorteil oder Nachteil bringen kann (Wiedergabe der Einstiegsantwortnorm).

Unabhängig von der Frage, ob S als Ratsmitglied eine ehrenamtliche Tätigkeit oder ein Ehrenamt (vgl. § 28 GO NRW) ausübt, findet die Vorschrift über die **Rechtsgrundverweisung des § 43 Abs. 2 S. 1 GO** entsprechende Anwendung.

Weiterhin muss es sich um eine **Entscheidung einer Angelegenheit** (TBM 1) handeln. Es handelt sich nicht um eine Entscheidung, wenn lediglich beraten werden soll (Definition). Hier geht es aber um den Beschluss über den Bau einer Turnhalle (Subsumtion). Die Entscheidung einer Angelegenheit liegt also vor (Teilergebnis).

Die Entscheidung über den Bau der Turnhalle muss dem S einen **Vor- oder Nachteil** (TBM 2) bringen können. Ein Vor- oder Nachteil ist jede ideelle, rechtliche oder wirtschaftliche Besser- oder Schlechterstellung (Definition). Aus dem Wort „kann" ist zu schließen, dass die Begriffe weit auszulegen sind; eine hinreichende Wahrscheinlichkeit des Vor- oder Nachteils genügt (Auslegung). S ist Vereinsvorsitzender eines Handballvereins in der Gemeinde G. Mit einiger Wahrscheinlichkeit ist davon auszugehen, dass auch der Handballverein des S von der neuen Turnhalle profitieren wird, weil neue und bessere Trainings- und Spielmöglichkeiten durch den Neubau eröffnet werden. Sollte S einen Vorteil bestreiten, ist zusätzlich anzuführen, dass die Vorschrift bereits den „bösen Schein" einer etwaigen Befangenheit und Voreingenommenheit vermeiden will (Subsumtion). Ein potentieller Vorteil ist also anzunehmen (Teilergebnis).

Der Vorteil muss **unmittelbar** (TBM 3) eintreten. Nach der Legaldefinition des § 31 Abs. 1 S. 2 GO ist der Vorteil „unmittelbar", wenn die Entscheidung eine natürliche oder juristische Person direkt berührt (Definition). Aus der Definition resultiert also die Anforderung einer direkten Kausalität zwischen der zu treffenden Entscheidung und dem möglichen daraus resultierenden Vor- oder Nachteil. Diese ist dann gegeben, wenn zwischen der Angelegenheit und ihrer Entscheidung einerseits und dem Vor- oder Nachteil andererseits ein adäquater, schlüssiger, ursächlicher Zusammenhang besteht, ohne dass noch weitere wesentliche Zwischenschritte – wie etwa weitere Entscheidungen oder ein Handeln Dritter – notwendig sind (Auslegung). Angesichts der vergleichsweise geringen Größe der Gemeinde kann davon ausgegangen werden, dass auch der Handballverein des G Übungs- und Spielzeiten in einer neuen Turnhalle erhält und der Verein daher durch den Ratsbeschluss in direkter Weise zu den Profiteuren einer neuen Turnhalle gehört. Insofern dürfte es unerheblich sein, dass ggf. das Sportamt über die Hallenbenutzungszeiten eine weitere Entscheidung mittels Verwaltungsakt treffen wird, weil dies als bloßer „formaler Akt" gewertet werden kann und damit keine wesentliche neue Entscheidung getroffen wird (Subsumtion; a. A. vertretbar). Damit tritt der Vorteil unmittelbar i.S.v. § 31 Abs. 1 GO NRW ein (Teilergebnis).

Der mögliche Vorteil muss bei einer von H **kraft Gesetzes vertretenen juristischen Person** (TBM 4) eintreten. Der Handballverein ist ein eingetragener Verein und daher nach § 22 BGB

---

[10] Die hier beigefügten Klammerzusätze sollen den Prüfungsgegenstand und die Prüfungsfolge in einem Gutachten verdeutlichen. In einer Klausur sind sie selbstverständlich nicht beizufügen. In einer Klausur erklären Sie niemals ihre Vorgehensweise. Stattdessen ist ihre Vorgehensweise aus sich selbst heraus erklärend. Auf den Gutachtenstil wird noch später eingegangen.

III. Rechtsnormtypen

eine juristische Person. Als Vorstandsvorsitzender vertritt H den Verein (§ 26 BGB) (Subsumtion). Damit ist auch diese Voraussetzung erfüllt (Teilergebnis).

H ist **also** befangen (Rechtsfolge). Als Ratsmitglied darf er weder beratend noch entscheidend mitwirken (§ 31 Abs. 1 S. 1 GO NRW).

Gemäß § 31 Abs. 4 GO NRW hat er den Ausschließungsgrund unaufgefordert dem Bürgermeister als der zuständigen Stelle anzuzeigen und den Sitzungsraum zu verlassen; bei einer öffentlichen Sitzung kann H sich in dem für die Zuhörer bestimmten Teil des Sitzungsraumes aufhalten (Rechtsfolge).

Dem Ausschließungsgrund **könnte** allerdings die Ausnahmeregelung (**Gegennorm, Einwendung**) des **§ 31 Abs. 3 Nr. 1 GO entgegenstehen.** Die Mitwirkungsverbote der Absätze 1 und 2 gelten nicht, wenn der Vorteil oder Nachteil nur darauf beruht, dass jemand einer Berufs- oder Bevölkerungsgruppe angehört, deren gemeinsame Interessen durch die Angelegenheit berührt werden. Berührt danach die Entscheidung einer Angelegenheit lediglich die gemeinsamen Interessen einer Gruppe als solcher, dürfen die einzelnen Gruppenmitglieder an der Entscheidung mitwirken. Aus dem Wort „nur" folgt allerdings, dass die Gruppeninteressen deutlich überwiegen müssen; berührt die Entscheidung neben dem Gruppeninteresse in beachtenswertem Umfang auch die besonderen persönlichen Interessen des Einzelnen, liegt kein Ausnahmegrund vor (Definition / Auslegung). Besondere persönliche Eigeninteressen sind dem Sachverhalt nicht zu entnehmen. Es kann auch davon ausgegangen werden, dass andere Sportvereine die Turnhalle ebenfalls nutzen werden (Subsumtion, lebensnahe Ergänzungen des Sachverhalts sind erlaubt). Insofern ist ein überwiegendes Gruppeninteresse anzunehmen. Besondere persönliche Eigeninteressen sind dem Sachverhalt ebenfalls nicht zu entnehmen.

Danach liegen die Voraussetzungen des § 31 Abs. 3 Nr. 1 GO vor (Teilergebnis). Es handelt sich um eine Einwendung, die von Amts wegen zu berücksichtigen ist.

Im Ergebnis darf S **also** an dem Ratsbeschluss trotz Befangenheit mitwirken (Gesamtergebnis).

Beispiel „Schenkungsrückforderung"

Landwirt L hat vor **über 10 Jahren** im Wege einer „vorweggenommenen Erbfolge" sein Anwesen (Haus, Grundstück und landwirtschaftliche Fläche) seinem Sohn S übertragen. Das Anwesen hat einen Wert von 500.000 €.

L wird pflegebedürftig und mangels ausreichendem Einkommen und Vermögen auch hilfebedürftig nach dem SGB XII (Sozialhilfe). Er erhält häusliche Hilfe zur Pflege (§§ 61 ff. SGB XII) durch den Sozialhilfeträger im Umfang von 500 € pro Monat.[11]

Überprüfen Sie gutachtlich einen Schenkungsrückforderungsanspruch[12]!

Der Landwirt L **kann** gegen seinen Sohn S einen Anspruch auf Rückforderung des übergebenden Grundstücks haben.

Ein solcher Anspruch kann sich aus § 528 Abs. 1 S. 1 BGB ergeben (mögliche Einstiegsantwortnorm nennen).

Danach kann der Schenker vom Beschenkten die Herausgabe des Geschenkes nach den Vorschriften über die Herausgabe einer ungerechtfertigten Bereicherung verlangen, wenn der Schenker nach Vollziehung der Schenkung außerstande ist, seinen angemessenen Lebensunterhalt zu bestreiten (Einstiegsantwortnorm widergeben).

Zunächst muss eine **Schenkung** (TBM 1) vorliegen.

Eine Schenkung ist gemäß § 516 BGB eine Zuwendung, durch die jemand aus seinem Vermögen einen anderen bereichert, sofern diese Zuwendung unentgeltlich erfolgt ist (Definition).

S hat für das Anwesen weder einen Kaufpreis gezahlt noch war er verpflichtet, andere Gegenleistungen wie z. B. Pflegeverpflichtungen zu übernehmen. Jedenfalls ergeben sich aus dem Sachverhalt solche Verpflichtungen nicht. Die Übertragung erfolgte daher ohne Gegenleistung

---

11 Die Frage, ob eine Anspruchs- oder Ermächtigungsgrundlage in einem Gutachten vollständig wiedergegeben werden muss, wird unterschiedlich betrachtet.
12 Ein solcher potentieller Anspruch hat insbesondere für die Sozialhilfeträger eine große Bedeutung. Ein etwaiger Schenkungsrückforderungsanspruch kann nach § 93 SGB XII auf den Sozialhilfeträger übergeleitet werden, so dass dieser den Anspruch für und an Stelle der leistungsberechtigten Person geltend machen kann.

(Subsumtion). Danach geschah die Übergabe des Hauses als unentgeltliche Zuwendung und mithin als Geschenk (Teilergebnis).

Weiterhin muss der Schenker nach der Vollziehung der Schenkung **außerstande sein, seinen angemessenen Unterhalt zu bestreiten** (TBM 2).

Damit wird an das Unterhaltsrecht angeknüpft. Eine sozialhilferechtliche Bedürftigkeit liegt in der Regel „unter" einer unterhaltsrechtlichen Bedürftigkeit (Definition). L bezieht Sozialhilfe in Form der Hilfe zur Pflege (Subsumtion). Seine sozialhilferechtliche Bedürftigkeit bedeutet also, dass er seinen angemessenen Unterhalt nicht bestreiten kann. L ist bedürftig i.S. des § 528 BGB.

Rechtsfolge:

L kann von S die Herausgabe des Hausgrundstücks nach den Vorschriften der ungerechtfertigten Bereicherung verlangen (§§ 812 ff. BGB, Rechtsfolgenverweisung).

Aus dem Wort „**soweit**" in § 528 BGB ergibt sich, dass der Herausgabeanspruch nach § 812 BGB sich nur auf den **Umfang der aktuellen Notlage** bezieht (Auslegung). Die unterhaltsrechtliche Bedürftigkeit als auch die sozialhilferechtliche Notlage wird monatlich betrachtet. Der Anspruch auf Herausgabe des Geschenkes besteht daher nur im **Umfang der monatlichen Notlage**.

Die Herausgabe des Grundstücks ist deshalb problematisch. Sie würde eine Überkompensation bewirken. Der S ist nur zu einem Teilwertersatz im Umfang der Notlage verpflichtet. Gleichzeitig ist das Haus und Grundstück aber nicht teilbar.

Bei fehlender „Teilbarkeit" des Geschenkes bestimmt § 818 Abs. 2 BGB, dass der Beschenkte den Wert zu ersetzen hat.

S hat daher Wertersatz in Höhe von 500,00 € monatlich zu leisten (Ergebnis).

Diesem Anspruch kann allerdings eine Einrede (Gegennorm) entgegenstehen.

Nach § 529 Abs. 1 Alt. 2 BGB ist ein Herausgabeanspruch ausgeschlossen, wenn zur Zeit des Eintritts der Bedürftigkeit seit der Leistung des geschenkten Gegenstandes 10 Jahre verstrichen sind. Das Anwesen wurde von mehr als 10 Jahren verschenkt. Die Einrede der 10-Jahres-Frist kann also geltend gemacht werden.

Sofern sich S hierauf beruft, kann das Recht des „verarmten Schenkers" nicht durchgesetzt werden.

4. Zusammenfassung: Erarbeitung eines Entscheidungsprogramms

43 Eine Rechtsfrage wird durch das Aufsuchen einer Einstiegs-Antwortnorm und das anschließende Prüfen der Tatbestandsmerkmale beantwortet. Häufig werden die genannten Tatbestandsmerkmale durch andere Rechtsnormen ausgefüllt. Diese ausfüllenden Rechtsnormen (Hilfsnormen) bestehen ebenfalls aus Tatbestand- und Rechtsfolgeseite, so dass eine **Reihe von Einzelgutachten** entsteht, die sich aus der zentralen Fallfrage bzw. der Einstiegsantwortnorm ableiten lassen und die auf unterschiedlichen hierarchischen Ebenen abgearbeitet werden.

Eine vollständige Prüfung muss oder kann Hilfsnormen einbeziehen. Die Antwort auf eine Fallfrage ergibt sich nicht aus einer einzigen Vorschrift, sondern regelmäßig aus mehreren Rechtsnormen, die miteinander verknüpft sind oder miteinander in Beziehung stehen.

Selbst dann, wenn die Voraussetzungen einer Antwortnorm erfüllt sind und die Rechtsfolge der Antwortnorm eintritt, kann es vorkommen, dass sich die Rechtsfolge einer Antwortnorm ändert, weil eine Gegennorm existiert, die die Rechtsverwirklichung hindert oder den Anspruch untergehen lässt. Deshalb ist ein Gesetz nie punktuell zu lesen. Es könnte sein, dass eine vom Prüfer gefundene Antwortnorm einige Paragrafen später durch eine Gegennorm verändert wird. Es gilt also, immer auch die nächsten Paragrafen oder Absätze einer Rechtsnorm zu lesen.

III. Rechtsnormtypen

In Abhängigkeit der jeweils einschlägigen Antwortnorm ist regelmäßig ein ganzes **Entscheidungsprogramm** (Paragrafenketten) abzuarbeiten. Die Erarbeitung dieses Entscheidungsprogramms ist abhängig von ihrer Antwortnorm, vom Sachverhalt, von der gestellten Fallfrage und folgt logischen Regeln. Dieses logische Zusammenspiel der Rechtsnormen erschließt sich dem Rechtsanwender nur, wenn er versteht, ob im konkreten Fall im jeweiligen Gesetz eine Antwortnorm, eine Hilfsnorm und eine Gegennorm vorliegt und in welchem Abhängigkeitsverhältnis diese Normen zueinander stehen.

Beispiel Waffenschein

Der 25jährige W ist nicht vorbestraft und besitzt die nach dem Waffengesetz erforderliche Zuverlässigkeit. Er ist ferner ausreichend versichert, sachkundig und besitzt die persönliche Eignung zum Besitz einer Waffe nach dem Waffengesetz (WaffG). W beantragt beim zuständigen Polizeipräsidenten einen Waffenschein für eine näher bezeichnete, in der Waffenliste aufgeführte, Pistole. Er macht geltend, dies sei erforderlich, da er sein Gehalt einmal im Monat von der Bank abhole und dabei durch einen finsteren Wald gehen müsse. Hat W einen Anspruch auf Erteilung des Waffenscheins?

Hinweis: Ziehen Sie zur Lösung die folgende Rechtsnormen des Waffengesetzes heran: § 2, § 4, § 8, § 10, § 19

Die Vorschriften lauten auszugsweise:

§ 2 Grundsätze des Umgangs mit Waffen oder Munition, Waffenliste

(1) Der Umgang mit Waffen oder Munition ist nur Personen gestattet, die das 18. Lebensjahr vollendet haben.
(2) Der Umgang mit Waffen oder Munition, die in der Anlage 2 (Waffenliste) Abschnitt 2 zu diesem Gesetz genannt sind, bedarf der Erlaubnis.
(3) Der Umgang mit Waffen oder Munition, die in der Anlage 2 Abschnitt 1 zu diesem Gesetz genannt sind, ist verboten.

...

§ 4 Voraussetzungen für eine Erlaubnis

(1) Eine Erlaubnis setzt voraus, dass der Antragsteller
 1. das 18. Lebensjahr vollendet hat (§ 2 Abs. 1),
 2. die erforderliche Zuverlässigkeit (§ 5) und persönliche Eignung (§ 6) besitzt,
 3. die erforderliche Sachkunde nachgewiesen hat (§ 7),
 4. ein Bedürfnis nachgewiesen hat (§ 8) und
 5. bei der Beantragung eines Waffenscheins oder einer Schießerlaubnis eine Versicherung gegen Haftpflicht in Höhe von 1 Million Euro - pauschal für Personen- und Sachschäden - nachweist.
(2) Die Erlaubnis zum Erwerb, Besitz, Führen oder Schießen kann versagt werden, wenn der Antragsteller seinen gewöhnlichen Aufenthalt nicht seit mindestens fünf Jahren im Geltungsbereich dieses Gesetzes hat.
(3) Die zuständige Behörde hat die Inhaber von waffenrechtlichen Erlaubnissen in regelmäßigen Abständen, mindestens jedoch nach Ablauf von drei Jahren, erneut auf ihre Zuverlässigkeit und ihre persönliche Eignung zu prüfen sowie in den Fällen des Absatzes 1 Nr. 5 sich das Vorliegen einer Versicherung gegen Haftpflicht nachweisen zu lassen.
(4) [1]Die zuständige Behörde hat drei Jahre nach Erteilung der ersten waffenrechtlichen Erlaubnis das Fortbestehen des Bedürfnisses zu prüfen. [2]Dies kann im Rahmen der Prüfung nach Absatz 3 erfolgen. [3]Die zuständige Behörde kann auch nach Ablauf des in Satz 1 genannten Zeitraums das Fortbestehen des Bedürfnisses prüfen.

§ 8 Bedürfnis, allgemeine Grundsätze

Der Nachweis eines Bedürfnisses ist erbracht, wenn gegenüber den Belangen der öffentlichen Sicherheit oder Ordnung
 1. besonders anzuerkennende persönliche oder wirtschaftliche Interessen, vor allem als Jäger, Sportschütze, Brauchtumsschütze, Waffen- oder Munitionssammler, Waffen- oder Mu-

nitionssachverständiger, gefährdete Person, als Waffenhersteller oder -händler oder als Bewachungsunternehmer, und
2. die Geeignetheit und Erforderlichkeit der Waffen oder Munition für den beantragten Zweck glaubhaft gemacht sind.

§ 10 Erteilung von Erlaubnissen zum Erwerb, Besitz, Führen und Schießen

(1) [1]Die Erlaubnis zum Erwerb und Besitz von Waffen wird durch eine Waffenbesitzkarte oder durch Eintragung in eine bereits vorhandene Waffenbesitzkarte erteilt. [2]Für die Erteilung einer Erlaubnis für Schusswaffen sind Art, Anzahl und Kaliber der Schusswaffen anzugeben. [3]Die Erlaubnis zum Erwerb einer Waffe gilt für die Dauer eines Jahres, die Erlaubnis zum Besitz wird in der Regel unbefristet erteilt.
...
(4) [1]Die Erlaubnis zum Führen einer Waffe wird durch einen Waffenschein erteilt. [2]Eine Erlaubnis nach Satz 1 zum Führen von Schusswaffen wird für bestimmte Schusswaffen auf höchstens drei Jahre erteilt; die Geltungsdauer kann zweimal um höchstens je drei Jahre verlängert werden, sie ist kürzer zu bemessen, wenn nur ein vorübergehendes Bedürfnis nachgewiesen wird. [3]Der Geltungsbereich des Waffenscheins ist auf bestimmte Anlässe oder Gebiete zu beschränken, wenn ein darüber hinausgehendes Bedürfnis nicht nachgewiesen wird. [4]Die Voraussetzungen für die Erteilung einer Erlaubnis zum Führen von Schreckschuss-, Reizstoff- und Signalwaffen sind in der Anlage 2 Abschnitt 2 Unterabschnitt 3 Nr. 2 und 2.1 genannt (Kleiner Waffenschein).
(5) Die Erlaubnis zum Schießen mit einer Schusswaffe wird durch einen Erlaubnisschein erteilt.

§ 19 Erwerb und Besitz von Schusswaffen und Munition, Führen von Schusswaffen durch gefährdete Personen

(1) Ein Bedürfnis zum Erwerb und Besitz einer Schusswaffe und der dafür bestimmten Munition wird bei einer Person anerkannt, die glaubhaft macht,
  1. wesentlich mehr als die Allgemeinheit durch Angriffe auf Leib oder Leben gefährdet zu sein und
  2. dass der Erwerb der Schusswaffe und der Munition geeignet und erforderlich ist, diese Gefährdung zu mindern.
(2) Ein Bedürfnis zum Führen einer Schusswaffe wird anerkannt, wenn glaubhaft gemacht ist, dass die Voraussetzungen nach Absatz 1 auch außerhalb der eigenen Wohnung, Geschäftsräume oder des eigenen befriedeten Besitztums vorliegen.

Lösungsgesichtspunkte

Der Sachverhalt verlangt vom Rechtsanwender die Arbeit mit einem für ihn (vermutlich) unbekanntem Gesetz. Ohne die Vorgabe der oben genannten Rechtsnormen ist es zwingend erforderlich, dass Sie sich mit dem Inhalt des Gesetzes vertraut machen. Dazu hilft ein Blick in das Inhaltsverzeichnis sowie auf die Überschriften der relevanten Normen. Dadurch erhalten Sie einen Eindruck von der Struktur des Gesetzes, so dass Sie sich der Beantwortung der Fallfrage durch Filterung von relevanten Normen nähern.

Haben Sie die (voraussichtlich) relevanten Rechtsnormen gesichtet, geht es darum, den Zusammenhang zwischen den Rechtsnormen und Rechtsnormtypen herzustellen. Um die Fallfrage zu beantworten, müssen Sie vor allem die maßgebende Antwortnorm finden. Da W von der Behörde einen begünstigenden Verwaltungsakt – eine Erlaubnis zum Besitz einer Waffe – erhalten möchte, müssen Sie nach einer entsprechenden Anspruchsgrundlage suchen.

Vor diesem Hintergrund kann in einer ersten Analyse festgehalten werden:
- Aus § 2 Abs. 2 WaffG wird deutlich, dass W einer Erlaubnis bedarf, da seine Pistole eine Waffe ist, die in der Waffenliste genannt wird.

- Aus § 10 Abs. 4 S. 1 WaffG wird konkretisiert, dass die notwendige Erlaubnis zum Führen einer Waffe durch einen Waffenschein erteilt wird.

- Die Voraussetzung für diesen Waffenschein (für die Erlaubnis) finden sich in § 4 Abs. 1 WaffG. Dieser verweist seinerseits auf eine Reihe von weiteren Normen, die die Anforderun-

III. Rechtsnormtypen

gen an die Voraussetzungen wie z. B. die „erforderliche Zuverlässigkeit", „die persönliche Eignung" oder die „erforderliche Sachkunde" näher erläutern. Diese Paragrafen sind somit ausfüllende Hilfsnormen, weil Sie die Tatbestandsmerkmale (unbestimmten Rechtsbegriffe) des § 4 Abs. 1 WaffG mit Inhalt füllen, so dass der Rechtsanwender besser erkennen kann, welche Bedeutung die Rechtsbegriffe aus dem Blickwinkel des Gesetzgebers erhalten sollen. Die genannten Rechtsbegriffe müssen hier nicht näher betrachtet werden, weil der Sachverhalt die Vorgabe macht, dass diese Voraussetzungen von W erfüllt sind. Damit konzentriert sich die Kernprüfung auf die Frage, ob W ein „Bedürfnis" i.s.v. § 8 WaffG zum Besitz der Pistole nachweisen kann.

- Nach § 8 WaffG ist der Nachweis eines Bedürfnisses u. a. erbracht, wenn gegenüber den Belangen der öffentlichen Sicherheit oder Ordnung besonders anzuerkennende persönliche oder wirtschaftliche Interessen, vor allem als Jäger, Sportschütze, etc. oder als gefährdete Person glaubhaft gemacht wird. W ist weder Jäger noch Sportschütze. Er gehört auch nicht zu den anderen beispielhaft (vgl. das Wort „insbesondere") aufgezählten Personenkreisen. Er könnte jedoch eine „gefährdete Person" i.S.v. § 8 WaffG sein. Er selbst macht geltend, dass er durch einen „finsteren Wald" gehen müsse und zuvor sein Gehalt von der Bank abgeholt habe.

- Wer zu den „gefährdeten Personen" gehört, ist wiederum in § 19 Abs. 1 WaffG näher erläutert. Das sind solche Personen, die glaubhaft machen, wesentlich mehr als die Allgemeinheit durch Angriffe auf Leib oder Leben gefährdet zu sein.

- Auf der Basis dieser (ersten) Analyse der maßgebenden Normen und ihres Zusammenwirkens muss der Rechtsanwender sein Gutachten im Rahmen der sog. materiellen Prüfung beispielsweise wie folgt eröffnen:

- „W könnte einen Anspruch auf Erteilung eines Waffenscheins haben. Rechtsgrundlage für die Erteilung eines Waffenscheins kann § 10 Abs. 4 S. 1 i.V.m. § 4 Abs. 1 WaffG sein. Dementsprechend müssen die allgemeinen Voraussetzungen für die Erteilung waffenrechtlicher Erlaubnisse bei W vorliegen. Von den in § 4 Abs. 1 WaffG genannten Voraussetzungen ist im vorliegenden Fall allein zu untersuchen, ob bei W (zum Zeitpunkt der Verwaltungsentscheidung) ein sog. waffenrechtliches Bedürfnis i.S. der § 4 Abs. 1 Nr. 4 WaffG, §§ 8, 19 WaffG vorliegt."

- In der Lösung ist im Folgenden darauf einzugehen, ob W eine gefährdete Person ist, weil ihm wesentlich mehr als die Allgemeinheit Angriffe auf Leib oder Leben drohen. Es ist zunächst auf § 8 WaffG und erst anschließend auf § 19 WaffG einzugehen, weil § 19 WaffG wiederum eine Hilfsnorm zu § 8 WaffG darstellt. Im Rahmen einer Subsumtion sollte der Rechtsanwender argumentieren, dass W zwar mit einer Pistole normalerweise einen Überfall, mit dem man rechnet, abwehren kann. Zu bedenken ist aber, dass W nicht mehr, schon gar nicht wesentlich mehr als die meisten seiner Mitbürger, gefährdet ist. Viele Menschen holen ihr monatliches Gehalt von der Bank ab, manch einer wird dabei durch einen Wald müssen. Ferner sieht man es dem W nicht an, dass er Geld bei sich führt, es sei denn, er prahlt mit seiner dicken Brieftasche. Auch könnte er das von ihm behauptete Risiko mindern, indem er nicht durch den Wald geht, das Geld in kleinen Beträgen abhebt, das Geldinstitut wechselt etc. Nach alledem ist er nicht wesentlich gefährdeter als andere. Mangels Gefährdung i.S.v. § 19 WaffG gehört W nicht zu den „gefährdeten Personen". Damit liegt auch kein öffentliches Bedürfnis vor. Ohne öffentliches Bedürfnis liegen die Voraussetzung für die Erteilung eines Waffenscheins nach § 10 Abs. 4 S. 1 WaffG i.V.m. § 4 Abs. 1 WaffG nicht vor.

- Da die Voraussetzungen des § 4 Abs. 1 WaffG nicht durch ein „oder", sondern durch ein „und" miteinander verknüpft sind (vgl. Normtext und die hier verwendete Gesetzgebungstechnik des Gesetzgebers unter § 4 Abs. 1 Nr. 4 WaffG [„und"] müssen alle genannten Voraussetzungen kumulativ vorliegen. Der Ausfall einer Voraussetzung bedeutet das Scheitern eines Anspruchs.

- Sofern Sie in einer Klausur keine prüfungseinschränkenden Hinweise (wie hier) im Sachverhalt erhalten, müssten Sie in einem Gutachten „normalerweise" alle Voraussetzungen auf das Vorliegen überprüfen. Es macht allerdings keinen Sinn, seitenweise Ausführungen zu den einzelnen Voraussetzungen eines Anspruchs vorzunehmen, wenn Sie zu Beginn bereits erkennen, dass der Anspruch – wie hier mangels eines nachgewiesenen „Bedürfnisses" –

scheitern wird. In solchen Fallkonstellationen bietet es sich an, sofort das für die Falllösung **maßgebende Tatbestandsmerkmal** zu überprüfen. Sollten Sie dann deutlich vor ihrer zur Verfügung stehenden Bearbeitungszeit Ihre Prüfung abgeschlossen haben, gibt es unter klausurtaktischen Erwägungen folgendes zu beachten, wenn unterstellt wird, dass eine Klausur auf die vorgesehene Bearbeitungszeit ausgelegt ist:

– Entweder sind Sie zu einem fehlerhaften Ergebnis gekommen. Ggf. bietet sich dann – auch wenn es nach der „reinen Lehre" im materiellen Prüfungsteil unzulässig ist – ein Hilfsgutachten an, oder

– Sie halten Ausschau nach einem alternativen Lösungsansatz mit einer anderen Antwortnorm.

▪ Unterschiedlich gehen Studenten und Dozenten mit der Frage um, ob vor der Lösungsreinschrift eine Lösungsskizze anzufertigen ist. Nach hier vertretener Auffassung bietet sich eine Lösungsskizze dann an, wenn Sie das Ergebnis der Klausur nicht kennen bzw. (überhaupt) nicht überschauen können. Der vorliegende Fall ist für eine Lösungsskizze prädestiniert, weil Sie mit einem fremden Gesetz und fremden Normen arbeiten mussten. Nur so können Sie beispielsweise sicherstellen, dass Sie das im konkreten Fall nicht vorliegende Tatbestandsmerkmal „sofort" prüfen und damit überflüssige Ausführungen vermeiden.

▪ Wenn Sie jedoch einen Klausursachverhalt erhalten (wie z. B. häufiger im Sozialleistungsrecht), bei dem sowohl der Aufbau als auch lösungsrelevante Fragestellungen bekannt sind oder sich vergleichsweise einfach im Laufe der Klausur entwickeln lassen, kann auf eine umfangreiche und vollständige Lösungsskizze verzichtet werden. Die Autoren erleben häufig Klausurskizzen über zwei bis drei Seiten, die keine besonderen lösungsrelevanten Erkenntnisse liefern, sondern prinzipiell nur eine auswendig gelernte Wiedergabe des bekannten Aufbau- und Prüfungsschemas enthalten. Das ist pure Zeitvernichtung, die viel sinnvoller „angelegt" werden kann. Wenn Sie in Vorüberlegungen zur Lösung einsteigen, die Sie in solchen Fallkonstellationen als Skizze verschriftlichen wollen, konzentrieren Sie sich auf die problematischen Aspekte, zu denen Sie im Laufe der Ausarbeitung kommen werden.

▪ Der Schlüssel zur erfolgreichen Beantwortung der Fallfrage bestand darin, die maßgebenden Normen zu ordnen und in einem Zusammenhang zu bringen. Dazu mussten Sie einerseits die maßgebenden Rechtsnormtypen erkennen und andererseits die Normen „logisch" nach ihrer Beziehung zueinander ordnen. Sofern Ihnen dieses gelungen ist, entsteht ein hierarchisches System zwischen den lösungsrelevanten Rechtsnormen. Zur Verdeutlichung kann das grafisch wie folgt veranschaulicht werden:

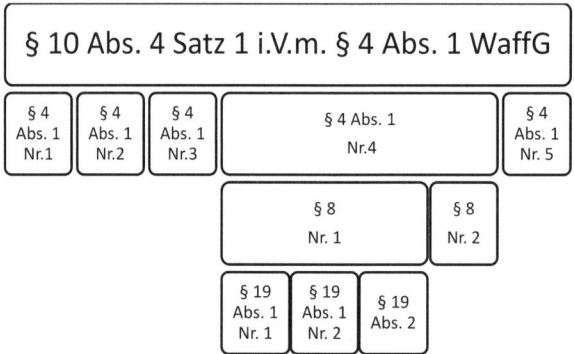

▪ An der Ausführungsspitze steht immer die Einstiegs-Antwortnorm (hier die Anspruchsgrundlage). Diese beinhaltet Tatbestandsmerkmale, die ihrerseits durch Hilfsnormen mit ggf. weiteren Tatbestandsmerkmalen konkretisiert werden. Arbeiten Sie sich auf diese Weise bis zur untersten Gliederungsebene vor. Dort wird regelmäßig ein Schwergewicht ihrer Ausführungen liegen, weil dort das lösungsrelevante Problem liegt.

- Gliedern Sie ihre Ausführungen dementsprechend. Machen Sie das Abhängigkeitsverhältnis zwischen den Rechtsnormen durch eine entsprechende Gliederung kenntlich (z. B. 1.; 1.1; 1.2; etc.). Bedenken Sie, dass jede „geöffnete" Gliederungsziffer ihrerseits ein (Zwischen-) Ergebnis auf der entsprechenden Hierarchieebene verlangt. Schreiben Sie z. B. auf Ihrer untersten Gliederungsebene, ist zunächst auf dieser untersten Gliederungsebene das (Zwischen-) Ergebnis festzuhalten ehe Sie auf der oberen Gliederungsebene zu einem Ergebnis kommen. Mit anderen Worten: Sie kriechen zunächst in den Kaninchenbau tief hinein, und wählen als Rückweg denselben Weg, den Sie auf den Hinweg gewählt haben. Die auf dem Hinweg geöffneten Türen schließen Sie auf dem Rückweg wieder hinter sich zu.

- Im obigen Beispiel wurde Ihnen als Lösungsgesichtspunkte beispielsweise folgendes an die Hand gegeben – ausgehend davon, dass man sich im Gutachten auf die unterste relevante Hierarchieebene vorgearbeitet hätte: „... Nach alledem ist W nicht wesentlich gefährdeter als andere. Mangels Gefährdung i.S.v. § 19 WaffG gehört W nicht zu den „gefährdeten Personen" i.S. des § 8 WaffG. Damit liegt auch kein öffentliches Bedürfnis i.S.v. § 4 Abs. 1 Nr. 4 WaffG vor. Ohne öffentliches Bedürfnis liegen die Voraussetzung für die Erteilung eines Waffenscheins nach § 10 Abs. 4 S. 1 WaffG i.V.m. § 4 Abs. 1 WaffG nicht vor." Damit stellt der letzte Satz im Rahmen eines Gutachtens die Beantwortung der Fallfrage dar. Zuvor hat der Rechtsanwender die „Schubladen" (Türen) geschlossen, die er zuvor geöffnet hatte.

- Zur Erklärung hilft ggf. folgendes „Bild": Stellen Sie sich einen Kleiderschrank mit zwei Haupttüren vor. Sie öffnen die linke Haupttür und finden dort mehrere Schubladen, die ihrerseits wiederum in weitere Unterschubladen unterteilt sind. Wenn Sie eine Unterschublade geöffnet haben, können Sie nicht die ganze Schranktür schließen. Sie müssen die geöffnete Unterschublade erst mit einem Ergebnis schließen, dann die anderen Unterschubladen, so dass Sie schließlich alle großen Schubladen in den Schrank schieben können. Erst wenn Sie innerhalb der geöffneten linken Haupttür alle Schubladen geschlossen haben, können Sie auch die linke Haupttür schließen und zu einem (Gesamt- oder Teil-) Ergebnis kommen.

IV. Prinzip der Gutachtentechnik

In juristischen Klausuren und damit in der theoretischen Ausbildung bzw. dem Studium wird von Ihnen zunächst erwartet, dass Sie ein Gutachten erstellen. In späteren Ausbildungsabschnitten - und in der Praxis - sollen Sie auch einen Bescheid (Ordnungsverfügung etc.) entwerfen. Ein gelungenes Gutachten setzt voraus, dass Sie die Gutachtentechnik beherrschen, die ihren sprachlichen Niederschlag im sog. Gutachtenstil findet. Bedenken Sie bitte, dass es im Folgenden im Kern um die juristische Denkweise geht und nicht um eine "Stilfrage".

Die juristische Denkweise ist geprägt vom sog. syllogistischen Schlussverfahren. Dahinter steht die Überlegung, dass der Rechtsanwender, ausgehend von einer allgemeinen Regel, den konkreten Fall lösen kann. In diesem Zusammenhang spricht man vom sog. Deduktionsvorgang[13]. Der Rechtsanwender löst eine Frage, indem er durch Anwendung einer bewusst allgemein gehaltenen und formulierten Rechtsnorm eine Lösung zum konkreten Einzelfall findet.

Beispiel

Allgemeine Regel	= Obersatz = 1. Prämisse:	Immer wenn die **Sonne scheint**, ist das Wetter schön.
Einzelfall	= Untersatz = 2. Prämisse:	Heute **scheint** die **Sonne**.
Schlusssatz	= Conclusio:	Also ist das Wetter heute schön.

---

13 Im Gegensatz zur Induktion: hier wird von Einzelfällen auf eine allgemeine Regel geschlossen.

Maßgebend für eine Schlussfolgerung ist also, dass die Voraussetzung der allgemeinen Regel (Rechtsnorm) auch im konkreten Fall vorliegt. Im Beispiel ist die entscheidende Voraussetzung, dass die „Sonne scheint". Bei der Rechtsanwendung kommen zwei Schwierigkeiten hinzu: Es ist nicht immer klar, was der Rechtsbegriff bedeutet (wann scheint im rechtlichen Sinn die Sonne?). Dies ist durch Auslegung zu ermitteln.

Es ist nicht immer eindeutig, ob der Lebenssachverhalt zum ausgelegten Rechtsbegriff „passt" (scheint heute wirklich die Sonne i.S. der „allgemeinen Regel?). Dies ist durch einen (wertenden) Subsumtionsvorgang zu klären. Vielleicht spüren Sie schon, dass man hier zu unterschiedlichen Auffassungen kommen kann.

46 Die Gutachtentechnik wird von Anfängern gelegentlich nur widerwillig akzeptiert, ihre Bedeutung oft verkannt. Man meint manchmal, ganz auf sie verzichten zu können und beruft sich dabei auf die Praxis. Diese Einschätzung ist verfehlt.

Solange Sie nicht sicher wissen, wie ein Fall zu lösen ist, müssen Sie diese Technik - zumindest gedanklich - anwenden. Es ist nicht zu bestreiten, dass ein Praktiker, der gerade seine tausendste Gewerbeuntersagung schreibt, weiß, wie der Fall „läuft". Sobald derselbe Sachbearbeiter aber z. B. zum Schulamt, Veterinäramt oder in das Umweltamt versetzt würde, müsste er sich in ein völlig neues Sachgebiet einarbeiten.

Gehen Sie deshalb davon aus, dass auch Sie bei Ihren Klausuren folgerichtig auf ein Ergebnis hinarbeiten müssen, es zunächst nicht kennen. Eben diese Vorgehensweise ist das Wesen der Gutachtentechnik, die der richtigen Entscheidungsfindung zugrunde liegt.

47 Beim Gutachtenstil steht das Ergebnis – nicht wie beim Urteils- oder Ergebnisstil – am Anfang, sondern am Ende. Folgendes – bewusst kurios gewähltes – Beispiel soll den Denkansatz noch einmal verdeutlichen:

Wenn man Sie fragt, ob das Wetter heute schön ist, würden Sie im alltäglichen Sprachgebrauch ergebnisorientiert antworten: Heute ist das Wetter schön, **weil** die Sonne scheint.

Der Gutachtenstil geht hingegen von einer unsicheren Annahme aus (Hypothese), stellt Voraussetzungen auf, definiert diese, vergleicht die Definition mit der Wirklichkeit (dem Sachverhalt) und kommt infolge dieser logischen Vorgehensweise zu einer wertenden Erkenntnis. Im genannten Beispiel könnte also die Lösung so aussehen:

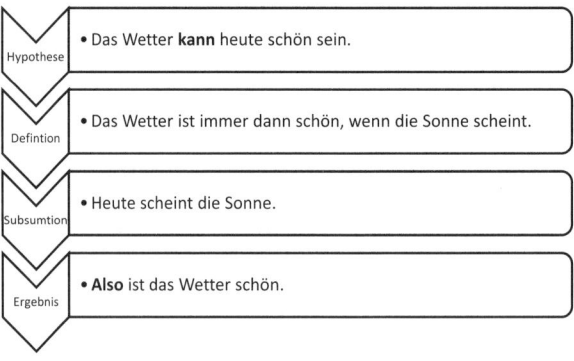

48 Die Hypothese wird in einem Obersatz formuliert. Von entscheidender Bedeutung ist es, dass der Obersatz auf die Fallfrage ausgerichtet ist. Würde das nicht geschehen,

IV. Prinzip der Gutachtentechnik

würde eine Prüfung ohne Bezug zum Prüfauftrag erfolgen und mithin keine Antwort auf die Fallfrage liefern. Damit wären ihre Ausführungen thematisch verfehlt.

In der Definitionsstufe wird das zu untersuchende Tatbestandsmerkmal, das in der Regel abstrakt-generell und damit auf eine Vielzahl von Sachverhalten und Personen anwendbar ist, im Wege einer Auslegung erläutert bzw. definiert. Nur wenn die vorgenommene Auslegung bzw. Definition richtig ist, kann auch die Subsumtion sachlich richtig sein. Das Kartenhaus bricht also zusammen, wenn der Obersatz oder die Definition fehlerhaft ist. Es entsteht ein Abhängigkeitsverhältnis zwischen den einzelnen Stufen in der gutachtlichen Vorgehensweise. **49**

Das Ergebnis schließt infolge einer logischen Gedankenkette sowie in Folge einer wertenden Betrachtung (Subsumtion) immer mit den Worten „folglich", „also", „mithin" etc. **50**

Die beschriebene gutachtliche Vorgehensweise kann an dem folgenden – bewusst einfach gehaltenen Beispielsfall – verdeutlicht werden: **51**

Beispiel

Autofahrer A ist seit langem Inhaber der Fahrerlaubnis der Führerscheinklasse 3. In den letzten zwei Jahren ist er mehrfach mit hohen Bußgeldern belegt worden, weil er sieben Verkehrsverstöße begangen hat (zweimal das Rotlicht nicht beachtet, falsches Überholen, viermaliges Überschreiten der Höchstgeschwindigkeit um 25 km/h etc.). Das zuständige Straßenverkehrsamt erwägt nun die Entziehung der Fahrerlaubnis.

Für die Lösung sollte folgende Vorüberlegung durchgeführt werden: Inhaltlich geht es hier um die Aufhebung (Entziehung der Fahrerlaubnis) eines begünstigenden Dauerverwaltungsaktes. Ermächtigungsgrundlage hierfür sind § 3 StVG und § 46 FeV. **52**

§ 3 Abs. 1, Abs. 2 StVG (Entziehung der Fahrerlaubnis) lautet:
(1) ¹Erweist sich jemand als ungeeignet oder nicht befähigt zum Führen von Kraftfahrzeugen, so hat ihm die Fahrerlaubnisbehörde die Fahrerlaubnis zu entziehen. ² ...
(2) ¹Mit der Entziehung erlischt die Fahrerlaubnis. ...

§ 46 Abs. 1 FeV - Entziehung, Beschränkung, Auflagen
(1) Erweist sich der Inhaber einer Fahrerlaubnis als ungeeignet zum Führen von Kraftfahrzeugen, hat ihm die Fahrerlaubnisbehörde die Fahrerlaubnis zu entziehen. Dies gilt insbesondere, wenn Erkrankungen oder Mängel nach den Anlagen 4, 5 oder 6 vorliegen oder erheblich oder wiederholt gegen verkehrsrechtliche Vorschriften oder Strafgesetze verstoßen wurde und dadurch die Eignung zum Führen von Kraftfahrzeugen ausgeschlossen ist.
(2) ...

Zur Hypothese (1): **53**

§ 3 Abs. 1 StVG und § 46 Abs. 1 FeV bestimmen, dass die Verwaltungsbehörde die Fahrerlaubnis entziehen **muss** (also gebundene Verwaltung), wenn sich jemand als ungeeignet zum Führen von Kraftfahrzeugen erweist. Ob das der Fall ist oder nicht, können Sie an dieser Stelle noch nicht wissen, es sei denn, Sie halten sich für einen "juristischen Hellseher". Sie haben also nur einen ungesicherten **Ansatz**, die **Hypothese**. Diese kann sich als tragfähig erweisen oder auch nicht.

An dieser Stelle der Bearbeitung sollen und dürfen Sie noch **unsicher** sein. Das muss auch in der Formulierung zum Ausdruck kommen. Man drückt sich also in der **Möglichkeitsform** (Konjunktiv) aus.

"A kann ungeeignet zum Führen von Kraftfahrzeugen sein."

Andere „Wendungen" sind:
- Möglicherweise ist A ...
- Fraglich ist, ob A ...
- Es ist der Frage nachzugehen, ob ...
- Zu prüfen ist, ob ...
- Es ist zu erwägen, ob ...

Alternativ kann der Problemeinstieg auch dadurch erreicht werden, dass ein Konditionalsatz aufgebaut wird:
- Der Widerspruch hat Aussicht auf Erfolg, wenn er zulässig und begründet ist.
- Der Führerscheinentzug ist rechtmäßig, wenn...

Hinweise:

Nachdem Sie die Hypothese formuliert haben, kann die Definition und Subsumtion der Tatbestandsmerkmale folgen.

54 Fraglich ist, ob die Rechtsnorm inhaltlich wiedergeben werden sollte. Einerseits führt die vollständige inhaltliche Wiedergabe der Einstiegs-Antwortnorm dazu, dass dem objektiven Leser die Rechtsnorm und damit das Prüfprogramm vor Augen geführt werden. Andererseits ist es für den Gutachtenersteller wie auch für den Leser zeitraubend und ggf. langatmig, wenn die Rechtsnorm wiedergegeben wird und anschließend wiederholend die einzelnen Voraussetzungen der Rechtsnorm untersucht werden, die zuvor in der Wiedergabe der Rechtsnorm erwähnt wurden. Im Zweifel ist daher auf die ausführliche Zitation zu verzichten.

Beachten Sie bitte, dass die Einstiegsantwortnorm inhaltlich richtig, aber nicht (zwingend) wörtlich wiedergegeben wird. Beschränken Sie die Widergabe der Norm vor allem auf die für die Falllösung wesentlichen Teile (spielt z. B. die „öffentliche Ordnunq" in Anwendung von § 14 Abs. 1 OBG für die Falllösung keine Rolle, bleibt dieses Tatbestandsmerkmal unerwähnt).

Verwenden Sie in Klausuren einen abwechslungsreichen Schreib- und Sprachstil. Manche Klausurverfasser verwenden ausschließlich die sprachliche Wendung „Fraglich ist, ob ...". Auch für den Klausurkorrektor ist dies auf Dauer sehr ermüdend.

Häufig kommt es in Klausuren vor, dass der Verfasser zwar den Obersatz eines Gutachtenstils im Konjunktiv wählt, im darauffolgenden Satz aber sofort in den Ergebnisstil „zurückfällt". Im vorliegenden Fall würde also eine **fehlerhafte** Formulierung im Anschluss an den Obersatz lauten: „A ist ungeeignet zum Führen von Kraftfahrzeugen, **weil** er mehrfach gegen die Straßenverkehrsordnung verstoßen hat."

Wer den Gutachtenstil verwendet, weil er einem Problem oder einer Fallfrage „auf den Grund" gehen will, muss den Gutachtenstil konsequent durchhalten.

55 **Zur Definitionsstufe (2):**

Diese Stufe bereitet Anfängern oft vermeidbare Schwierigkeiten. Auf der Definitionsstufe müssen Sie abstrakt darstellen, wann das zu prüfende Merkmal erfüllt sein soll. Aus verwaltungsrechtlicher Sicht geht es hier um die **Auslegung** eines unbestimmten Gesetzesbegriffs.

Das kann man nur falsch oder richtig machen. Man könnte daran denken, eine Definition zu erfinden, wie z. B.: "Ungeeignet zum Führen von Kraftfahrzeugen ist, wer das 40. Lebensjahr vollendet hat."

IV. Prinzip der Gutachtentechnik

Es wäre jedoch nicht nur unsinnig, sondern auch rechtlich falsch, so vorzugehen. Denn das Recht bietet Ihnen eine Hilfsnorm an, auf die Sie zurückgreifen können und müssen: Zwar gibt es keine Legaldefinition (wie früher in § 15b Abs. 1 S. 2 Straßenverkehrs-Zulassungs-Ordnung), aber eine Hilfsnorm in Form von Regelbeispielen. Nach § 46 Abs. 1 S. 2 FeV ist ungeeignet **insbesondere**, wenn erheblich oder wiederholt gegen verkehrsrechtliche Vorschriften verstoßen wurde **und dadurch** die Eignung zum Führen von Kraftfahrzeugen ausgeschlossen ist. Ob diese abstrakten Voraussetzungen im vorliegenden Einzelfall eingreifen, wird sogleich zu prüfen sein. Ihre gedankliche Arbeit besteht bis hierin darin, die relevante Gesetzespassage herauszufiltern.

Darüber hinaus bietet es sich aber auch hier an, den Gesetzestext hinsichtlich der Definition einer Interpretation zu unterziehen. Die Wörter „und dadurch" machen deutlich, dass alleinige Verkehrsverstöße für den Entzug der Fahrerlaubnis nicht ausreichen. Hinzukommen muss eine Kausalität – also ein Zusammenhang – zwischen den Verkehrsverstößen einerseits und der Geeignetheit zum Führen eines Kraftfahrzeugs andererseits. Die Verkehrsverstöße müssen also Rückschlüsse auf die Kraftfahrtauglichkeit zulassen.

Hinweis: 56

Sofern Sie **keine** Hilfsnorm (Legaldefinition) zur Verfügung haben, müssen Sie das Merkmal **methodisch richtig auslegen.** Die gängigen Definitionen aus Rechtsprechung und/oder Literatur werden Ihnen im Unterricht bzw. der Vorlesung nach und nach vorgestellt werden (z. B. im Ordnungsrecht die Begriffe der öffentlichen Sicherheit und der öffentlichen Ordnung). Regelmäßig können Sie deshalb – auch ohne Auslegung – die Definition übernehmen, die von der Rechtsprechung oder der Kommentierungsliteratur als gängige Begriffsbestimmung entwickelt wurde und gebräuchlich ist. Es empfiehlt sich allerdings, sich diese gängigen Definitionen rechtzeitig zu merken.

Zur Subsumtion (3) 57

Nunmehr muss die Subsumtion erfolgen. An dieser Stelle wird die Brücke vom abstrakten Gesetzestext zum konkreten Fall geschlagen. Es wird geprüft, ob der Fall zum Gesetz "passt" oder nicht. Die Subsumtion ist demnach die Heranziehung und Würdigung des Sachverhalts, der mit der obigen Definition verglichen wird. Je genauer und besser die Vorarbeit in Form der Definition war, desto treffender wird nun die Subsumtion erfolgen. Ist die Definition des abstrakten Tatbestandsmerkmals fehlerhaft vorgenommen worden, muss auch die Subsumtion - die Tatbestandsmerkmal und Definition einerseits und den Sachverhalt bzw. die Lebenswirklichkeit andererseits miteinander vergleicht - fehlerhaft werden.

Auf der Subsumtionsebene findet die eigentliche gedankliche Arbeit statt. Durch den **Vergleich** von Tatbestandsmerkmal und Definition einerseits mit dem Sachverhalt bzw. der Lebenswirklichkeit anderseits, **bewerten** Sie, ob die Voraussetzungen einer Rechtsnorm vorliegen oder nicht vorliegen. Es ist ihre Aufgabe, den Leser ihrer Ausführungen zu einem Erkenntnisgewinn zu verhelfen. Deshalb muss ihre Argumentation schlüssig und überzeugend wirken.

Um dieser Aufgabe gerecht zu werden, sind alle wichtigen Angaben des Sachverhalts zu verwerten. Versuchen Sie von Anfang an, hier nicht oberflächlich zu sein, die Art der Begründung ist ein wichtiges Bewertungskriterium für die vom Korrektor zu vergebende Note! Je überzeugender Sie hier – in Abhängigkeit der Problemlage – argumentieren, desto besser sind ihre Ausführungen. Es reicht keineswegs aus, wenn

Sie feststellen, dass "A bei dem Fahrstil nicht kraftfahrtauglich" ist. Sie müssen vielmehr Art, Schwere und Häufigkeit der Verstöße **werten**. Die Anzahl von insgesamt sieben Verkehrsverstößen sowie die Erheblichkeit der Verkehrsverstöße (Verstoß gegen Rotlicht sowie erhebliche Geschwindigkeitsüberschreitungen) dokumentieren beispielsweise, dass es A an jeder Einsicht bzw. an jedem Willen mangelt, die geltenden Verkehrsvorschriften einzuhalten und lassen darüber hinaus auf ein rücksichtsloses Verkehrsverhalten schließen, das seinerseits auf eine Nichteignung zum Führen von Kraftfahrzeugen schließen lässt.

Die oben beschriebene gedankliche Leistung unterbleibt dann, wenn der Gesetzestext lediglich abgeschrieben und der Sachverhalt lediglich wiedergegeben wird. Damit stehen sich die beiden lösungsrelevanten Aspekte unverbunden gegenüber. Ihre Aufgabe besteht in der Prüfung, ob die Tatbestandsmerkmale vorliegen oder nicht; sie müssen also den Sachverhalt und den Rechtsbegriff miteinander „**verzahnen**".

58 **Zum Ergebnis (4)**

Nach alledem müssen Sie jetzt zu einem **Ergebnis** gelangt sein. Es muss hier lauten, dass A kraftfahruntauglich **ist,** weshalb ihm die Fahrerlaubnis entzogen werden muss.

V. Die gekonnte Anwendung der Gutachtentechnik

1. Finden und Anwenden der richtigen Rechtsnorm

59 Angesichts der Vielzahl der Gesetze und der Rechtsnormen im öffentlichen Recht befürchten insbesondere Einsteiger, die fallrelevante Rechtsnorm nicht zu finden. Diese Befürchtung ist zu einem großen Teil unberechtigt. Die Rechtsnormen, die für die Klausurlösung relevant sind, werden entweder in den Lehrveranstaltungen bereits thematisiert, so dass Sie eine konkrete Vorstellung von der maßgeblichen Antwortnorm besitzen, oder die lösungsrelevanten Normen werden der Klausur beigefügt.

60 Wer dennoch Zweifel hat, sollte folgendes beachten: Es ist die Rechtsnorm zu wählen, die auf der Rechtsfolgeseite die Antwort auf die Fallfrage liefert. Das Grundprinzip lautet hier: „Von der Rechtsfolge zur Voraussetzung". Es ist sinnlos, eine Rechtsnorm zu prüfen, die auf der Rechtsfolgeseite nicht die Fallfrage beantwortet.

Beispiel

In einer Verwaltungsrechtsklausur sollte z. B. geprüft werden, ob die Erteilung einer Reisegewerbekarte (vgl. § 55 GewO) aufgehoben werden durfte. Richtigerweise sah ein Klausurverfasser in der – im Vergleich zum Verwaltungsverfahrensgesetz – speziellen Gewerbeordnung keine Rechtsgrundlage für die Aufhebung. Deshalb konnte auf das allgemeine Verwaltungsverfahrensgesetz zurückgegriffen werden. Der Klausurverfasser wandte § 52 VwVfG NRW an. Nach dieser Norm kann die Behörde die auf Grund eines Verwaltungsaktes erteilten **Urkunden oder Sachen**, die zum Nachweis der Rechte aus dem Verwaltungsakt oder zu deren Ausübung bestimmt sind, **zurückfordern**, wenn ein Verwaltungsakt unanfechtbar widerrufen oder zurückgenommen worden ist oder seine Wirksamkeit aus einem anderen Grund nicht oder nicht mehr gegeben ist. Auf der Rechtsfolgeseite sollen also Urkunden oder Sachen zurückgefordert werden. Diese Rechtsfolge beantwortet nicht die Fallfrage, weil die Aufhebung der Reisegewerbekarte geprüft werden sollte und nicht die Rückforderung bzw. Herausgabe der Reisegewerbekarte. Die Rechtsfolge von § 52 Abs. 1 VwVfG NRW beantwortet also nicht die Fallfrage. Die richtige Rechtsnorm hätte in § 48 Abs. 1 S. 1 (nicht S. 2!) oder § 49 VwVfG NRW gesucht werden müssen. Darüber hinaus setzt die Rückgabe einer Urkunde gerade die Aufhebung des Verwaltungsaktes voraus. Bei sorgfältiger Lektüre der Rechtsnorm hätte dem Klausurverfasser also die fehlerhaft gewählte Rechtsnorm ins Auge springen müssen.

V. Die gekonnte Anwendung der Gutachtentechnik

Die beschriebene Vorgehensweise findet im Klausurszenario als gedankliche Vorarbeit statt. Ist die richtige Rechtsnorm dann gefunden, besteht im Detail folgende Vorgehensweise für die gutachtliche Darstellung ihrer Lösung:

1. Obersatz / Hypothese nennen - ausgerichtet an der Fallfrage
2. Antwortnorm nennen und (inhaltlich richtig) wiedergeben[14]
3. Zu prüfendes (erstes) Tatbestandsmerkmal nennen
4. (Erstes) Tatbestandsmerkmal definieren
5. (Einzel-) Subsumtion
6. (Teil-) Ergebnis

Die Prüfungsschritte „3 bis 6" wiederholen sich in Abhängigkeit der Anzahl der einzelnen Tatbestandsmerkmale.

An dieser Stelle soll aber bereits darauf hingewiesen werden, dass in einer gehobenen Fallbearbeitung die Prüfungsschritte „3 bis 6" – zumindest bei unproblematisch vorliegenden Tatbestandsmerkmalen – zusammengefasst werden.[15] Das Schema soll nur die Grundstruktur des **Gutachtenstils** verdeutlichen. Nicht jeder einzelne Schritt ist im Gutachten oder in einem Bescheid in dieser schulmäßigen Weise abzuhandeln. Unproblematische Tatbestandsmerkmale können apodiktisch festgestellt oder sogar ganz weggelassen werden[16].

In Einzelfällen kann es vorkommen, dass mehrere Einstiegs-Antwortnormen für die Beantwortung der Fallfrage herangezogen werden können. Wenn Ihr Prüfauftrag z. B. im Sozialrecht lautet, Leistungen zum Lebensunterhalt für den Antragsteller zu prüfen, kommen solche Leistungen nach dem Dritten oder Vierten Kapitel SGB XII (Anspruchsgrundlagen sind hier § 19 Abs. 1 SGB XII einerseits und § 19 Abs. 2 SGB XII andererseits) sowie nach dem SGB II (Anspruchsgrundlage ist hier § 7 Abs. 1 SGB II) in Frage. Grundsätzlich sollen in einem Gutachten alle prinzipiell **denkbaren** Lösungen aufgezeigt werden. Deshalb kann es angezeigt sein, auch alle Anspruchsgrundlagen in ihre Lösung einzubauen, obwohl diese das spätere Ergebnis nicht mittragen.

Die Prüfung beginnt grundsätzlich mit der Rechtsgrundlage, die unter methodischen Gesichtspunkten vorrangig zu untersuchen ist. Im konkreten Beispiel ist eine Leistung nach dem 4. Kapitel SGB XII vorrangig vor der Auffangleistung „Hilfe zum Lebensunterhalt" nach dem Dritten Kapitel SGB XII (vgl. § 19 Abs. 2 S. 2 SGB XII). Haben Sie vor diesem Hintergrund die maßgebliche Einstiegs-Antwortnorm ausgewählt oder haben Sie eine Auswahlentscheidung bei zwei gleichrangig nebeneinander stehenden Normen zu treffen, wird mit der Rechtsgrundlage begonnen, die im Ergebnis nicht einschlägig ist – deren Voraussetzungen also nicht vorliegen. Bedenken Sie hier, dass in solchen Fallvarianten **keine umfangreichen Ausführungen** zu den Rechtsgrundlagen erwartet werden, die im Ergebnis nicht zutreffen. Andernfalls würden Sie die Schwerpunkte falsch setzen und zudem mit der Ihnen zur Verfügung stehenden Zeit nicht zurechtkommen.

Bei den klausurrelevanten Aufhebungsnormen §§ 48, 49 VwVfG NRW muss sich der Verfasser für eine relevante Einstiegsantwortnorm entscheiden. **Vorbemerkungen** entsprechen nicht dem Gutachtenstil und sollten unterbleiben. Ggf. kann – entsprechend den obigen Ausführungen – mit der Norm begonnen werden, die im Ergebnis

---

14 Vgl. obige Ausführungen. Ggf. kann auf die Wiedergabe der Antwortnorm verzichtet werden. Das ist „Geschmackssache".
15 Vgl. *Diederichsen/Wagner* (1998, S. 177).
16 *Vahle*, DVP 2017, 223 (226).

nicht einschlägig ist. Dann sollten diese Ausführungen aber nicht den Schwerpunkt der Klausurlösung darstellen.

64 Regeln zwei Normen inhaltlich dasselbe, ist darüber hinaus die gebundene Entscheidung der Ermessensentscheidung vorzuziehen.

- Z. B. ist die Übernahme einer Sterbegeldversicherung nach § 33 Abs. 2 SGB XII als Ermessensnorm nachrangig gegenüber der Absetzbarkeit einer abgeschlossenen Sterbeversicherung vom Einkommen nach § 82 Abs. 2 Nr. 3 SGB XII, weil letztere eine gebundene Rechtsnorm darstellt;

- Maßgebende Rechtsnormen für Aufrechnungsentscheidungen im Zweiten Buch Sozialgesetzbuch sind § 42a SGB II (Aufrechnung bei Darlehensgewährung) und § 43 SGB II (u. a.. Aufrechnung bei Kostenerstattungen nach § 50 SGB X und Kostenersatzforderungen nach § 34a SGB II). Maximal können Aufrechnungen mit der laufenden Leistungsgewährung bis 30 Prozent des Regelbedarfs erfolgen. Bei konkurrierenden Aufrechnungslagen ist eine Aufrechnung nach § 42a SGB II einer Aufrechnung nach § 43 Abs. 1 SGB II vorzuziehen, weil es sich bei letzteren um eine Ermessensentscheidung handelt (vgl. auch § 43 Abs. 2 S. 2 SGB II).

2. Umfang der Ausführungen

65 An dieser Stelle muss nochmals erwähnt werden, dass in einer Klausur nicht nur eine Rechtsnorm geprüft werden muss, sondern in der Regel eine Vielzahl von Rechtsnormen. Das ist z. B. der Fall, wenn die Erfolgsaussichten einer Klage oder die (formelle und materielle) Rechtmäßigkeit eines Verwaltungsaktes untersucht werden soll. In den einschlägigen verwaltungsrechtlichen Lehrbüchern finden Sie zu diesem Zweck sog. Prüfungsschema, die Ihnen eine Orientierung bieten, welche Normen ggf. in ihre Ausführungen einzubeziehen sind.

Nun könnte man - theoretisch - jedes Gutachten in eine Unzahl von kleinen Gutachten zerlegen, was in der Tat zu sehr umfangreichen Klausuren führen würde. Das ist nicht wünschenswert und sinnvoll. Deshalb ist es in einer Klausur – u. a. aus Zeitgründen – erforderlich, nicht alles im Gutachtenstil zu bringen und die zu prüfenden Normen bis ins letzte Detail zu zerlegen.

66 Deshalb gilt folgende wichtige Grundregel: **Nur** wirkliche Probleme sind gutachtlich zu lösen. Je problematischer die Frage ist, desto intensiver ist die Begründung bzw. die Subsumtion vorzunehmen. Unproblematische Aspekte sind hingegen – selbst in einem zu erstellenden Gutachten – im Ergebnisstil zu lösen. In der Regel sind ihre Ergebnisse aber auch innerhalb des Ergebnisstils zu begründen. Vermeiden Sie also bloße Behauptungen ohne Begründung – es sei denn, im Sachverhalt oder in den Bearbeitungshinweisen von Klausuren existieren (unangegriffene) Feststellungen oder Vorgaben.

Die Durchführung einer Subsumtion und ihr Umfang sind also vom jeweiligen Schwierigkeitsgrad abhängig. Es lassen sich verschiedene „Ausführlichkeitsstufen"[17] unterscheiden:

67 **Unterste Stufe: „Phantomstufe"**

Auf dieser Ebene werden Subsumtionen nur gedanklich vollzogen, aber nicht schriftlich fixiert. Es handelt sich um die Fälle, in denen das Subsumtionsergebnis so **of-**

---

[17] Begriff nach *Diederichsen/Wagner*, Die BGB-Klausur, 9. Aufl. (1998), S. 177.

V. Die gekonnte Anwendung der Gutachtentechnik

fenkundig ist, dass die subsumierende Unterordnung einfältig und aufdringlich wirken würde.

Bei der Frage, ob sich ein volljähriger Bürger (B) auf das Grundrecht des Art. 2 Abs. 1 GG berufen kann, ist es verfehlt, folgendes auszuführen: „B müsste jeder i.S. des Grundrechtsartikels sein ..."

Zweite Stufe: „Trivialebene" 68

Diese Stufe betrifft die ebenfalls gedanklich noch unproblematischen Subsumtionen, die aber wenigstens schriftlich **kurz erwähnt** werden sollten, um nicht den Eindruck der Unvollständigkeit zu erwecken. Zweckmäßigerweise können Sachverhalt und Gesetzestatbestand sprachlich miteinander verbunden werden. Hier ist der Ergebnis- bzw. Urteilsstil anzuwenden.

- Wenn in einer Sozialrechtsklausur ein Anspruch einer leistungsberechtigten Person (L) geprüft werden soll und im Sachverhalt angegeben ist, dass die leistungsberechtigte Person 67 Jahre alt ist, genügt folgende Feststellung: L erfüllt die Altersvoraussetzungen des § 41 Abs. 2 SGB XII, **da** L 67 Jahre alt ist.

- Auf dieser Stufe kann also auf die Wiedergabe der Rechtsnorm, auf das Benennen des Tatbestandsmerkmals und auf eine umfangreiche Subsumtion verzichtet werden. Die kurze **Begründung**, warum die Altersvoraussetzung erfüllt ist, ist allerdings notwendig. Sie sollen in einem Gutachten den prinzipiell unwissenden Leser (Korrektor) von der Richtigkeit ihrer Feststellungen überzeugen. Dies geschieht, in dem Sie ihre Ergebnisse begründen und nicht behaupten. Häufig finden sich in Klausuren Randbemerkungen wie: „bloße Behauptung". Dies lässt sich vermeiden.

- Wenn in der Grundsicherung für Arbeitsuchende (SGB II) eine leistungsberechtigte Person (L) gleichzeitig Arbeitslosengeld (SGB III) erhält, so dass sich sein Gesamteinkommen auf 2.000,00 € beläuft, während sein Hilfebedarf lediglich 1.000,00 € beträgt, kann hinsichtlich der Rücknahme nach § 45 SGB X und den zu beachtenden Vertrauensschutz nach § 45 Abs. 2 S. 3 SGB X im **Ergebnisstil** formuliert werden: Der Bewilligungsbescheid kann zurückgenommen werden, **weil** L sich wegen grober fahrlässiger Unkenntnis über die Rechtswidrigkeit nicht auf Vertrauen berufen kann. **Denn** die Abweichung bei der ihm zustehenden Hilfeleistung ist derartig auffällig, dass dem L der Fehler ohne weiteres auffallen musste.

Beträchtliche Teile einer Klausur können auf dieser Ebene „abgewickelt" werden. Denn nicht alles, was Sie gutachtentechnisch durchdacht haben, ist im vergleichsweise schwerfälligen Gutachtenstil abzufassen. Er findet seine Grenze sicher dort, wo dies übertrieben oder lächerlich wirken würde. Der Gutachtenstil ist also dort nicht einzusetzen, wo keine Fallprobleme liegen.

Oberste Stufe: Wertungsbegriffe ohne evidentes Ergebnis 69

Am schwierigsten gestaltet sich die Subsumtion auf der dritten Stufe. Sie betrifft die Fälle, in den unter einem unbestimmten Rechtsbegriff (auslegungsbedürftiger Wertungsbegriff) subsumiert werden muss, weil nicht auf den ersten Blick klar ist, ob der Sachverhalt zum Tatbestandsmerkmal „passt" oder nicht.

An dieser Stelle soll bereits erwähnt werden, dass es sich bei den Tatbestandsmerkmalen regelmäßig deshalb um unbestimmte Rechtsbegriffe handelt, weil sich deren Bedeutungsinhalt nicht sofort erschließt – wie z. B. bei den Rechtsbegriffen des § 14

Abs. 1 OBG „öffentliche Ordnung" bzw. „öffentliche Sicherheit". Sollte der Rechtsanwender keine Definition „parat" haben, muss er sich durch Auslegung den Bedeutungsinhalt erschließen. Also ist die Auslegung eine Vorfrage vor der Subsumtion. An dieser Stelle soll es aber noch nicht um Auslegungsfragen gehen.

Bei problematischen Fragen muss der Rechtsanwender besonders intensiv die Argumente abwägen, ob sich ein Sachverhalt unter ein Tatbestandsmerkmal subsumieren lässt. Prinzipiell muss er die Argumente dafür und dagegen auflisten, abwägen und sich für eine Meinung aussprechen. Argumentativ und hinsichtlich der Begründungstiefe geben Sie also „Vollgas".

70 Es bietet sich ggf. an, das komplexe „Paket" des unbestimmten Rechtsbegriffs zu „entschnüren" und in **überschaubare Fallgruppen** aufzulösen. Der konkret zu entscheidende Fall ist sodann mit den entschiedenen (eindeutigen) Fällen zu vergleichen.

Nach landläufiger Meinung sind sog. Peep-Shows als sittenwidrig zu qualifizieren, weil die Darstellerinnen durch die besondere Art der Präsentation zu bloßen Schauobjekten degradiert werden.[18] Akzeptiert man diesen Ausgangspunkt, so lässt sich argumentativ ein Einstieg in vergleichbare Vorführungen im Gaststättenbereich finden (z. B. bezüglich der Zurschaustellung von Frauen „hinter Gittern" in einem Nachtclub).[19]

71 In Klausuren kommt es in besonderem Maße darauf an, die Angaben im Sachverhalt umfassend zu berücksichtigen und – soweit relevant – in die Subsumtion einzubeziehen. Häufig finden sich in den Klausursachverhalten auch Argumente, mit denen „gearbeitet" werden kann. Eine sorgfältige Sachverhaltsauswertung ist umso wichtiger, je komplexer und unbestimmter ein Rechtsbegriff ist.

Die Entscheidung, ob das Zeigen der Reichskriegsflagge gegen die öffentliche Ordnung verstößt[20], kann nur unter genauer Prüfung der damit verfolgten Zwecke hinreichend beurteilt werden.

In einem „Nacktjogger-Fall" könnte die Subsumtion beispielsweise lauten:

Als Ermächtigung für ein Auftrittsverbot gegenüber dem Nacktjogger (N) kommt § 14 Abs 1 OBG in Betracht (Einstieg mit potenzieller Ermächtigungsgrundlage). Danach können die Ordnungsbehörden die notwendigen Maßnahmen treffen, um eine im einzelnen Falle bestehende Gefahr für die öffentliche Sicherheit abzuwehren[21].

Das Verhalten des N[22] muss eine Gefahr für die öffentliche Sicherheit sein.

Zur öffentlichen Sicherheit gehören alle Rechtsvorschriften, insbesondere Straf- und Ordnungswidrigkeitengesetze (Definitionsstufe).

In Betracht kommt eine Verletzung des § 118 Abs. 1 OWiG. Das setzt zunächst voraus, dass N durch sein Nacktjoggen eine grob ungebührliche Handlung (eines der Tatbestandsmerkmale der Norm; es wird sofort mit dem Sachverhalt verbunden) vorgenommen hat. Hierunter ist eine Handlung zu verstehen, die sich nicht in die für das gedeihliche Zusammenleben der jeweiligen Rechtsgemeinschaft erforderliche Ordnung einfügt und dadurch in einen groben Widerspruch zur Gemeinschaftsordnung tritt (Definition). Die Zurschaustellung des menschlichen Körpers an Stätten, an denen die Allgemeinheit damit nicht zu rechnen braucht, berührt das Scham- und Anstandsgefühl der ungewollt mit fremder Nacktheit konfrontierten Menschen nachhaltig (Fall-

---

18 *Vahle*, DVP 2007, 49 (55).
19 Bayerischer Verwaltungsgerichtshof, 22.03.1991 – 22 CS 91.850, NVwZ 1992, 76.
20 Verwaltungsgerichtshof Baden-Württemberg, 15.06.2005 – 1 S 2718/04, NJW 2006, 635-636.
21 Es ist gut vertretbar, auf die Wiedergabe der Antwortnorm zu verzichten, weil unterstellt werden kann, dass der Gesetzestext bekannt ist. Andererseits sollte zumindest die Antwortnorm und damit das zu erwartende Prüfungsprogramm dem objektiven Leser einmal bekanntgegeben werden. Hier sind unterschiedliche Auffassungen zur Methodik denkbar und vorhanden.
22 Tatbestandsmerkmale werden im Indikativ genannt. Bei einer vorzunehmenden ausführlichen Subsumtion und zur Erörterung eines „größeren" Problems ist aber auch die Formulierung im Konjunktiv zulässig.

VI. Aufbau und Rechtsanwendung bei vollständigen Rechtsnormen

gruppenbildung). Mithin hat N eine grob ungebührliche Handlung vorgenommen (subsumierende Unterordnung).

Das Auftreten des N muss weiterhin objektiv geeignet, die Allgemeinheit zu belästigen (zweites Tatbestandsmerkmal). Die Belästigung kann hierbei physischer oder auch psychischer Natur sein und insbesondere durch Hervorrufen eines Gefühls von Unsicherheit oder Abscheu verursacht sein (präzisierende Definition). Der Anblick des entblößten Gliedes des N erfüllt dieses Merkmal, weil er geeignet war, bei anderen Abscheu, Ekel, Schock, Schrecken und die Verletzung des Schamgefühls hervorzurufen. (Subsumtion)

Damit ist auch die durch § 118 OWiG geschützte öffentliche Ordnung verletzt (Subsumtion unter das letzte Tatbestandsmerkmal im Urteilsstil, weil unproblematisch erfüllt). Denn ein unbekleidetes Auftreten auf öffentlichen Straßen und Plätzen steht im Widerspruch zu den herrschenden Sozialregeln, deren Beachtung unerlässlich für ein geordnetes Gemeinschaftsleben ist.

Die in § 14 Abs. 1 OBG vorausgesetzte Gefahr, d. h. die hinreichende Wahrscheinlichkeit der Verletzung der öffentlichen Sicherheit, liegt vor, weil N keinerlei Einsicht gezeigt und seine Nacktauftritte trotz anhängiger Straf- und Bußgeldverfahren fortgesetzt hat (Subsumtion im Urteilsstil).

Es dürfte inzwischen klar geworden sein, dass der Umfang der Ausführungen in ihrer Klausur bzw. in Ihrem Gutachten davon abhängig ist, ob und inwieweit der jeweilige Prüfungspunkt für Ihre Falllösung von Bedeutung ist. Hat eine Rechtsfrage (z. B. die Befangenheit eines Amtswalters) keinerlei Relevanz, weil Sie im Sachverhalt nirgends thematisiert wird, sind solche Erörterungen überflüssig. Lassen Sie sich hinsichtlich Ihrer Ausführungen also davon leiten, ob und inwieweit sie für die Lösung notwendig sind (**Notwendigkeitsprinzip**[23]). Beachten Sie insbesondere folgendes: **72**

- Vorüberlegungen sind nicht notwendig. Steigen Sie direkt mit Ihrem Obersatz – ausgerichtet an der Fallfrage – ein. Nehmen Sie keine Zusammenfassung des Sachverhalts vor. Der Sachverhalt ist bekannt.

- Erklärungen zur Vorgehensweise sind überflüssig. Ihre Vorgehensweise und ihre Prüfungsstruktur sprechen für sich selbst.

- Die Wiedergabe von (ggf. auswendig gelerntem) Wissen ist überflüssig, wenn diese keinen Fallbezug hat. Diesbezüglich gibt es keine „Fleißpunkte", so dass Sie es unterlassen sollten, nichtsnutzende „Wissensfriedhöfe" zu produzieren.

- Die Wiedergabe von Gesetzestexten ist jedenfalls dort überflüssig, wo Sie im Ergebnisstil unproblematische Aspekte bearbeiten.

VI. Aufbau und Rechtsanwendung bei vollständigen Rechtsnormen

1. Die Prüfungsreihenfolge der Tatbestandsmerkmale

Der Rechtsanwender sucht als erstes die Antwortnorm, die die Antwort auf die Fallfrage liefert. Gegennormen werden erst nach den Antwortnormen in Erwägung gezogen. **73**

Es wurde bereits erwähnt, dass eine vollständige Antwortnorm aus einer Voraussetzungsseite und einer Rechtsfolgeseite besteht. Die Voraussetzungsseite kann mehrere Tatbestandsmerkmale enthalten, die einzeln geprüft und deren Vorliegen Bedingung dafür ist, dass die Rechtsfolgeseite eintreten kann.

---

23 Vgl. *Schmalz*, Methodenlehre für das juristische Studium, 4. Aufl. (1998), S. 191 Rn. 611.

74 Gibt es mehrere alternative Tatbestandsmerkmale, die auf den Fall bzw. Sachverhalt angewandt werden können, sind die **speziellen Voraussetzungen** als erstes zu prüfen. Denn eine bedeutsame Rechtsanwendungsregel lautet: Spezialrecht vor allgemeinem Recht (lex specialis derogat legi generali). Dieser Grundsatz gilt zwischen Gesetzen, innerhalb eines Gesetzes, innerhalb einer Rechtsnorm und auch innerhalb eines einzigen Rechtssatzes.

Beispiele

- In § 14 Abs. 1 OBG gibt es zwei alternative Voraussetzungen, um die notwendigen Maßnahmen zur Abwehr einer Gefahr zu ergreifen. Entweder liegt eine Gefahr für die öffentliche Sicherheit vor oder eine Gefahr für die öffentliche Ordnung vor. Der Rechtsanwender geht als Erstes der Frage nach, ob eine Gefahr für die öffentliche Sicherheit besteht, da dieses Tatbestandsmerkmal im Verhältnis zum Begriff der "öffentlichen Ordnung" speziell ist.

- Nach § 44 VwVfG kann ein Verwaltungsakt nichtig nach Absatz 1 oder Absatz 2 sein. Der Verwaltungsakt kann auch nicht nichtig nach § 44 Abs. 3 VwVfG sein. § 44 Abs. 2 VwVfG enthält in einem sog. Positivkatalog einzelne absolute Nichtigkeitsgründe und ist als spezielle Regelung vorrangig zu prüfen.
Der „Negativkatalog" des § 44 Abs. 3 VwVfG enthält demgegenüber eine Aufzählung von Fehlern, die nicht zur Nichtigkeit führen. Die Vorschrift greift ein, sofern kein Nichtigkeitsgrund nach Absatz 2 vorliegt. Scheidet § 44 Abs. 2 VwVfG aus, ist eine mögliche Nichtigkeit nach Absatz 1 zu prüfen. Hier hat der Gesetzgeber besonders allgemein gehaltene Formulierungen verwendet, so dass man von einer sog. Generalklausel[24] spricht. Generalklauseln sind gegenüber den speziellen Regeln nachrangig zu prüfen.

75 Häufig stehen Tatbestandsmerkmale auch in keinem Abhängigkeitsverhältnis in Form des Spezialrechts zueinander. Regelmäßig müssen mehrere Tatbestandsmerkmale kumulativ erfüllt sein, damit die Rechtsfolge eintritt (z. B. bei § 41 SGB XII, vgl. Beispiel unter III.1.c) Schwierig aufgebaute Antwortnormen, Rn. 21. Dann stellt sich die Frage, welches Tatbestandsmerkmal als erstes betrachtet werden soll. Ordnen Sie die Tatbestandsmerkmale dann in eine **logische, d. h. zweckmäßige Reihenfolge**. Z. B. darf im Rahmen der Prüfung eines Anspruchs auf Grundsicherung im Alter und bei Erwerbsminderung nach § 41 SGB XII nicht als Erstes der Frage nachgegangen werden, ob nach § 41 Abs. 4 SGB XII wegen schuldhafter Herbeiführung der Hilfebedürftigkeit der Anspruch nicht besteht (sog. negatives Tatbestandsmerkmal). Logischerweise muss als Erstes der Frage nachgegangen werden, ob die antragstellende Person überhaupt zum anspruchsberechtigten Personenkreis zählt, weil sie „älter" oder „erwerbsgemindert" i.S. der Anspruchsgrundlage sein kann.

76 Auf diese Weise ist jede umfangreichere Rechtsnorm zunächst zu analysieren. Wird beispielsweise die Überleitung eines Anspruchs auf einen Sozialhilfeträger nach § 93 SGB XII überprüft, muss

- zunächst die Norm überhaupt anwendbar sein, denn nach § 93 Abs. 4 SGB XII kann dies ausgeschlossen sein,

- überhaupt ein Anspruch bestehen, der überleitungsfähig ist,

- eine Leistungsgewährung bestehen, damit der überleitungsfähige Anspruch die Leistungsgewährung mindert,

- ehe die übrigen Voraussetzungen für eine Anspruchsüberleitung (Kausalität, Personenidentität, Zeitidentität) geprüft werden können. Diese übrigen Voraussetzun-

---

24 Weitere Beispiele für Generalklauseln sind z. B. § 14 Abs. 1 OBG oder § 40 Abs. 1 VwGO.

VI. Aufbau und Rechtsanwendung bei vollständigen Rechtsnormen

gen dürften nahezu gleichrangig nebeneinander stehen. Dann richtet sich die Prüfungsreihenfolge nach Zweckmäßigkeitsgesichtspunkten.

Ein weiteres Beispiel stellt § 48 Abs. 2 VwVfG (oder § 45 Abs. 2 SGB X) dar. Satz 3 des § 48 Abs. 2 VwVfG nennt Gründe, wann der Vertrauensschutz des Beteiligten immer ausgeschlossen ist; Satz 2 nennt Gründe, wann Vertrauensschutz in der Regel zu bejahen ist und Satz 1 verlangt eine Abwägung zwischen Vertrauensschutz und öffentlichem Interesse. Die Logik gebietet es, „rückwärts" von Satz 3 zu Satz 1 zu prüfen. Zunächst einmal setzt Satz 1 überhaupt einen Vertrauensschutz voraus. Das ist in den Fällen des Satzes 3 – sofern die Voraussetzungen zutreffen – immer ausgeschlossen. Aufgrund des Ausschlusses des Vertrauensschutzes muss auch Satz 3 vor Satz 2 geprüft werden, weil Satz 2 nur beispielhaft auflistet, wann Vertrauensschutz bejaht werden kann.

Beachten Sie also, dass Sie die Tatbestandsmerkmale einer Rechtsnorm regelmäßig nicht in der Reihenfolge prüfen, in der Sie sie vorfinden. Der Gesetzgeber hat eher das Ziel, eine Norm verständlich zu formulieren, als sie für den Rechtsanwender komfortabel zu gestalten.

Problematisch ist, ob Sie auch bei der Prüfung einer Rechtsnorm mit mehreren Tatbestandsmerkmalen sofort die Voraussetzung prüfen, die im Ergebnis nicht einschlägig ist. Hierzu ist – unter klausurtaktischen Gesichtspunkten – zu raten, wenn weitere (zeitraubende) Prüfungen folgen und dies von Ihnen (voraussichtlich) erwartet wird. In diesen Konstellationen helfen Ihnen Erfahrungswerte bzw. eine gedankliche Prognose, was Sie noch während der Klausur prüfen wollen und werden.

2. Die Kategorisierung der Tatbestandsmerkmale

Die in den Rechtsnormen verwendeten Rechtsbegriffe können wie folgt kategorisiert werden:

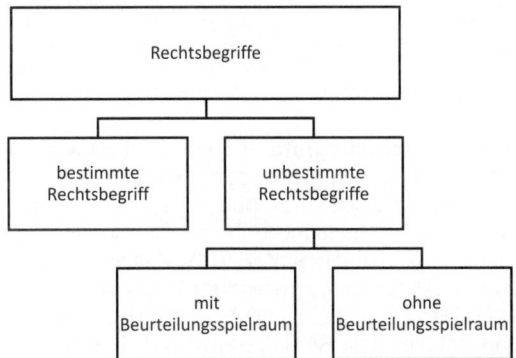

Diese Rechtsbegriffe haben ihre Bedeutung vor allem auf der Tatbestandsseite einer Norm, weil sie die Voraussetzungen umschreiben, die erfüllt sein müssen, damit die Rechtsfolge eintreten kann. Sie finden sich aber auch auf der Rechtsfolgeseite einer Norm wieder (z. B. „notwendige Maßnahmen" als unbestimmter Rechtsbegriff auf der Rechtsfolgeseite in § 14 Abs. 1 OBG). Die Art der o. g. Rechtsbegriffe können in einer Rechtsnorm miteinander kombiniert werden.

Aus den abgebildeten Bezeichnungen der Rechtsbegriffe können Sie schon erkennen, dass diese danach eingeteilt werden, wie genau der Rechtsbegriff formuliert ist.

80 **Bestimmte Rechtsbegriffe** sind eindeutig, genau und präzise. Sowohl der Rechtsanwender als auch der juristische Laie dürfte die Bedeutung dieses Rechtsbegriffs sofort erfassen, ohne dass der Rechtsbegriff noch einer Auslegung bedarf. Bestimmte Rechtsbegriffe sind vor allem die Rechtsbegriffe, die durch eine Zahl, ein Maß, eine Zeit, eine technische oder naturwissenschaftliche Angabe (z. B. Lichtstärke in „Lux", Lautstärke in „db", Geschwindigkeitsbeschränkung auf „50 km/h") oder ein Gewicht präzisiert sind. Diese Rechtsbegriffe zählen zur Kategorie der deskriptiven bestimmten Rechtsbegriffe.

81 Als „bestimmte Rechtsbegriffe" sind auch solche anzusehen, die durch den Gesetzgeber exakt definiert sind. Diese Rechtsbegriffe zählen zur Kategorie der normativ definierten bestimmten Rechtsbegriffe.

Beispiele
- Nach § 74 Abs. 1 S. 1 VwGO muss die Anfechtungsklage innerhalb eines Monats nach Zustellung des Widerspruchsbescheids erhoben werden. Ist nach § 68 Abs. 1 S. 2 VwGO ein Widerspruchsbescheid nicht erforderlich, so muss die Klage innerhalb eines Monats nach Bekanntgabe des Verwaltungsakts erhoben werden (§ 74 Abs. 1 S. 2 VwGO). Die Voraussetzung „Monat" ist ein bestimmter Rechtsbegriff.
- Der Rechtsbegriff der „geschlossenen Ortschaft" wird in der Straßenverkehrsordnung verwendet. Dem Verkehrsteilnehmer wird der Anfang und das Ende der geschlossenen Ortschaft mit Hilfe eines gelben Ortsschildes (Verkehrszeichen 310 und 311 nach § 42 Abs. 2 StVO) angezeigt. Deshalb ist es eindeutig, ob sich ein Verkehrsteilnehmer innerhalb oder außerhalb der geschlossenen Ortslage befindet.
- Gemäß § 41 Abs. 1, Abs. 2 SGB XII hat u. a. Anspruch auf Leistungen der Grundsicherung im Alter und bei Erwerbsminderung, wer die Altersgrenze erreicht hat. Nach § 41 Abs. 2 S. 2 SGB XII erreichen Personen, die vor dem 1. Januar 1947 geboren sind, die Altersgrenze mit Vollendung des 65. Lebensjahres. Damit handelt es sich bei den Älteren i.S.v. § 41 Abs. 1 SGB XII um einen bestimmten Rechtsbegriff, weil sie genau feststellbar sind.
- Gemäß § 5 Abs. 3 LZG NRW darf ein Empfangsbekenntnis nach Absatz 1 und Absatz 2 zur Nachtzeit, an Sonntagen und allgemeinen Feiertagen im Inland nur mit Erlaubnis des Behördenleiters zugestellt werden. Die Nachtzeit umfasst die Stunden von einundzwanzig bis sechs Uhr. Damit ist die „Nachtzeit" ein bestimmter Rechtsbegriff, da er eindeutig festgelegt ist.

82 Von größerer Relevanz sind **unbestimmte Rechtsbegriffe, die wertend ausgelegt werden müssen.** Im Verwaltungsrecht ist es Ihre Aufgabe, durch Gesetzesanwendung die abstrakt-generelle Regelung in eine konkret-individuelle Regelung zu gießen. Dies geschieht im Wege des syllogistischen Schlussverfahrens. Die Rechtsfolge wird durch Deduktion aus der Rechtsnorm abgeleitet (vgl. Kapitel IV. Prinzip der Gutachtentechnik, Seite 35 ff.) Das Ergebnis der Gesetzesanwendung kann in dem Erlass eines Verwaltungsaktes bestehen, der regelmäßig einen Einzelfall und damit eine konkret-individuelle Regelung darstellt (vgl. § 31 SGB X, § 35 VwVfG NRW).

Beispiele für unbestimmte Rechtsbegriffe
- „öffentliche Sicherheit" und „öffentliche Ordnung" in § 14 Abs. 1 OBG
- „unzuverlässig" in § 4 Abs. 1 Nr. 1 GastG
- „notwendiger Lebensunterhalt" in § 19 Abs. 1 SGB XII
- „angemessene Unterkunftskosten" in § 22 Abs. 1 SGB II

83 Der Gesetzgeber wählt bewusst „unbestimmte Rechtsbegriffe", weil der Gesetzestext sich mit den ständig ändernden Lebensverhältnissen Schritt halten soll, ohne dass die Rechtsnorm angepasst werden muss. Des Weiteren ist es für den Gesetz-

geber nicht möglich, alle erdenklichen Sachverhalte zu antizipieren oder sich wandelnde Wertmaßstäbe und Anschauungen zu berücksichtigen.

Innerhalb der unbestimmten Rechtsbegriffe gibt es Unterschiede hinsichtlich des Abstraktionsgrades. Einige Rechtsbegriffe sind besonders allgemein gehalten („schwerer Fehler" in § 44 Abs. 1 VwVfG; „angemessene Unterkunftskosten" in § 22 Abs. 1 SGB II, „öffentlich-rechtliche Streitigkeit" in § 40 Abs. 1 VwGO), während andere Rechtsbegriffe, insbesondere durch Definitionen, (fast) zu bestimmten Rechtsbegriffen werden. Die Übergänge sind jeweils fließend. Nach hier vertretener Auffassung bleibt z. B. der Begriff des „gewöhnlichen Aufenthalts" trotz seiner Definition in § 30 Abs. 3 S. 2 SGB I („Den gewöhnlichen Aufenthalt hat jemand dort, wo er sich unter Umständen aufhält, die erkennen lassen, daß er an diesem Ort oder in diesem Gebiet nicht nur vorübergehend verweilt.") ein unbestimmter Rechtsbegriff, weil erst - trotz Hilfestellung mittels Legaldefinition - durch eine Auslegung und eine Subsumtion geklärt werden muss, ob und wo ein gewöhnlicher Aufenthalt vorliegt. Das liegt daran, dass die Legaldefinition ihrerseits wieder unbestimmte Rechtsbegriffe enthält. Entsprechendes gilt z. B. für den Verwaltungsakt, der in § 31 SGB X bzw. § 35 VwVfG definiert ist. Das Merkmal „unmittelbar" in § 31 Abs. 1 S. 1 GO NRW ist für die Frage eines befangenen Ratsmitglieds von Bedeutung und in § 31 Abs. 1 S. 2 GO NRW legaldefiniert. Dennoch bedarf es hinsichtlich des konkreten Einzelfalls einer Auslegung und Subsumtion dieses Rechtsbegriffs, weil die Legaldefinition die – wenig erhellende – Vorgabe macht, dass der unbestimmte Rechtsbegriff „unmittelbar" „direkt berührt" bedeutet. Demgegenüber bedürfen bestimmte Rechtsbegriffe keiner weiteren Klärung. 84

Während bestimmte Rechtsbegriffe wegen ihres eindeutigen Inhalts unmittelbar angewandt werden können, bedürfen unbestimmte Rechtsbegriffe der Auslegung. Die **Auslegung** hat das Ziel, sich dem Bedeutungsinhalt des Rechtsbegriffs zu erschließen. Dazu gibt es Auslegungsmethoden, die im Kapitel B. Auslegungsregeln, Rn. 176, vorgestellt werden. 85

Die oben genannten Beispiele sind Rechtsbegriffe **„ohne Beurteilungsspielraum"**. Obwohl unbestimmte Rechtsbegriffe inhaltlich unscharf formuliert sind, so dass der Rechtsanwender durch Subsumtions-, Klärungs- und Wertungsvorgänge überprüfen muss, ob der Rechtsbegriff im Einzelfall erfüllt ist oder nicht erfüllt ist, gibt es bei diesen Rechtsbegriffen **nur eine richtige Lösung**. Diese eine richtige Lösung muss der Rechtsanwender in einer Verwaltungsbehörde bei seiner Rechtsanwendung finden. Sie wird dann vom zuständigen Verwaltungsgericht für richtig oder falsch – **nicht** aber für „vertretbar" – befunden. Die Befugnis, abschließend darüber zu entscheiden, welche Lösung im konkreten Fall die richtige ist, liegt daher bei den Gerichten; im Zweifel bei dem Gericht in der letzten Instanz des jeweiligen Rechtszuges. Das Bundesverfassungsgericht hat mehrfach klargestellt, dass die Auslegung unbestimmter Rechtsbegriffe ohne Beurteilungsspielraum gerichtlich vollumfänglich überprüfbar sind, solange es Kriterien gibt, die die objektive Überprüfung erlauben[25]. 86

Bei unbestimmten Rechtsbegriffen **ohne Beurteilungsspielraum** besitzt der Rechtsanwender damit keinen „Handlungsspielraum". Es ist daher verfehlt, in diesem Zusammenhang von Ermessen zu sprechen, weil Sie nicht die Wahl zwischen

---

25 BVerfG, 13.08.2013 – 2 BvR 2660/06, 2 BvR 487/07, juris (Rn. 55); BVerfG, 20.02.2001 – 2 BvR 1444/00, juris (Rn. 53 ff.) = BVerfGE 103, 142 (156) (56).

mehreren gleichermaßen rechtmäßigen Entscheidungen haben.[26] Es ist z. B. rechtlich falsch, in Anwendung des § 87 Abs. 1 SGB XII und bei der Frage, welches einzusetzende Einkommen einen angemessenen Umfang darstellt, von Ermessen zu sprechen (häufiger Fehler in Sozialrechtsklausuren).

87 Schließlich gibt es noch solche Rechtsbegriffe, denen die Rechtsprechung einen **Beurteilungsspielraum**[27] zuerkennt. Es kann sich hierbei nur um Ausnahmefälle handeln, da die Gerichte nach Art. 19 Abs. 4 GG grundsätzlich die Pflicht haben, die angefochtenen Verwaltungsakte in rechtlicher und tatsächlicher Hinsicht vollständig nachzuprüfen[28]. Wird den Behörden ein Beurteilungsspielraum zuerkannt, entscheidet die Verwaltung ohne vollständige Kontrolle durch die Gerichte, so dass hier mangels Kontrollmöglichkeit durch die Gerichte eine Bruchstelle in der Gewaltenteilungsbalance entsteht.

88 Die folgenden Fallgruppen für unbestimmte Rechtsbegriffe mit Beurteilungsspielraum sind anerkannt:[29]
- prüfungs- und prüfungsähnliche Entscheidungen (Staatsexamina, Versetzung in die nächste Klasse, Abitur, u. Ä.),
- beamtenrechtliche Beurteilungen,
- Prognoseentscheidungen und Risikobeurteilungen, insbesondere im Umweltrecht,
- Wertungsentscheidungen weisungsfreier, mit Interessenvertretern oder Sachverständigen besetzter Ausschüsse und Gremien.

In diesen Bereichen erkennt die Rechtsprechung deshalb einen Beurteilungsspielraum an, weil „in diesen Rechtsgebieten unbestimmte Rechtsbegriffe wegen hoher Komplexität oder besonderer Dynamik der geregelten Materie so vage und ihre Konkretisierung im Nachvollzug der Verwaltungsentscheidung so schwierig ist, dass die gerichtliche Kontrolle an die Funktionsgrenzen der Rechtsprechung stößt. Der rechtsanwendenden Behörde ist in solchen Fällen ohne Verletzung rechtsstaatlicher Grundsätze ein begrenzter Entscheidungsfreiraum zuzubilligen."[30] Dieser Entscheidungsfreiraum resultiert daraus, dass die Gerichte die Verwaltungsentscheidung nicht vollständig nachvollziehen, rekonstruieren, überprüfen oder widerlegen können. Bei Prüfungsentscheidungen handelt es sich z. B. um pädagogische Einschätzungen der erbrachten Leistung, die Prüfungssituation ist nicht wiederholbar und der notwendige Vergleich mit anderen Prüfungskandidaten fehlt jedenfalls bei mündlichen Prüfungen. Eine volle Überprüfung mit der Möglichkeit, eine Prüfung nachzuholen, würde denen, die gegen die Prüfungsentscheidung vorgehen, verbesserte Chancen einräumen und somit ein Problem der Gleichbehandlung aller Prüfungskandidaten erzeugen.

89 Andererseits bleiben die unbestimmten Rechtsbegriffe nicht vollständig ungeprüft. Bei Prüfungsentscheidungen kann das Gericht die eigentliche pädagogisch-wissen-

---

26 In den von Ihnen zu schreibenden Klausuren wird hingegen überwiegend nicht nach „richtig" oder „falsch" bewertet. Maßgebende Kriterien sind die Qualität der Argumentation und die Nachvollziehbarkeit Ihrer Begründung. Akzeptiert (und ggf. positiv bewertet) wird jede vertretbare Lösung.
27 Der Begriff ist zurückzuführen auf den Verwaltungsrechtler Otto Bachof (JZ 1955, 97, vgl. *Wolff/Bachof/ Stober*, Verwaltungsrecht - Band 1, 11. Aufl. (1999), § 31. Andere Ausdrücke sind Bewertungsspielraum, Einschätzungsprärogative, Entscheidungs-, Gestaltungs-, Prognosespielraum, Vertretbarkeitskontrolle, vgl. Wolff/Bachof/Stober, Verwaltungsrecht - Band 1, 11. Aufl. (1999), § 31.
28 BVerfG, 17.04.1991 – 1 BvR 419/81, 1 BvR 213/83, BVerfGE 84, 34 = NJW 1991, 2005 = juris (31) (Rn. 46).
29 Nach *Maurer*, Allgemeines Verwaltungsrecht, 19. Aufl. (2017), § 7, Rn. 37 ff.
30 BVerfG, 17.04.1991 – 1 BvR 419/81, 1 BvR 213/83, BVerfGE 84, 34 = NJW 1991, 2005 = juris (Rn. 48).

VI. Aufbau und Rechtsanwendung bei vollständigen Rechtsnormen

schaftliche Wertung daraufhin prüfen, ob der Prüfer von falschen Tatsachen ausgegangen ist, allgemein gültige Bewertungsgrundsätze nicht beachtet hat oder sich von sachfremden Erwägungen hat leiten lassen[31]. Generalisierend lassen sich folgende Überprüfungsmöglichkeiten feststellen:[32]

- Das Gericht kann überprüfen, ob der Rechtsbegriff und seine **Bedeutung vollständig verkannt** wurden.
  Die Verwaltungsbehörde hat zwar einen Rahmen, in dem sie sich bewegen darf, sollte diesen Rahmen aber nicht überschreiten. Das ist jedenfalls bei einer willkürlichen Entscheidung und fehlender Würdigung der konkreten Fallumstände zu bejahen[33]. Bei Prüfungsentscheidungen ist das z. B. der Fall, wenn ein Korrektor eine durchschnittliche Leistung mit „mangelhaft" bewertet.

- Das Gericht kann überprüfen, ob entscheidungserhebliche Gesichtspunkte verkannt wurden.
  Das ist z. B. der Fall, wenn der Sachverhalt unvollständig oder unzutreffend ermittelt wurde. Sind in einer Klausur eine oder mehrere Seiten vom Korrektor übersehen worden, hat dieser seiner Bewertung einen unvollständigen Sachverhalt zugrunde gelegt.

- Das Gericht kann überprüfen, ob **sachfremde Erwägungen** der Beurteilung zugrunde liegen.
  Das ist bei Klausuren zum Beispiel der Fall, wenn Randbemerkungen sehr emotional verfasst sind. Emotionale Bewertungen lassen auf eine Befangenheit und unsachliche Bewertungen schließen. Ebenfalls spielt hier der angelegte Bewertungsmaßstab eine Rolle. Gleichwertige Klausuren müssen wegen Art. 3 GG auch in etwa gleich bewertet worden sein.

- Das Gericht kann überprüfen, ob **Verfahrensfehler** vorliegen.
  Das ist z. B. der Fall, wenn Baulärm ein konzentriertes Arbeiten an einer Klausur hindert.

In einem wegweisenden Urteil aus dem Jahr 1991 hat das Bundesverfassungsgericht[34] den bis dahin geltenden großzügigen – auf Willkürkontrolle beschränkten – Beurteilungsspielraum bei berufsbezogenen Prüfungen eingeschränkt. Zutreffende Antworten und brauchbare Lösungen dürfen nicht als falsch bewertet werden. Soweit die Richtigkeit oder Angemessenheit von Lösungen wegen der Eigenart der Prüfungsfrage nicht eindeutig bestimmbar sind, die Beurteilung vielmehr unterschiedlichen Ansichten Raum lässt, gebührt zwar dem Prüfer ein Bewertungsspielraum, andererseits muss aber auch dem Prüfling ein angemessener Antwortspielraum zugestanden werden. Eine vertretbare und mit gewichtigen Argumenten folgerichtig begründete Lösung darf nicht als falsch bewertet werden.

---

31 Vgl. BVerwG, 24.04.1959 – VII C 104.58, BVerwGE 8, 272 (274).
32 Vgl. ausführlich *Wolff/Bachof/Stober*, Verwaltungsrecht - Band 1, 11. Aufl. (1999), Rdnr. 31.
33 Vgl. BVerfG, 17.04.1991 – 1 BvR 419/81, 1 BvR 213/83, BVerfGE 84, 34 = NJW 1991, 2005 = juris (Rn. 56).
34 Vgl. BVerfG, 17.04.1991 – 1 BvR 419/81, 1 BvR 213/83, BVerfGE 84, 34 = NJW 1991, 2005 = juris (Rn. 57).

3. Ermessen auf der Rechtsfolgeseite

a) Erkennbarkeit und Bedeutung von Ermessensspielräumen

91 Liegen die Voraussetzungen einer vollständigen Rechtsnorm vor, hat der Rechtsanwender die Rechtsfolgeseite zu prüfen.

92 Handelt es sich um eine Vorschrift, die die Rechtsfolge zwingend vorgibt, besteht für den Rechtsanwender keinerlei Spielraum: er muss die Entscheidung treffen, die die Rechtsnorm vorgibt. Bei einer solchen strengen Bindung des Rechtsanwenders an die Vorgaben der Rechtsnorm spricht man von einer **gebundenen Entscheidung** bzw. vom Legalitätsprinzip. Eine gebundene Entscheidung wird durch die Wörter „muss", „ist" oder „darf nicht" deutlich. Der Gesetzgeber hat dem Rechtsanwender in solchen Konstellationen die Entscheidung abgenommen.

93 Die Wörter „kann", „darf" oder „ist befugt" geben dem Rechtsanwender auf der Rechtsfolgeseite einen Handlungsspielraum. Der Rechtsanwender hat nicht mehr alternativlos eine Rechtsnorm zu befolgen, sondern er hat sich aus mindestens zwei oder mehr Möglichkeiten für eine Rechtsfolge zu entscheiden. In diesen Fällen spricht man von einer **pflichtgemäßen Ermessensentscheidung** bzw. dem Opportunitätsprinzip.

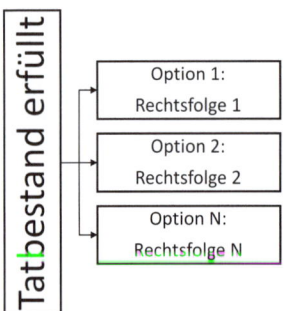

94 Werden auf der Rechtsfolgeseite mehrere Rechtsbegriffe mit dem Wort „oder" verknüpft, haben Sie ebenfalls Ermessen, und zwar in der Variante des „Auswahlermessens".

Beispiel

§ 24 Abs. 3 SGB II regelt die Erbringung von Einmalleistungen z. B. für die Erstausstattung der Wohnung. Nach § 24 Abs. 3 S. 5 SGB II können solche Leistungen als „Sachleistung **oder** Geldleistung, auch in Form von Pauschalbeträgen, erbracht werden". In diesem Fall hat der Rechtsanwender sich die „richtige" Rechtsfolge zu überlegen und eine ermessensgerechte Entscheidung zu treffen, welche Leistungsart (Sach- oder Geldleistung) er im konkreten Fall wählt (Auswahlermessen). Die Ermessensnorm erlaubt es sogar, sich für eine anteilige Sachleistung und eine anteilige Geldleistung zu entscheiden.

95 Ermessen ist ferner erkennbar, wenn der Gesetzgeber selbst von Ermessen spricht:

- § 17 Abs. 2 SGB XII lautet: [1]Über Art und Maß der Leistungserbringung ist nach pflichtmäßigem Ermessen zu entscheiden, soweit das Ermessen nicht ausgeschlossen wird. [2]Werden Leistungen auf Grund von Ermessensentscheidungen erbracht, sind die Entscheidungen im Hinblick auf die sie tragenden Gründe und Ziele zu überprüfen und im Einzelfall gegebenenfalls abzuändern.

VI. Aufbau und Rechtsanwendung bei vollständigen Rechtsnormen

- § 52 Abs. 1 S. 2 SGB XII lautet: Soweit Krankenkassen in ihrer Satzung Umfang und Inhalt der Leistungen bestimmen können, entscheidet der Träger der Sozialhilfe über Umfang und Inhalt der Hilfen nach pflichtgemäßem Ermessen.
- § 22 VwVfG NRW lautet: Die Behörde entscheidet nach pflichtgemäßem Ermessen, ob und wann sie ein Verwaltungsverfahren durchführt. Dies gilt nicht, wenn die Behörde auf Grund von Rechtsvorschriften von Amts wegen oder auf Antrag tätig werden muss; …

Im Rahmen der juristischen Methodik ist es von großer Bedeutung, dass Ihnen als Rechtsanwender das Wort „kann" oder „darf" beim Lesen des Gesetzestextes sofort auffällt. Die Wörter müssen vor ihrem Auge quasi imaginär hervorgehoben erscheinen. **96**

Beispiel
In einer Sozialrechtsklausur beantragte eine leistungsberechtigte Person die Kostenübernahme zum Einbau eines Treppenlifts. Von der Pflegekasse erhielt diese einen Pflegezuschuss nach § 40 Abs. 4 SGB XI. Die meisten Klausursachbearbeiter haben die für die Lösung relevanten Normen erkannt:
§ 88 Abs. 1 Nr. 1 SGB XII lautet:
„Die Aufbringung der Mittel **kann**, auch soweit das Einkommen unter der Einkommensgrenze liegt, verlangt werden, soweit von einem anderen Leistungen für einen besonderen Zweck erbracht werden, für den sonst Sozialhilfe zu leisten wäre."
§ 87 Abs. 3 SGB XII lautet:
„Bei einmaligen Leistungen zur Beschaffung von Bedarfsgegenständen, deren Gebrauch für mindestens ein Jahr bestimmt ist, **kann** die Aufbringung der Mittel nach Maßgabe des Absatzes 1 auch aus dem Einkommen verlangt werden, das die in § 19 Abs. 3 SGB XII genannten Personen innerhalb eines Zeitraumes von bis zu drei Monaten nach Ablauf des Monats, in dem über die Leistung entschieden worden ist, erwerben."
Die Klausursachbearbeiter übersahen jedoch, dass es sich jeweils um eine Ermessensvorschrift handelt. Die Ermessensvorschrift verlangt vom Rechtsanwender, dass Handlungsalternativen aufgezeigt werden, die möglichen Lösungen gegeneinander abgewogen werden und sich der Rechtsanwender mit rechtlichen Argumenten für eine Lösung entscheidet.

Ermessen bedeutet, dass der Rechtsanwender einen Handlungsspielraum besitzt. Unter mehreren Möglichkeiten kann die Rechtsfolge gewählt werden, die die zweckmäßigste ist. Eine unzweckmäßige Maßnahme bleibt rechtmäßig, wenn sie sich noch im Ermessensrahmen bewegt. Die Widerspruchsbehörden – nicht aber die Gerichte (vgl. § 114 VwGO) – haben gemäß § 68 VwGO, § 78 SGG die Möglichkeit, eine unzweckmäßige Maßnahme zu korrigieren. **97**

Ermessen auszuüben bedeutet jedoch nicht, rechtsfrei oder beliebig handeln zu können. Die Prinzipien der Gesetzmäßigkeit der Verwaltung, der Gewaltenteilung und der Rechtsschutzgarantie (vgl. Art. 20 GG) verbieten ein solches freies Ermessen oder ein willkürliches Handeln. Einfachgesetzlich sind § 39 SGB I und § 40 VwVfG NRW (sowie § 114 VwGO) zu beachten. **98**

Sind die Verwaltungsträger ermächtigt, bei der vorzunehmenden Entscheidung nach ihrem Ermessen zu handeln, haben sie ihr Ermessen entsprechend dem Zweck der Ermächtigung auszuüben. Die Wahl der richtigen Rechtsfolge bestimmt sich also nach dem **Gesetzeszweck** und **dem Gesetzeskontext der Rechtsnorm**. **99**

Maßnahmen im Ordnungsrecht dienen z. B. dazu, Gefahren von der Allgemeinheit abzuwenden (vgl. § 1 Abs. 1 OBG). Im Sozialleistungsrecht geht es generell darum, ein Leben in Würde des Menschen zu sichern (vgl. z. B. § 1 SGB II, § 1 SGB XII); außerdem darum, dass die „sozialen Rechte" gemäß § 33 SGB I (u. a. persönliche, wirtschaftliche und örtliche Verhältnisse) verwirklicht werden. Wenn eine Ermessens- **100** norm mehrere Handlungsoptionen bietet, ist auch das Grundgesetz und dessen Werte und Grundrechte zu beachten. Insbesondere spielt der Gleichheitsgrundsatz gemäß Art. 3 GG eine bedeutende Rolle, weil gleich gelagerte Fälle nicht ohne sachlichen Grund unterschiedlich behandelt werden sollen. Eine einmal gewählte Verwaltungspraxis darf bei einem gleichgelagerten Fall damit nicht ohne Weiteres geändert werden.

„Pflichtgemäßes Ermessen" bedeutet also, dass sich der Rechtsanwender von der „Ratio", also dem Sinn und Zweck der Norm, leiten lassen muss, um sachgerechte Ermessenskriterien zu finden. Im o. g. Beispiel ist es Sinn der Norm, wie auch des gesamten SGB II-Gesetzes (vgl. § 1 Abs. 1 SGB II), einer leistungsberechtigten und (weitestgehend mittellosen) Person ein menschwürdiges Leben, insbesondere beim Erstbezug einer Wohnung, zu ermöglichen. Der Zweck einer Geldleistungsgewährung würde vereitelt, wenn Tatsachen bekannt sind, die auf ein unwirtschaftliches Verhalten (die leistungsberechtigte Person hat z. B. in der Vergangenheit Geldleistungen für alkoholische Getränke verbraucht) schließen lassen, so dass die Mittelgewährung ggf. nicht zweckentsprechend verausgabt wird. In solchen Fällen wäre es ermessensgerecht, die Leistung als Sachleistung (z. B. Gutschein) zu erbringen.

101 Sofern bei einer Ermessensvorschrift verschiedene Handlungsoptionen bestehen, sind **Entschließungsermessen und Auswahlermessen** begrifflich zu unterscheiden. Geht es um die Frage, **ob** überhaupt gehandelt wird, spricht man vom „Entschließungsermessen". Geht es um die Frage, welche Mittel gegen welche Person einzusetzen sind, spricht man vom „Auswahlermessen". Logischerweise gelangt der Rechtsanwender nur dann zum Auswahlermessen, wenn er sich im Rahmen seines Entschließungsermessens entschlossen hat, eine Entscheidung zu treffen.

Sofern die Behörde tätig werden will, ist im Rahmen des Auswahlermessens im nächsten Schritt zu prüfen, **welche** von mehreren zulässigen Möglichkeiten im konkreten Fall in Frage kommt.

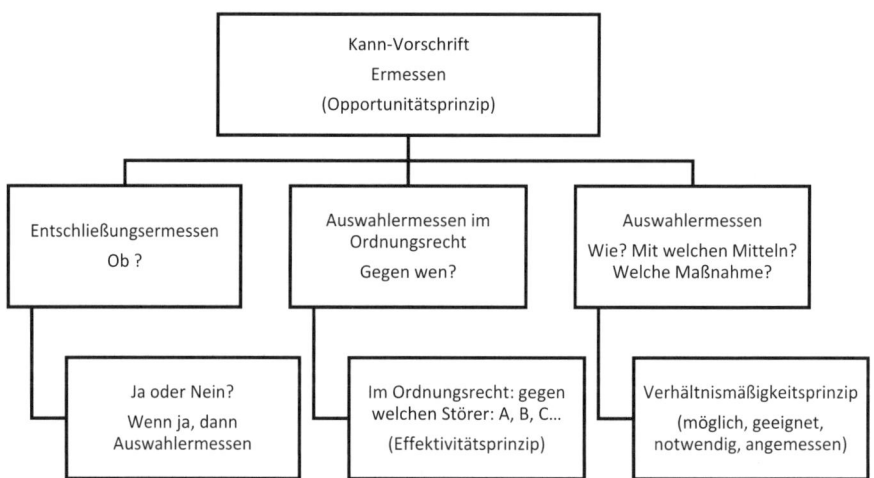

Beispiel[35]

Auf dem Betriebsgelände der F-GmbH (F) sind drei beschädigte Busse der F abgestellt, die nach und nach repariert werden sollen. Für die Kinder in der Nachbarschaft hat sich das Gelände zum Dorado eines Abenteuerspielplatzes entwickelt. Eines Tages verletzt sich ein Kind schwer an einer scharfen Kante eines Busses.

---

35 Anlehnung an Fallbearbeitung von *Knollmann/Wilhelm*, VR 1994, 58 (58).

VI. Aufbau und Rechtsanwendung bei vollständigen Rechtsnormen

Wie ist die Rechtslage im Hinblick auf § 14 Abs. 1 OBG, wenn die öffentliche Sicherheit gefährdet ist?

Hinweis: Im Ordnungsrecht kommt es nicht auf ein Verschulden an. Stattdessen ist eine Gefahr möglichst schnell und effektiv zu beseitigen.

Sofern der Tatbestand – wie hier – erfüllt ist, hat die Ordnungsbehörde auf der Rechtsfolgeseite Ermessen. Es ist zu überprüfen, welche notwendige Maßnahme die Ordnungsbehörde im Rahmen ihres (pflichtgemäßen) Ermessens zu treffen hat.

Hinsichtlich des **Entschließungsermessens** ist das Ermessen auf Null reduziert. Die hier beeinträchtigten hohen Schutzgüter „Leben und Gesundheit" der Kinder lassen ein Einschreiten erforderlich werden. Ein Nichthandeln wäre ermessensfehlerhaft.

Hinsichtlich der Wahl der notwendigen Maßnahme (**Auswahlermessen**) ist zu überlegen, welche von mehreren Alternativen gegenüber welcher Person zu wählen ist, um die Gefahr zu beseitigen. Dies ist hier deshalb problematisch, weil für den Gefahrenzustand mehrere Personen verantwortlich sind. In Frage kommen sowohl Verhaltensstörer (§ 17 OBG) als auch Zustandsstörer (§ 18 OBG). Verhaltensstörer sind gem. § 17 Abs. 1 OBG die Kinder sowie gem. § 17 Abs. 2 OBG die Eltern. Aufgrund der Gefahren, die von den Bussen ausgehen, ist F als Eigentümerin der Fahrzeuge Zustandsstörerin nach § 18 Abs. 1 OBG. Da sich die Fahrzeuge auf ihrem Grundstück befinden, übt sie auch die tatsächliche Gewalt aus (§ 18 Abs. 2 OBG).

Als Alternativen sind folgende Maßnahmen denkbar:
- Abtransport der Busse durch die Firma F,
- Aufstellen eines Verbotsschildes zum Betreten des Grundstücks durch die Firma F,
- Errichtung eines hohen Zauns durch die Firma F,
- Verbot an die Kinder, das Grundstück zu betreten und/oder Anweisung an die Eltern, ihre Kinder entsprechend zu beaufsichtigen.

Zunächst ist an eine mögliche Inanspruchnahme der Kinder (vgl. § 17 Abs. 1 OBG) zu denken, da diese durch das Betreten des Grundstücks und ihr Spielen sich selbst gefährden. Bei der Entscheidung für eine ermessensgerechte Rechtsfolge ist jedoch zu berücksichtigen, dass die Wahl auf eine Maßnahme fallen muss, die die Gefahr möglichst wirkungsvoll beseitigt. Bei den Kindern handelt es sich um eine unbestimmte, ständig wechselnde Zahl von Nachbarkindern. Es ist unzweckmäßig und mit hohem Verwaltungsaufwand verbunden, jedem einzelnen Kind per Ordnungsverfügung aufzugeben, dem Grundstück fernzubleiben. Darüber hinaus ist eine solche Mittelwahl zur Gefahrenbeseitigung nicht erfolgversprechend, weil sich ein solches Verbot nach allgemeiner Lebenserfahrung bei Kindern, die solchen Anweisungen nicht immer nachkommen, als unzureichendes Mittel darstellt.

Hinweis: Lebensnahe Ergänzungen eines Sachverhalts aufgrund von Erfahrungssätzen sind erlaubt, sie dürfen aber nicht die Grenze zur Spekulation und willkürlichen Unterstellung überschreiten. Die Grenze zwischen zulässigem „Weiterdenken" und verbotener Verfälschung des Sachverhalts ist allerdings fließend. Vorsicht ist also geboten.

Die Forderung nach einer ständigen Aufsicht durch die Eltern ist ebenfalls nicht praktikabel. Angesichts der ständig wechselnden spielenden Kinder wären auch verantwortlichen Eltern ständig neu zu ermitteln. Also ist auch die Heranziehung der Eltern nicht zweckmäßig.

Als geeigneter Adressat, der die Gefahr am wirkungsvollsten beseitigen kann, kommt damit F in Frage. Diese könnte die defekten Busse vom Firmengelände entweder vollständig entfernen oder den Zutritt zum Grundstück – vor allem für Kinder – deutlich durch die Errichtung eines 1,80 m hohen (Maschendraht-) Zauns erschweren. Unter dem Gesichtspunkt der Verhältnismäßigkeit ist von mehreren Möglichkeiten die Maßnahme zu wählen, die die Gefahr ebenso gut wie andere Maßnahmen beseitigt, den Adressaten aber am geringsten belastet. Daraus folgt, dass mit einer Vorgabe, das Grundstück einzuzäunen, die von den Bussen ausgehende Gefahr wirkungsvoll bekämpft werden kann. Die Beseitigung der Busse würde voraussichtlich für F kostspieliger und damit belastender sein.

Weiterhin muss die Maßnahme auch angemessen sein. Das ist nicht der Fall, wenn mit der Einzäunung mehr Nachteile als Vorteile verbunden sind. Insoweit ist aber zu berücksichtigen, dass es sich bei der vorhandenen Gefahr für die Kinder um hochrangige Schutzgüter handelt, deren Bedeutung höher einzuschätzen ist als der Vermögensschaden für F. Darüber hinaus ist die Intensität des Eingriffs in die grundrechtlich geschützte Eigentumsposition der F nicht besonders hoch (unterstellt, dass der Zaun kein „Vermögen" kostet, was hier nicht beurteilt werden kann; im Übrigen sind auch Kostenaspekte unerheblich, wenn es um die Gefahrenbeseitigung der Rechtsgüter „Leben und Gesundheit" geht).

Damit stellt die Aufforderung, das Grundstück einzuzäunen, eine ermessensgerechte und verhältnismäßige Maßnahme i.S. des § 14 Abs. 1 OBG dar.

102 Im Beispiel wird ersichtlich, dass der Verhältnismäßigkeitsgrundsatz die Ermessensbetätigung wesentlich beeinflusst.

Weiterhin wird anhand des Beispiels deutlich, dass sich eine im Gesetz als Ermessensentscheidung vorgesehene Maßnahme sich im Einzelfall durch eine Ermessensreduzierung auf Null (hier das Entschließungsermessen) in eine gebundene Entscheidung verwandeln kann.

Das ist insbesondere der Fall, wenn

- andere Maßnahmen unter keinem Blickwinkel in Frage kommen. Das ist im Ordnungsrecht vor allem bei akuten Gefahren für hochrangige Schutzgüter der Fall.
- sich die Behörde aufgrund ihrer Verwaltungspraxis selbst gebunden hat. Denn gleichgelagerte Fälle dürfen nicht ohne Grund unterschiedlich behandelt werden.
- eine Verwaltungsvorschrift eine bestimmte Ermessensbetätigung vorschreibt. Vgl. Rn. 111 sowie Rn. 169 ff.

b) Gebundenes Ermessen

103 In Rechtsnormen befindet sich auf der Rechtsfolgeseite auch das Wort „**soll**" (z. B. § 48 Abs. 1 S. 2 SGB X, § 7 Abs. 4 S. 5 SGB II, § 22 Abs. 6 S. 3 SGB II, § 39 Abs. 1 S. 2 VwVfG). Alternativ benutzt der Gesetzgeber auch die Wörter „**in der Regel**" (z. B. § 28 Abs. 4 S. 2 SGB II, § 44c Abs. 1 S. 3 SGB II, § 48 Abs. 2 S. 2 SGB X).

„Soll-Regelungen" kommen gebundenen Entscheidungen nahe. Grundsätzlich ist kein Ermessen auszuüben. Nur bei einem Abweichen vom Regelfall sind Ermessenserwägungen anzustellen.

Beispiel

Die Behörde hebt einen Dauerverwaltungsakt nach dem Zwölften Buch Sozialgesetzbuch gemäß § 48 Abs. 1 S. 2 SGB X gegenüber dem Erben der verstorbenen leistungsberechtigten Person auf. Die Aufhebung war notwendig, weil der jetzige Erbe und frühere Bevollmächtigte der leistungsberechtigten Person während des Bewilligungszeitraums entstandenes ungeschütztes Vermögen verschwiegen hat. Die den Bewilligungsbescheid aufhebende Behörde übt kein Ermessen aus, weil sie davon ausgeht, dass dies aufgrund der Soll-Regelung entbehrlich ist.

Gemäß § 48 Abs. 1 S. 2 Nr. 3 SGB X „**soll**" mit Wirkung für die Vergangenheit ein Verwaltungsakt aufgehoben werden, soweit nach Antragstellung Vermögen erzielt worden ist, das zum Wegfall oder zur Minderung des Anspruchs geführt haben würde.

Der Bescheid ist aufgrund fehlender Ermessensausübung und damit wegen Verstoßes gegen § 39 SGB I materiell rechtswidrig. Der hier beschriebene Fall weicht signifikant vom Regelfall ab, weil nicht gegenüber der leistungsberechtigten Person, die sich das Verhalten des bevollmächtigten Vertreters zurechnen lassen muss (vgl. §§ 166, 278 BGB), sondern gegenüber dem Erben eine Aufhebungsentscheidung und in dessen Folge eine Kostenerstattungsentscheidung erfolgt. Aufgrund der Atypik des Falles sind Ermessensgesichtspunkte und die Verhältnisse des Einzelfalls in die Begründung einzubeziehen.

104 Der Rechtsanwender hat daher bei einer Soll-Vorschrift immer zu überlegen, ob eine atypische Sachverhaltskonstellation vorliegt. Wenn das der Fall sein sollte, sind Ermessenserwägungen anzustellen.

Liegt hingegen keine atypische Situation vor, bedarf es hingegen auch keiner Ermessenserwägung und auch keiner entsprechenden Ermessens-Begründung in einem Verwaltungsakt (vgl. § 35 Abs. 1 S. 3 SGB X, § 39 Abs. 1 S. 3 VwVfG).

VI. Aufbau und Rechtsanwendung bei vollständigen Rechtsnormen

Neben den vom Gesetzgeber vorgegebenen „Soll-Vorschriften" hat die Rechtsprechung außerdem die Rechtsfigur des „intendierten Ermessens" erfunden. Das „intendierte Ermessen"[36] kommt einer Soll-Regelung nahe. Wenn durch eine Rechtsnorm die Rechtsfolge bereits vorgezeichnet wird, darf die Behörde die vom Gesetz vorgeschlagene Rechtsfolge wählen, ohne sie näher zu begründen. Die Begründungspflicht der Behörde wird also reduziert. Die Behörde muss nur darlegen, dass kein „Ausnahmefall" vorliegt, der ein Abweichen von der vorgezeichneten Rechtsfolge rechtfertigt. Liegt hingegen ein atypischer Ausnahmefall vor, so bedarf es wie bei einer „normalen" Kann-Vorschrift einer Interessenabwägung, bei der die Behörde ihr Ergebnis (ausführlich) ermessensgerecht begründen muss.

105

Das intendierte Ermessen wird beispielsweise bei § 45 SGB X[37] oder § 48 VwVfG[38] angenommen. Auf der Rechtsfolgeseite würden sich Ermessensgesichtspunkte nur in einer Wiederholung des nicht vorhandenen Vertrauensschutzes erschöpfen. Deshalb sei die Rücknahme bei fehlendem Vertrauensschutz bereits vorgezeichnet. Dann entfällt eine Begründungspflicht (§ 35 Abs. 1 S. 3 SGB X, § 39 Abs. 1 S. 3 VwVfG), wenn man sich der Rechtsprechung des Bundesverwaltungsgericht zum intendierten Ermessen anschließt.

Zu beachten ist, dass die Rechtsfigur des intendierten Ermessens in der Rechtsprechung und in der Literatur[39] umstritten ist und auch von den Gerichten[40] teilweise abgelehnt wird.

c) Vermeidung von Ermessensfehlern

Wenn § 39 Abs. 1 SGB I bzw. § 40 VwVfG davon spricht, dass bei der Ermessensausübung der Zweck der Ermächtigungsgrundlage zu beachten ist und auch die gesetzlichen Grenzen der Rechtsgrundlage einzuhalten sind, dann bedeutet ein Verstoß hiergegen einen Rechtsanwendungsfehler. Als **Ermessensfehler** kommen Ermessensunterschreitung (Ermessensmangel), Ermessensüberschreitung und Ermessensfehlgebrauch in Betracht.

106

---

36 BVerwG, 25.09.1992 – 8 C 68/90, 8 C 70/90, NJW 1993, 744-747 = juris (Rn. 31).
37 BVerwG, 25.09.1992 – 8 C 68/90, 8 C 70/90, NJW 1993, 744-747 = juris (Rn. 31); Landessozialgericht Hamburg, 31.05.2007 – L 5 AS 42/06, ZEV 2008, 544-546 = juris (Rn. 45).
38 BVerwG, 23.05.1996 – 3 C 13/94, juris (Rn. 51).
39 Vgl. *Schoch*, Jura 2010, 358; *Beaucamp*, JA 2006, 74.
40 BVerwG, 05.09.2006 – 1 C 20/05 DÖV 2007, 255-257 = juris (Rn. 18); Landessozialgericht Rheinland-Pfalz, 11.09.2002 – L 6 RJ 2/02, juris (Rn. 20); VG Bayreuth, 09.12.2002 – B 3 K 01.389, juris (Rn. 30 ff.).

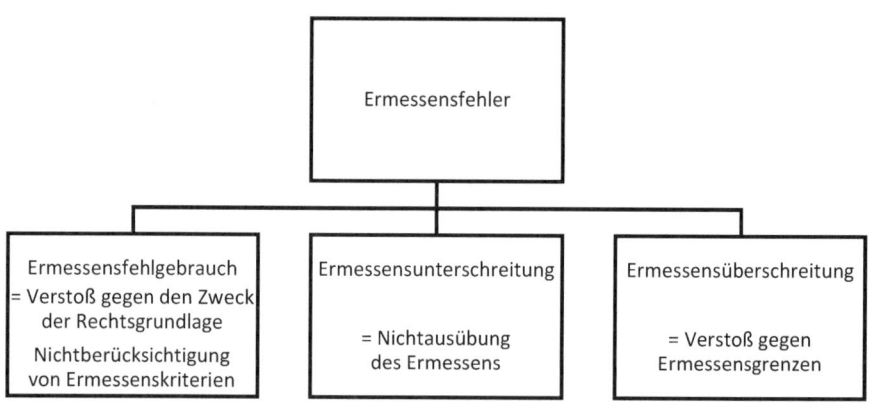

Ermessensfehlgebrauch / Ermessensmissbrauch

Um eine ermessensgerechte Entscheidung vorzunehmen und keinen Ermessensfehlgebrauch zu begehen, ist der Zweck der Ermessensermächtigung zu ermitteln (vgl. § 39 SGB I, § 40 VwVfG NRW). Es ist also danach zu fragen, welchen Zweck das Gesetz als Ganzes und die Rechtsnorm im Konkreten verfolgt. Gemessen an diesem konkreten Zweck sind Abwägungen vorzunehmen.

107 Der Zweck eines Gesetzes findet sich regelmäßig am Anfang eines Gesetzes. Häufig sind dort auch sog. „Prinzipien" zu finden (im Sozialrecht z. B. das Nachrangprinzip, Individualprinzip, familiengerechte Leistungen, Wunschrecht, etc.). Aus diesen Zwecken und Prinzipien lassen sich Ermessenskriterien entwickeln, die Argumentationsbasis für eine Entscheidung sein können.

Wenn – umgekehrt – Argumente genannt werden, die nicht vom Gesetz oder der Norm getragen werden, handelt es sich um sachfremde Erwägungen.

Beispiel
Eine pflegebedürftige Person erhält sowohl von der Pflegekasse als auch vom Sozialhilfeträger folgende Leistungen:
- Teilstationäre Hilfen zur Finanzierung einer teilstationären Unterbringung,
- Pflegesachleistungen / häusliche Pflegehilfe / Kosten der besonderen Pflegekraft zur Finanzierung des Pflegedienstes,
- Pflegegeld, das als Anerkennungszahlung an die pflegenden Angehörigen (Pflegepersonen) weitergereicht wird.

Fraglich ist, in welchem Umfang und mit welchen Argumenten das Pflegegeld im Rahmen einer Ermessensentscheidung gekürzt werden kann. Die maßgebenden Normen lauten:

„§ 63b SGB XII Leistungskonkurrenz
(3) ¹Pflegebedürftige haben während ihres Aufenthalts in einer teilstationären oder vollstationären Einrichtung dort keinen Anspruch auf häusliche Pflege. ²Abweichend von Satz 1 **kann** das Pflegegeld nach § 64a während einer teilstationären Pflege nach § 64g oder einer vergleichbaren nicht nach diesem Buch durchgeführten Maßnahme angemessen gekürzt werden.
(4) ....
(5) Das Pflegegeld **kann** um bis zu zwei Drittel gekürzt werden, soweit die Heranziehung einer besonderen Pflegekraft erforderlich ist, Pflegebedürftige Leistungen der Verhinderungspflege nach § 64c oder gleichartige Leistungen nach anderen Rechtsvorschriften erhalten."

Die Kombination der im Sachverhalt genannten Leistungen regelt § 63b Abs. 3 und § 63b Abs. 5 SGB XII. Sinn der Vorschriften besteht jeweils darin, dass der Sozialhilfeträger entspre-

VI. Aufbau und Rechtsanwendung bei vollständigen Rechtsnormen

chend dem Nachrangprinzip (§ 2 SGB XII) nicht mit Kosten belastet wird, wenn der Bedarf schon anderweitig gedeckt ist.

Der Sozialhilfeträger kürzt das Pflegegeld nach § 63b Abs. 3 SGB XII mit der Begründung, dass eine Entlastung der Pflegeperson durch die teilstationäre Unterbringung stattfindet. Es handelt sich hierbei um ein Argument, das von der Regelung des § 63b Abs. 3 SGB XII getragen wird, weil es in dieser Vorschrift genau um den Entlastungseffekt geht, der für die Pflegepersonen durch eine teilstationäre Unterbringung entsteht.

Dasselbe Argument (Entlastung durch teilstationäre Unterbringung) wird u. a. nochmals in § 63b Abs. 5 SGB XII zur weiteren Kürzung des Pflegegeldes verwendet. Es handelt sich dann um einen **Ermessensfehlgebrauch**, weil § 63b Abs. 5 SGB XII allein eine Kürzung des Pflegegeldes bei gleichzeitiger Inanspruchnahme des Pflegedienstes vorsieht. Die Frage der Gesamtentlastung u. a. durch die teilstationäre Unterbringung ist in § 63b Abs. 5 SGB XII keine relevante Frage und damit ein sachfremdes Argument. § 63b Abs. 5 SGB XII stellt nach Sinn und Zweck sowie dem Wortlaut allein auf das Verhältnis zwischen den Leistungen der Pflegekraft nach § 64b SGB XII und der Höhe des zu leistenden Pflegegeldes nach § 64a SGB XII ab.

Im Übrigen ist in beiden Vorschriften jeweils vom ungekürzten Pflegegeld auszugehen – dies ergibt sich z. B. daraus, dass in § 63b Abs. 3 S. 2 SGB XII von dem „Pflegegeld nach § 64a SGB XII" gesprochen wird – so dass bereits hieraus eine getrennte Argumentation zwischen den Kürzungstatbeständen abzuleiten ist.

Stets sachfremd sind z. B. persönliche Motive (Freundschaft, Feindschaft, Sympathie, Antipathie) oder parteipolitische Interessen.

Teilweise ist zu bedenken, dass sich **Ermessenskriterien auch aus anderen Gesetzen** ergeben. Deshalb ist bei der Ermessensausübung sicherzustellen, dass kein Widerspruch mit den Zwecken anderer Gesetze besteht. **108**

Beispiel

- Für viele Entscheidungen – z. B. auch bei der Aufhebung von Verwaltungsakten – ist der Grundsatz des sorgsamen Umgangs mit Steuermitteln und die Grundsätze der Sparsamkeit und Wirtschaftlichkeit (§ 75 GO NRW) ein ermessenslenkender Faktor.

- Beispielsweise sieht § 42a Abs. 1 S. 2 SGB II i.V.m. § 22 Abs. 8 SGB II im Rahmen einer Ermessensentscheidung vor, dass Darlehen an einzelne Mitglieder von Bedarfsgemeinschaften vergeben werden können, wenn Stromschulden bestehen, die beglichen werden müssen. Eine Aufrechnung erfolgt dann mit dem gewährten Regelbedarf in Höhe von 10% (§ 42a Abs. 2 SGB II). Wenn auch Minderjährige in der Bedarfsgemeinschaft als Darlehensnehmer in Frage kommen, ist der zivilrechtlich geregelte **Minderjährigenschutz** zu beachten (vgl. § 1629a BGB, § 1643 Abs. 1 BGB, § 1822 Nr. 8 BGB). Außerdem ist die Intention des SGB II, wonach Einkommen des Kindes zuvörderst zur Deckung seines eigenen Bedarfs einzusetzen ist (§ 9 Abs. 2 S. 2 SGB II im Umkehrschluss), mit der Ermessensentscheidung in Einklang zu bringen. Regelmäßig kommt hinzu, dass Kinder die Schuldenlage nicht zu verantworten haben. Daher kann eine ermessensgerechte Entscheidung dahingehend ausfallen, ein Darlehen an die Kinder mit anschließender Aufrechnung aus dem Regelbedarf nicht vorzunehmen.

Schließlich ist zu beachten, dass ein **unrichtiger oder unvollständig ermittelter Sachverhalt**, der dazu führt, dass die **relevanten Gesichtspunkte des Einzelfalls** in die Entscheidung nicht einbezogen werden, ebenfalls zum Ermessensfehlgebrauch führt. Insofern ist ein Ermessensnichtgebrauch oder eine Ermessensunterschreitung gleichzeitig ein Ermessensfehlgebrauch, weil bei einem Ermessensnichtgebrauch die von der Norm getragenen Einzelfall- und Abwägungsgesichtspunkte unberücksichtigt bleiben **(Abwägungsdefizit)**. Für den unrichtig oder unvollständig ermittelten Sachverhalt trägt der Verwaltungsträger die Verantwortung, weil dieser den Sachverhalt von Amts wegen ermitteln muss (vgl. §§ 20, 21 SGB X, §§ 24, 26 VwVfG NRW). **109**

Beispiel[41]

Eine leistungsberechtigte Person (L) nach dem SGB II wird vom zuständigen Leistungsträger gemäß § 5a Abs. 3, § 12a SGB II aufgefordert, eine vorgezogene Altersrente (Rentenanspruch ab dem 63. Lebensjahr) zu beantragen. L bittet hiervon Abstand zu nehmen, weil Sie ansonsten dauerhaft auf Sozialhilfe angewiesen wäre, während eine abschlagsfreie Rente den Sozialhilfebezug verhindert. Der Leistungsträger argumentiert u. a. wie folgt:

"Die Beantragung einer anderen Sozialleistung ist dann nicht erforderlich, wenn dieser Antrag zu dem Verlust weiterer Leistungsansprüche führt, etwa aus einem Arbeitsverhältnis oder aber wie in § 2 der UnbilligkeitsV vorgesehen, des Anspruchs auf Arbeitslosengeld. Wie bereits ausgeführt, würden die Rentenleistungen zu einer Verringerung des SGB II-Anspruchs führen. Der Verlust weiterer Ansprüche ist durch die Stellung des vorzeitigen Rentenantrags nicht ersichtlich. Insbesondere ist die Aufgabe des Minijobs aufgrund der Hinzuverdienstgrenze von 450,00 € nicht notwendig. Ihr Einwand, Ihre Mandantin wäre im Fall der vorgezogenen Altersrente länger sozialhilfebedürftig nach dem SGB XII, trifft nicht zu. Sollte die Rente nicht ausreichen, kommen ergänzend Leistungen nach dem SGB II in Frage."

§ 5 Abs. 3 SGB II lautet:

„**§ 5 Verhältnis zu anderen Leistungen**

(3) ¹Stellen Leistungsberechtigte trotz Aufforderung einen erforderlichen Antrag auf Leistungen eines anderen Trägers nicht, **können** die Leistungsträger nach diesem Buch den Antrag stellen sowie Rechtsbehelfe und Rechtsmittel einlegen. ²Der Ablauf von Fristen, die ohne Verschulden der Leistungsträger nach diesem Buch verstrichen sind, wirkt nicht gegen die Leistungsträger nach diesem Buch; dies gilt nicht für Verfahrensfristen, soweit die Leistungsträger nach diesem Buch das Verfahren selbst betreiben. ..."

Ein vollständiger Ermessensnichtgebrauch oder eine Ermessensüberschreitung liegt hier nicht vor. Jedoch besteht ein Ermessensfehlgebrauch.

Ein Ermessensfehlgebrauch liegt zum einen vor, wenn die Behörde ein unsachliches Motiv oder einen sachfremden Zweck verfolgt (Ermessensmissbrauch). Zum anderen liegt der Fehlgebrauch als **Abwägungsdefizit** vor, wenn sie nicht alle Ermessensgesichtspunkte, die nach der Lage des Falls zu berücksichtigen sind, in die Entscheidungsfindung einbezogen hat. Der Fehlgebrauch kann zudem als **Abwägungsdisproportionalität** vorliegen, wenn der Leistungsträger die abzuwägenden Gesichtspunkte rechtlich fehlerhaft gewichtet hat. Des Weiteren kann ein Fehlgebrauch erfolgt sein, wenn er seiner Ermessensbetätigung einen unrichtigen oder unvollständigen Sachverhalt zugrunde gelegt hat. Deshalb ist es für den jeweiligen Verwaltungsträger von Bedeutung, den Sachverhalt vollständig zu ermitteln (vgl. §§ 20, 21 SGB X).

Der Leistungsträger ist bei der Ermessensausübung gehalten, sich mit den vorgetragenen Einwänden des Betroffenen auseinanderzusetzen. Er hat die individuellen Verhältnisse des Einzelfalles abzuwägen, d. h. er ist gehalten, auf die für die Ermessensentscheidung relevanten Verhältnisse des Einzelfalles einzugehen, auch wenn er sich für eine Ermessensentscheidung auf allgemeine Grundsätze berufen will.

Ermessenskriterien – unter Zugrundelegung des Norm- und Gesetzeszwecks (vgl. auch Unbilligkeitsverordnung) – sind z. B.:

- Dauer und Höhe des Leistungsbezugs: bei längerer Arbeitslosigkeit ist die Aufnahme einer Erwerbstätigkeit weniger wahrscheinlich,
- Eingliederungschancen auf dem Arbeitsmarkt, Gesundheitszustand der leistungsberechtigten Person,
- absehbarer Einkommenszufluss: die Ausgaben können sich für den Leistungsträger verringern,
- Höhe der hinzunehmenden Abschläge und der Einfluss auf einen dann sich ggf. ergebenden Sozialhilfebezug,
- Vorrang von versicherungsfinanzierten Rentenleistungen vor steuerfinanzierten Leistungen, Nachrangprinzip der SGB II-Leistungen (vgl. aber zur Frage der „Unbilligkeit" § 6 Unbilligkeitsverordnung).

Unter Zugrundelegung der Ausführungen hat der Leistungsträger zum einen unvollständig ermittelten Sachverhalt zugrunde gelegt. Er hat zu diesem Zeitpunkt weder die voraussichtliche Höhe der abschlagsfreien Nettoaltersrente (Bruttorente minus Beitrag zur Krankenversiche-

---

41 Beispiel angelehnt an: Landessozialgericht für das Land Nordrhein-Westfalen, 26.01.2015 – L 19 AS 1969/14 B ER.

VI. Aufbau und Rechtsanwendung bei vollständigen Rechtsnormen

rung- und Pflegeversicherung) noch die voraussichtliche Höhe der vorgezogenen Nettoaltersrente (Bruttorente minus Kranken- und Pflegeversicherungsbeitrag) ermittelt.

Zum anderen hat er sich mit der Argumentation der L, dass sie bei Bezug einer abschlagsfreien Altersrente nicht hilfebedürftig i.S. des SGB XII sein werde, jedoch bei Bezug einer vorgezogenen Altersrente auf Leistungen nach dem SGB XII angewiesen sei, nicht auseinandergesetzt und diese auch nicht gewichtet. Die Ausführungen, dass die L bei Bezug einer vorzeitigen Altersrente aufstockende Leistungen nach SGB II beziehen kann, sind fehlsam, da bei Bezug einer Altersrente der Leistungsausschluss des § 7 Abs. 4 SGB II eingreift und damit die L aus dem Leistungssystem des SGB II auf Dauer ausscheidet. Auch die Ausführungen zur Möglichkeit der Erzielung von Erwerbseinkommen neben der vorgezogenen Altersrente beziehen sich ausschließlich auf die Anrechnungsvorschriften des SGB VI, sie verhalten sich nicht zu den unterschiedlichen Anrechnungsvorschriften im SGB II und SGB XII.

Sachfremde Erwägungen sind häufig Ursache für fehlerhafte Ermessensentscheidungen, **auch wenn das getroffene Ergebnis nicht zu beanstanden ist.** Darunter fallen auch Gründe, die für sich gesehen durchaus im Interesse der Allgemeinheit liegen mögen, die aber nicht vom maßgeblichen Zweck der ermächtigenden Norm umfasst sind. Häufig werden bei der Entscheidung über einen Antrag auf Erteilung einer Sondernutzungserlaubnis (vgl. § 18 StrWG NRW) andere als Straßen- und wegerechtliche Belange berücksichtigt. Dazu hat das OVG NRW in einem Beschluss festgestellt:[42]

1. „Bei der Erteilung einer Sondernutzungserlaubnis hat sich die behördliche Ermessensausübung an Gründen zu orientieren, die einen sachlichen Bezug zur Straße haben. Zu diesen Gründen können insbesondere ein einwandfreier Straßenzustand, die Sicherheit und Leichtigkeit des Verkehrs, der Ausgleich zeitlich und örtlich gegenläufiger Interessen verschiedener Straßenbenutzer und Straßenanlieger oder Belange des Straßen- und Stadtbildes zählen.
2. Die für die Erteilung der Sondernutzungserlaubnis zuständige Behörde ist im Rahmen ihrer Ermessensentscheidung aber nicht zur Beachtung aller anderen öffentlichen Belange berufen, die nur mittelbar im Zusammenhang mit der Straße stehen, d. h. insbesondere nicht zur Berücksichtigung allgemeiner ordnungsbehördlicher Gesichtspunkte."

Anlass zur Klage war die Nebenbestimmung zu einer Sondernutzungserlaubnis für die Inanspruchnahme eines öffentlichen Platzes, um dort einen Informationsstand aufzustellen. Sie lautete: „Es ist untersagt, schockierende Photographien (z. B. Bilder von Totgeburten) und Darstellungen von Menschenrechtsverletzungen öffentlich an Plakattafeln zur Schau zur stellen. Sie dürfen nur interessierten Erwachsenen in Mappen zur Verfügung gestellt werden". Das OVG NRW stellte fest, dass die angegriffene Nebenbestimmung rechtswidrig war. Es führte aus, dass die Straßenbehörde aus Kompetenzgründen, wenn die Sondernutzungserlaubnis zu einem gesetzwidrigen Verhalten missbraucht werden sollte, nur die zuständige Ordnungs- bzw. Polizeibehörde informieren und diese um entsprechende Maßnahmen bitten könnte.

Ermessenslenkende Verwaltungsvorschriften wollen sicherstellen, dass die Verwaltungsmitarbeiter von dem eingeräumten Ermessen einheitlich Gebrauch machen und eine einheitliche, gleichförmige Verwaltungspraxis entsteht. Verwaltungsvorschriften stehen nicht in dem Rang von Gesetzesquellen, da sie von der Exekutive und nicht von der Legislative erlassen worden sind.

Die Ausübung von Ermessen nach den Vorgaben von ermessenslenkenden Verwaltungsvorschriften ist grundsätzlich nicht zu beanstanden. Allerdings ist für den

---

42 Vgl. Oberverwaltungsgericht für das Land Nordrhein-Westfalen, 02.08.2006 – 11 A 2642/04; siehe hierzu die Fallbearbeitung von *Haurand/Vahle,* DVP 2011, 201 (207 ff.).

Rechtsanwender letztlich immer die gesetzliche Intention maßgebend. Ermessenslenkende Weisungen haben nur verwaltungsinterne Wirkung und vermitteln keine Verbindlichkeit für die Auslegung von Normen nach außen im Verhältnis zum Bürger. **Gesichtspunkte des Einzelfalls** sind also selbst bei Existenz von Verwaltungsanweisungen (Verwaltungsvorschriften) zu beachten und entbinden den Rechtsanwender nicht von einer ermessensgerechten – dem Normzweck entsprechenden – Entscheidung. Daher sind auch die für die Ermessensentscheidung bedeutsamen Umstände des Einzelfalls zu prüfen. Andernfalls liegt auch hier ein Ermessensfehlgebrauch vor, der die Entscheidung des Verwaltungsträgers rechtswidrig macht.

Beispiel[43]

Der Leistungsberechtigte L erhält laufende Leistungen der Grundsicherung für Arbeitsuchende nach dem SGB II. Mit dem Leistungsträger wurde eine Eingliederungsvereinbarung abgeschlossen, in der sich der L verpflichtete, sich um eine Stelle zu bemühen (Bewerbungen zu schreiben). Im Gegenzug bot der Leistungsträger als Anreiz für eine Arbeitsaufnahme die Gewährung von Einstiegsgeld (§ 16b SGB II).

Noch während das Antragsverfahren des L zur Gewährung von Einstiegsgeld läuft, findet er eine befristete Vollzeittätigkeit als Baumaschinenführer. Der Arbeitsvertrag sieht eine Bruttovergütung von 1.400,00 € (netto 1.000,00 €) vor. Dennoch verfolgt L seinen Antrag weiter, weil er vor zwei Jahren ebenfalls Einstiegsgeld in einer vergleichbaren Situation erhalten hatte.

Der Leistungsträger lehnt die Gewährung von Einstiegsgeld mit folgender Begründung zum auszuübenden Ermessen ab: „... Ich verfolge das Ziel, mit den mir nur im eingeschränkten Umfang zur Verfügung stehenden Haushaltsmitteln die tatsächlich Hilfebedürftigen bei der Aufnahme einer Beschäftigung finanziell zu unterstützen. Dabei schränken die Grundsätze der Sparsamkeit und Wirtschaftlichkeit meinen Handlungsspielraum ein. Nach meinen ermessenslenkenden Weisungen darf die Bewilligung von Einstiegsgeld keine Besserstellung der Antragsteller mit ähnlich bzw. gleich entlohnten Arbeitnehmern verbunden sein. Als Vergleichsmaßstab gilt der arbeitsvertragliche Lohn und die ortsübliche Bezahlung vergleichbarer Beschäftigter. Im vorliegenden Fall ist eine ortsübliche Entlohnung vereinbart worden. Durch die zusätzliche Gewährung von Einstiegsgeld würden Sie bei einem Bruttoeinkommen von 1.400,00 € besser gestellt als vergleichbare Arbeitnehmer. Eine Förderung ist mir nur bis zu einem Bruttoverdienst von 1.200,00 € möglich. Bei Ausübung meines pflichtgemäßen Ermessens lehne ich daher den Antrag auf Bewilligung von Einstiegsgeld ab. ..."

Handelt es sich um eine ermessensfehlerfreie Entscheidung, wenn die Voraussetzungen des § 16b SGB II („erforderlich zur Eingliederung in den Arbeitsmarkt") erfüllt sind?

„§ 16b Einstiegsgeld

(1) ¹Zur Überwindung von Hilfebedürftigkeit **kann** erwerbsfähigen Leistungsberechtigten, die arbeitslos sind, bei Aufnahme einer sozialversicherungspflichtigen oder selbständigen Erwerbstätigkeit ein Einstiegsgeld erbracht werden, wenn dies zur Eingliederung in den allgemeinen Arbeitsmarkt erforderlich ist. ²Das Einstiegsgeld kann auch erbracht werden, wenn die Hilfebedürftigkeit durch oder nach Aufnahme der Erwerbstätigkeit entfällt.
(2) ¹Das Einstiegsgeld wird, soweit für diesen Zeitraum eine Erwerbstätigkeit besteht, für höchstens 24 Monate erbracht. ²Bei der Bemessung der Höhe des Einstiegsgeldes sollen die vorherige Dauer der Arbeitslosigkeit sowie die Größe der Bedarfsgemeinschaft berücksichtigt werden, in der die oder der erwerbsfähige Leistungsberechtigte lebt."

Auszug aus den Förderungsrichtlinien (ermessenslenkenden Weisungen):
- ■ „Aufnahme einer sozialversicherungspflichtigen Tätigkeit von mindestens 15 h/Woche oder hauptberuflich selbständigen Erwerbstätigkeit von mindestens 18 h/Woche.
- ■ Erforderlichkeit der Leistungsgewährung zur Eingliederung:
  – Keine Besserstellung durch Einstiegsgeld im Vergleich mit gleichartig Beschäftigten
  – Als spezielle Förderungsvoraussetzung wird zur Höhe des Einkommens geregelt: "Eine Förderung ist nur möglich, wenn das zu erwartende Bruttoentgelt nicht mehr als 1.200 Euro für eine Person in der Bedarfsgemeinschaft + 150 Euro für jede weitere Person in der Bedarfsgemeinschaft, jedoch nicht mehr als 1.800 Euro insgesamt, beträgt."

---

43 Beispiel angelehnt an: Landessozialgericht Sachsen-Anhalt, 24.06.2014 – L 4 AS 47/11.

VI. Aufbau und Rechtsanwendung bei vollständigen Rechtsnormen

Nach § 16b SGB II ist die Entscheidung über die Bewilligung sowie über die Dauer und Höhe des Einstiegsgeldes in das pflichtgemäße Ermessen des Leistungsträgers gestellt. Da die tatbestandlichen Voraussetzungen für die Förderung des Einstiegsgeldes vorliegen, hat der Leistungsträger zu entscheiden, ob, für welchen Zeitraum und in welcher Höhe er das Einstiegsgeld gewährt. Der L seinerseits hat einen Anspruch auf fehlerfreie Ausübung des Ermessens nach § 39 SGB I.

Die Ausübung von Ermessen nach den Vorgaben der Förderungsrichtlinien ist grundsätzlich nicht zu beanstanden. Die dort geregelten Kriterien sind sachgerechte Erwägungen und sorgen für eine Gleichbehandlung gleichgelagerter Fälle.

Dennoch ist die Ermessensausübung fehlerhaft, weil die Entscheidung des Leistungsträgers den Förderungsrichtlinien die Bedeutung einer zwingenden und unabänderlichen Entscheidung – vergleichbar einer gebundenen Entscheidung – zukommen lässt. Angesichts der Formulierung „Eine Förderung ist nur bis zu einem Bruttoverdienst von 1.200,00 € möglich" wird die Förderungsrichtlinie wie ein Ausschlusstatbestand angewandt. Die im vorliegenden Sachverhalt relevanten Aspekte des Einzelfalls werden der Entscheidung hingegen nicht zugrunde gelegt. Unberücksichtigt bleiben insofern

- die Vereinbarung in der Eingliederungsvereinbarung, wonach Einstiegsgeld bei einer Arbeitsaufnahme vorgesehen ist und dies einen Vertrauensschutztatbestand schafft,
- das in der Vergangenheit bereits einmal bewilligte Einstiegsgeld in einer vergleichbaren Situation.
- der grundsätzlich motivierende Charakter des Einstiegsgeldes zur Aufnahme und Ausübung einer Erwerbstätigkeit im konkreten Fall.

Vor dem Hintergrund handelt es sich um eine ermessensfehlerhafte Entscheidung, weil die für den Einzelfall maßgebenden Gründe sich in der Entscheidung nicht wiederspiegeln. Die hier vorhandene Formel, dass die Ausübung nach „pflichtgemäßem Ermessen" erfolgte, erweist sich als zu schematisch und letztlich als Floskel.

Ermessensunterschreitung

Das maßgebende Element einer Ermessensausübung besteht darin, dass die für und gegen eine bestimmte Entscheidung sprechenden Umstände gegeneinander **abzuwägen** sind. Von einer **Ermessensunterschreitung** (und damit auch einem Ermessensfehlgebrauch: s.o.) ist die Rede, wenn der Verwaltungsträger von seinem ihm zustehenden Ermessen im Rahmen der Entscheidung keinen oder unzureichenden Gebrauch macht. Der Verwaltungsträger hat also nicht oder nicht ausreichend erkannt, dass eine Ermessensentscheidung möglich oder notwendig war. Eine Ermessensunterschreitung liegt bereits bei einem Abwägungsdefizit vor. **112**

Beispiel

Die Voraussetzungen für eine Aufhebung nach § 45 SGB X eines Bewilligungsbescheides nach dem Zwölften Buch Sozialgesetzbuch liegen vor. Gemäß § 45 Abs. 1 S. 1 SGB X steht die Aufhebungsentscheidung im Ermessen der Behörde. Die Behörde begründet ihre Aufhebung auf der Rechtsfolgeseite wie folgt: „Meine Aufhebungsentscheidung habe ich nach pflichtgemäßem Ermessen geprüft. Da mit meinem Bescheid vom 15.05. über eine Dauerleistung entschieden wurde, ist das öffentliche Interesse an der Beseitigung des rechtswidrigen Zustandes höher einzustufen als bei einer einmaligen Leistung, weil die Allgemeinheit durch die Dauerleistung stärker belastet wird".

Eine Ermessensentscheidung muss als solche erkennbar sein und diejenigen Gesichtspunkte nennen, von denen die Behörde bei Ausübung des Ermessens ausgegangen ist. Der hier vorhandene Satz "da mit Bescheid vom 15.05. über eine Dauerleistung entschieden wurde, ist das öffentliche Interesse an der Beseitigung des rechtswidrigen Zustandes höher einzustufen als bei einer einmaligen Leistung, weil die Allgemeinheit durch die Dauerleistung stärker belastet wird" lässt zwar erkennen, dass die Behörde von einer Ermessensentscheidung ausgegangen ist, genügt aber nicht den Anforderungen an eine ausreichende – **dem Einzelfall Rechnung tragende** – Ermessensausübung.

Die Begründung einer Ermessensentscheidung muss im Bescheid die Gesichtspunkte erkennen lassen, von denen der Leistungsträger bei der Ausübung des Ermessens ausgegangen ist.

Formelhafte und schematische Wendungen (wie z. B. dass „keine Besonderheiten gegeben" seien oder „hinsichtlich der Umstände nichts Besonderes ersichtlich" bzw. „nach pflichtgemäßem Ermessen geprüft worden" sei) genügen einer ordnungsgemäßen Ermessensausübung und –begründung nicht, weil eine Berücksichtigung der konkreten **Einzelfallumstände** nicht erfolgt. Bei einer Aufhebungsentscheidung hat eine umfassende Abwägung zwischen dem Individualinteresse des Begünstigten und dem öffentlichen Interesse an der Wiederherstellung des gesetzmäßigen Zustandes zu erfolgen, in dem alle relevanten Verhältnisse des Einzelfalls einfließen. Beispielsweise hätte der Leistungsträger in seiner Ermessensentscheidung die wirtschaftliche Leistungsfähigkeit, die familiären Verhältnisse der leistungsberechtigten Person oder eigenes Mitverschulden hinsichtlich des Rückforderungsbetrages abwägen können.

In dem beschriebenen Fall liegt eine **Ermessensunterschreitung** vor, weil die getroffenen Erwägungen rechtmäßig, aber unzureichend sind.

Gleichzeitig wird nicht dem Zweck der Ermächtigungsgrundlage ausreichend Rechnung getragen, so dass es sich auch um fehlerhafte Erwägungen handelt, also ein Ermessensfehlgebrauch vorliegt. Im Einzelfall ist die Abgrenzung zwischen unzureichenden (Ermessensunterschreitung) und fehlerhaften Erwägungen (Ermessensfehlgebrauch) schwierig. Vor dem erklärten Hintergrund kann vertreten werden, dass ein Ermessensfehlgebrauch auch bei einem Abwägungsdefizit vorliegt.

Ermessensüberschreitung

113 Eine Ermessensüberschreitung liegt vor, wenn der Rahmen der Entscheidung nicht eingehalten wird, indem eine Rechtsfolge gewählt wird, die von der möglichen Vorgabe abweicht und damit über das „Ziel hinausschießt". Der „Rahmen" der Behördenentscheidung wird nicht zuletzt durch die Verfassung bestimmt. Eine Verletzung von Grundrechten und Verstöße gegen den Grundsatz der Verhältnismäßigkeit stellen daher eine Ermessensüberschreitung dar.

Beispiel

Gemäß § 87 Abs. 3 SGB XII **kann** bei einmaligen Leistungen zur Beschaffung von Bedarfsgegenständen, deren Gebrauch für mindestens ein Jahr bestimmt ist, die Aufbringung der Mittel nach Maßgabe des § 87 Abs. 1 SGB XII auch aus dem Einkommen verlangt werden, das die in § 19 Abs. 3 SGB XII genannten Personen innerhalb eines Zeitraumes von bis zu drei Monaten nach Ablauf des Monats, in dem über die Leistung entschieden worden ist, erwerben.

Liegen die Voraussetzungen (z. B. Beschaffung eines blindengerechten PCs, Anschaffung von orthopädischen Schuhen) vor, muss der Sozialhilfeträger im Rahmen seines Ermessens auf der Rechtsfolgeseite darüber entscheiden, in welchem Umfang ein Einkommenseinsatz oberhalb der Einkommensgrenze für welchen Zeitraum vom Leistungsberechtigten bzw. den Personen in der Einsatzgemeinschaft verlangt wird. Auf der Rechtsfolgeseite ist es möglich, insgesamt ein Einkommenseinsatz bis zu vier Monaten zu verlangen.

Verlangt der Sozialhilfeträger einen Einkommenseinsatz aus dem Einkommen oberhalb der Einkommensgrenze von insgesamt fünf Monaten, handelt es sich um eine Ermessensüberschreitung. In diesem Fall wird eine Rechtsfolge gewählt, die von der Rechtsnorm auf der Rechtsfolgeseite nicht vorgesehen ist.

Findet eine unzureichende Abwägung mit den gesamten Umständen des Einzelfalls statt, handelt es sich um eine Ermessensunterschreitung. Deshalb ist es notwendig, sich zunächst den Zweck der Norm zu erschließen. Auf dieser Grundlage können geeignete Ermessenskriterien gefunden werden, mit deren Hilfe die richtige Rechtsfolge gefunden wird.

§ 87 Abs. 3 SGB XII will - aus der Sicht des Sozialhilfeträgers - die Folgen des Einmonatsprinzips „mildern" und verhindern, dass die leistungsberechtigte Person bei einmaligen Leistungen besser gestellt wird als bei Dauerleistungen, für die sie ihr übersteigendes Einkommen jeden Monat einsetzen muss. Deshalb sind Abwägungsgesichtspunkte z. B. der aus der Bedarfsdeckung gezogene Nutzen, fiskalische Erwägungen des Sozialhilfeträgers, Gleichbehandlungsgesichtspunkte mit vergleichbaren Fällen und die Frage, wie hoch das zur Verfügung stehende Einkommen oberhalb der Einkommensgrenze im Vergleich zu den Kosten des Bedarfsgegenstandes ist.

VI. Aufbau und Rechtsanwendung bei vollständigen Rechtsnormen

Liegt das Einkommen nur ganz geringfügig oberhalb der Einkommensgrenze, kann im Rahmen des Entschließungsermessens beispielsweise auf einen Einkommenseinsatz verzichtet werden. Dafür spricht, dass der Sozialhilfeträger bei einem Einkommenseinsatz kaum entlastet wird und die leistungsberechtigte Person ein angemessenes Einkommen bei den Hilfen nach dem 5. bis 9. Kapitel SGB XII verbleiben soll.

Es stellt keinen Ermessensfehler dar, wenn eine Behörde ihre Entscheidung auf mehrere Ermessenserwägungen stützt, von denen zwar eine oder einzelne fehlerhaft sind, die Behörde aber zum Ausdruck gebracht hat, dass bereits jede einzelne der Ermessenserwägungen sie dazu veranlasst hat, die von ihr getroffene Entscheidung vorzunehmen, also insofern bereits allein tragend ist. Für die Rechtmäßigkeit der Entscheidung genügt es, dass ein selbständig tragender Grund rechtlich fehlerfrei ist. Insofern ist danach zu fragen, ob ein Ermessensfehler kausal für die Entscheidung gewesen ist.[44] **114**

d) Verhältnismäßigkeitsprinzip

Dort, wo der Rechtsanwender eine Ermessensvorschrift findet, hat er auch den Verhältnismäßigkeitsgrundsatz zu beachten. Mit Hilfe des Verhältnismäßigkeitsprinzips überprüft der Rechtsanwender, ob sich eine Maßnahme außerhalb des Ermessensspielraums bewegt. Deshalb wird das Verhältnismäßigkeitsprinzip auch als „Schranke des Ermessens" gesehen[45]. **115**

Damit ist gemeint, dass der grundsätzlich in einer Ermessensvorschrift zum Ausdruck kommende Handlungsspielraum der Verwaltung durch die Anwendung des Verhältnismäßigkeitsgrundsatzes beschränkt wird. Wenn der Verhältnismäßigkeitsgrundsatz aber die Reichweite möglicher Handlungsalternativen eingrenzt, stellt eine unverhältnismäßige Maßnahme gleichzeitig eine Ermessensüberschreitung dar, weil bei einer Ermessensüberschreitung eine Rechtsfolge gewählt wird, die von der Rechtsnorm nicht mehr getragen wird.

Ermessensüberschreitung und eine unverhältnismäßige Maßnahme haben damit eine gemeinsame Schnittmenge. Der Verhältnismäßigkeitsgrundsatz stellt sicher, dass der Spielraum, der sich im Rahmen des Auswahlermessens ergibt, eingehalten wird. Das Gericht selbst überprüft nach § 114 VwGO nur, ob der Verwaltungsträger sein Ermessen erkannt hat, die Grenzen des Ermessens eingehalten hat und sein Ermessen am Zweck der Ermächtigung orientiert ausgeübt hat, nicht aber, ob andere Lösungen besser oder zweckmäßiger wären (dies kann nur die Widerspruchsbehörde, vgl. § 68 VwGO, § 78 SGG).

Unter der Vorbedingung, dass eine Maßnahme rechtlich erlaubt und tatsächlich überhaupt durchführbar (möglich) ist, erfolgt die Prüfung der Verhältnismäßigkeit in drei Schritten. Der Eingriff des Staates muss im Hinblick auf den verfolgten Zweck geeignet, erforderlich und angemessen sein[46]. Da es sich bei der Verhältnismäßigkeitsprüfung um eine Ermessensschranke handelt, empfiehlt sich eine negative Prü- **116**

---

44 Vgl. BFH, 16.09.2014 – X R 30/13 juris (Rn. 29); *Kopp/Schenke/W.-R. Schenke*, Verwaltungsgerichtsordnung, 23. Aufl. (2017), § 114 Rn. 6a.
45 *Maurer*, Allgemeines Verwaltungsrecht, 19. Aufl. (2017), § 7 Rn. 23.
46 BVerfG, 16.03.1971 – 1 BvR 52/66, 1 BvR 665/66, 1 BvR 667/66, 1 BvR 754/66, BVerfGE 30, 292 (316); BVerfG, 27.06.1972 – 1 BvL 34/70, BVerfGE 33, 240 (244); BVerfG, 02.10.1973 – 1 BvR 459/72, 1 BvR 477/72, BVerfGE 36, 47 (59); BVerfG, 05.03.1974 – 1 BvL 27/72, BVerfGE 37, 1 (18); BVerfG, 10.12.1975 – 1 BvR 118/71, BVerfGE 40, 371 (382); BVerfG, 04.04.2006 – 1 BvR 518/02, BVerfGE 115, 320 (345), stRspr.; Wienbracke, ZJS 2013, 148 (148); Voßkuhle, JuS 2007, 429 (429).

fung. So kann geprüft werden, ob durch eine bestimmte Handlung die Grenze des Ermessens erreicht wurde bzw. unerlaubt überschritten worden ist:
1. Eine Maßnahme muss **geeignet** sein. Eine Maßnahme ist nicht geeignet, wenn sie den verfolgten Zweck nicht erreicht. Prüfungsmaßstab ist der Zweck der Maßnahme, so dass dieser in einer gutachtlichen Prüfung spätestens hier erwähnt werden muss. Ggf. bietet es sich aber auch an, den Zweck der Maßnahme voranzustellen.[47]
2. Die Maßnahme muss **notwendig** (erforderlich) sein. Das ist nicht der Fall, wenn ein ebenso geeignetes, aber weniger belastendes, d. h. milderes Mittel zur Verfügung steht, welches das Ziel ebenso gut erreicht. Folglich ist von mehreren möglichen und (gleich) geeigneten Maßnahmen diejenige zu wählen, die den Einzelnen und die Allgemeinheit am wenigsten beeinträchtigt.
3. Die Maßnahme ist **unangemessen** (Verhältnismäßigkeit im engeren Sinne), wenn die mit der Maßnahme verbundenen Nachteile größer sind als ihr Nutzen. Die Maßnahme darf nicht mehr schaden als nützen. Gefragt ist hier also nach der Zweck-Mittel-Relation, so dass eine Abwägung zwischen den Vor- und Nachteilen erforderlich ist.

117 Die jeweils folgende Stufe wird nur dann geprüft, wenn die vorhergehende Prüfung kein negatives Ergebnis hervorgebracht hat. Ist eine Maßnahme also z. B. nicht erforderlich, ist die Prüfung der Angemessenheit entbehrlich.

118 Das Verhältnismäßigkeitsprinzip besitzt im Polizei- und Ordnungsrecht eine besondere Bedeutung, weil es hier um Eingriffe in grundrechtlich verbürgte Freiheitsrechte geht. Die Beachtung des Verhältnismäßigkeitsprinzips ist dementsprechend in § 15 OBG NRW, § 58 VwVG NRW und § 2 PolG NRW ausdrücklich vorgesehen.

§ 2 PolG NRW - Grundsatz der Verhältnismäßigkeit
(1) Von mehreren möglichen und geeigneten Maßnahmen hat die Polizei diejenige zu treffen, die den Einzelnen und die Allgemeinheit voraussichtlich am wenigsten beeinträchtigt.
(2) Eine Maßnahme darf nicht zu einem Nachteil führen, der zu dem erstrebten Erfolg erkennbar außer Verhältnis steht.
(3) Eine Maßnahme ist nur solange zulässig, bis ihr Zweck erreicht ist oder sich zeigt, dass er nicht erreicht werden kann.

119 In der Leistungsverwaltung (u. a. im Sozialleistungsrecht des SGB II und SGB XII) hat das Verhältnismäßigkeitsprinzip eine weitaus geringere Bedeutung, es sei denn, dort werden belastende Maßnahmen ergriffen (z. B. Darlehensgewährung statt nicht rückzahlbarer Beihilfebewilligung). Bei begünstigenden Maßnahmen ist die Prüfung der Verhältnismäßigkeit selbst bei Ermessensvorschriften entbehrlich, weil die Notwendigkeits- und Angemessenheitsprüfung Nachteile und Eingriffe in vorhandene Rechtspositionen voraussetzt.

Beispiel[48]
Polizeihauptkommissar G vermerkte im Erfahrungsbericht über das Schützenfest 2014 unter Punkt 2.1., dass es von Samstag bis Sonntagmorgen nach Angaben des Deutschen Roten Kreuzes zu ca. 17 Einsatzfahrten durch die Rettungswachen gekommen sei. Grund seien verletzte Personen durch Schlägereien, Alkohol und Glasverletzungen gewesen. Unter "Sonstige

---

47 Im Ordnungsrecht ist wirtschaftliches Unvermögen in Form von Zahlungsunfähigkeit nicht geeignet, von einer Ordnungspflichtigkeit zu befreien. Es handelt sich bei wirtschaftlichem Unvermögen um keinen Fall objektiver Unmöglichkeit und damit berührt ein wirtschaftliches Unvermögen eines Störers nicht die Rechtmäßigkeit, sondern nur die Durchsetzbarkeit einer ordnungsrechtlichen Anordnung (vgl. BVerwG, 22.12.1980 – 4 B 193/80; Hessischer Verwaltungsgerichtshof, 24.08.1994 – 7 TG 2135/94; Bayerischer Verwaltungsgerichtshof, 14.03.2011 – 22 ZB 10.2574).
48 Der Sachverhalt ist angelehnt an: VG Düsseldorf, 25.02.2013 – 18 K 6433/12 .

VI. Aufbau und Rechtsanwendung bei vollständigen Rechtsnormen

Besonderheiten" vermerkte er, dass an den Getränkeständen außerhalb des Festzeltes Getränke in Gläsern verkauft würden. Viele Besucher hätten ihre leeren Gläser, die Sie zum Teil auch selbst mitgebracht hätten, auf den Boden geworfen, anstatt sie nach dem Getränkeverzehr wieder abzugeben. Auf Grund der Verletzungsgefahr durch Scherben habe der bereitgehaltene Diensthund nicht über den Festplatz geführt werden können. Unter Punkt 2.8. empfahl er dem Ordnungsamt, ein Verbot hinsichtlich der Glasbenutzung zu prüfen; Bier, Cola etc. sollten in Plastikbechern ausgegeben werden. Die Zeugin Frau I, Bedienstete des Ordnungsamtes der Beklagten, hielt in ihrem Bericht vom 23. August 2014 über von ihr vorgenommene Kontrollen fest, dass es auf dem Kirmesplatz zu Schnittverletzungen auf Grund herumliegender Glas- und Flaschenscherben gekommen sei. In einem Fall habe der Rettungswagen gerufen werden müssen. Frau I besuchte auch das Schützenfest 2015 dienstlich. Auch hierüber erstellte sie einen Bericht. Sie stellte u. a. fest, dass auf dem Platz und den angrenzenden Straßen sehr viele Jugendliche Bierflaschen mit sich geführt hätten, die zum großen Teil auch stehen gelassen oder achtlos weggeworfen worden seien.

Die Ordnungsbehörde der Stadt S erlässt daraufhin eine formell rechtmäßig erlassene „Allgemeinverfügung über das Verbot des Mitführens von Gläsern und Glasflaschen (Glasverbot)". Es untersagt sowohl den Ausschank von Getränken in Gläsern und Glasflaschen als auch das Mitführen derartiger Glasbehälter. Das jeweils von Freitag vor dem Schützenfestsonntag bis Dienstag danach jeweils für die Zeit von 11:00 bis 06:00 Uhr geltende und räumlich durch Karte und sprachlich begrenzte Glasverbot gilt zunächst für die Schützenfeste der Jahre 2015 bis 2017. Die sofortige Vollziehung wurde angeordnet.

Ist die Maßnahme verhältnismäßig? Vom Vorliegen der Voraussetzungen des § 14 OBG ist auszugehen.

Das Glasverbot muss den Anforderungen des § 15 OBG entsprechen.

Der Hauptzweck der Maßnahme besteht darin, dass das Mitführen von Gläsern und Glasflaschen verhindert wird, so dass prinzipiell keine Gläser im Festbereich zerstört werden, es zu herumliegenden Scherben kommt und Verletzungen vermieden werden.

Gemessen an diesem Zweck muss die Verbotsverfügung geeignet sein. Sie ist geeignet, wenn das Ziel erreicht oder zumindest gefördert wird. Glasgefäße, die weder durch Betreiber noch durch Besucher des Schützenfestes in die Verbotszone gelangen, können dort weder zerstört werden noch kann jemand hinein fallen. Die Maßnahme ist damit geeignet, das Ziel zu erreichen.

Das Glasverbot muss auch erforderlich sein. Es ist nicht erforderlich, wenn mildere Mittel existieren, die das Ziel genauso gut erreichen und die betroffenen Personen (Aussteller, Benutzer des Schützenfestes) weniger stark belasten. Als Alternative ist ein Pfandsystem denkbar. Dieses würde sich an die Aussteller richten und ebenfalls erreichen, dass deutlich weniger Glasbehälter zerstört werden, weil mit einer höheren Rückgabequote gerechnet werden kann. Diese Möglichkeit verhindert aber nicht vollständig, dass Flaschen auf den Platz gelangen, diese zerstört werden und es zu Scherbenansammlungen kommt.

Eine weitere Alternative kann darin bestehen, jeweils gegen die gefahrverursachende Person, die die Glasbehälter zertrümmert, im Einzelfall vorzugehen. Diese Maßnahme verlangt aber ein personalintensives Kontrollsystem durch das Ordnungsamt. Darüber hinaus handelt es sich auch um ein deutlich weniger effizientes Mittel, weil es regelmäßig erst dann einsetzt, wenn die Gefahr schon eingetreten ist. Aus demselben Grund kommt auch eine regelmäßige Säuberung des Festbereichs von Scherben nicht in Frage. Abgesehen davon ist es unverhältnismäßig, einen Nichtstörer zum Fegen zu bestimmen, wenn der Störer greifbar ist.

Ein milderes, ebenso wirksames Mittel existiert damit nicht.

Weiterhin muss die Verbotsverfügung angemessen sein. Eine Maßnahme ist unangemessen, wenn mit ihr mehr Nachteile als Vorteile verbunden sind. Das Verbot, im Freien Getränke aus Glasflaschen zu verzehren, bedeutet einen Eingriff in die Handlungsfreiheit des Art. 2 Abs. 1 GG. Demgegenüber stehen Gesundheitsgefährdungen der Schützenfestteilnehmer. Damit stehen sich zwei bedeutsame Rechtsgüter gegenüber.

Es ist aber zu bedenken, dass der Eingriff in die Handlungsfreiheit von vergleichsweise geringer Intensität ist. Aus Anlass der besonderen Umstände eines Schützenfestes wird das Grundrecht nur für wenige Tage im Jahr eingeschränkt. Zwar betrifft das Verbot auch die Rechtstreuen, die ihre leeren Flaschen ordnungsgemäß entsorgen oder wieder mit nach Hause nehmen. Allerdings bedeutet das jederzeit mögliche Ausweichen auf andere Verpackungen, sei es beim Erwerb, sei es durch Umfüllen, bloße Unannehmlichkeiten. Diese sind gegenüber dem gebotenen

Schutz der Besucher vor ebenso naheliegend eintretenden wie leicht vermeidbaren Verletzungen zeitlich und räumlich beschränkt hinnehmbar. Insgesamt wird mit den neuen Regelungen und dem „Glasverbot" mit an Sicherheit grenzender Wahrscheinlichkeit ein Rückgang an Glasverletzungen erreicht.

Danach ist die Maßnahme nicht unangemessen und insgesamt auch nicht unverhältnismäßig.

120 Beachten Sie, dass bei der Angemessenheitsprüfung eine genaue quantifizierbare Abwägung von Vor- und Nachteilen – quasi nach mathematischen Regeln – nicht zur Diskussion steht. Zu Fragen ist auf dieser Stufe „nur" danach, ob ein „völliges" Missverhältnis besteht („Katastrophenkontrolle", „Übermaßverbot"). Es ist also danach zu fragen, ob das fragliche Mittel zu dem angestrebten Zweck in einem vernünftigen Verhältnis steht.

121 Bei der Abwägung auf der dritten Stufe der Verhältnismäßigkeitsprüfung haben Sie in der Regel mindestens zwei Rechtsgüter gegeneinander abzuwägen. Häufig stehen sich das Privatinteresse des Einzelnen und das öffentliche Interesse der Allgemeinheit an der Gefahrenabwehrmaßnahme gegenüber. Es stehen sich das Rechtsgut, in das eingegriffen wird und das Rechtsgut, welches aufgrund der Maßnahme geschützt werden soll, gegenüber. Aspekte im Abwägungsvorgang sind:

- Welchen Wert und Bedeutung misst unsere Rechtsordnung dem Rechtsgut zu, in das eingegriffen wird (hochrangiges oder niederrangiges Rechtsgut)?
- Welchen Wert und Bedeutung misst unsere Rechtsordnung dem Rechtsgut zu, das durch die anzuwendende Ermächtigungsgrundlage geschützt werden soll (hochrangiges oder niederrangiges Rechtsgut)? Wie bedeutungsvoll ist das durch die Maßnahme erstrebte Ziel? In der Regel ist hier auf den Normzweck und das durch die Ermächtigungsgrundlage geschützte Rechtsgut zurückzugreifen.
- Wie intensiv wirkt der Eingriff in ein Rechtsgut?
- Was muss hingenommen werden, wenn die Maßnahme nicht realisiert und das Ziel der Maßnahme nicht erreicht wird?

VII. Weitere Rechtsanwendungsregeln

1. Anwendungsvorrang

122 Für alle Rechtsanwender von großer Bedeutung ist die Rechtsanwendungsregel, dass **spezielles Recht dem allgemeinen Recht vorgeht** (lex specialis derogat legi generali). Der Grundsatz vom Anwendungsvorrang gehört zur Gruppe der Normenkollisionsregeln, weil es um die Frage geht, welche von mehreren – im konkreten Fall anwendbaren – Normen der Rechtsanwender zu prüfen hat. Dabei sind zwei Normen gleichermaßen anwendbar, d. h. (mindestens) zwei Normen regeln eine Fallfrage widerspruchsfrei: die Voraussetzungen der jeweiligen Norm liegen vor und die Rechtsfolge beantwortet jeweils die Fallfrage. Damit widersprechen sich die beiden Normen nicht; ihre inhaltliche Aussage kollidiert nicht. Eine „Normenkollision" liegt „nur" insofern vor, als geklärt werden muss, welche der in Frage kommenden Normen im konkreten Fall geprüft werden soll.

Beispiel

Ein Ausländer erhält keine Aufenthaltsgenehmigung. Es soll ein Versagungsbescheid erlassen werden. Sie fragen sich, ob dieser auch mündlich ausgesprochen werden kann.

§ 37 Abs. 2 Satz 1 VwVfG NRW lautet:

Ein Verwaltungsakt kann schriftlich, elektronisch, mündlich oder in anderer Weise erlassen werden.

VII. Weitere Rechtsanwendungsregeln

§ 77 Abs. 1 Satz 1 AufenthG lautet:
Die folgenden Verwaltungsakte bedürfen der Schriftform...
1. der Verwaltungsakt,
a) durch den ...ein Aufenthaltstitel versagt wird.

Die Versagung der Aufenthaltsgenehmigung stellt einen Verwaltungsakt dar. Betrachtet man also allein § 37 Abs. 2 S. 1 VwVfG NRW, kann dieser Verwaltungsakt auch mündlich erlassen werden. Die Regelung wird allerdings durch die spezielle Regelung des § 77 Abs. 1 S. 1 AufenthG verdrängt. Die Konsequenz ist, dass die Aufenthaltsgenehmigung nur schriftlich versagt werden kann.

Grundsätzlich gilt: Eine Rechtsnorm ist speziell, wenn sie neben den Merkmalen des allgemeinen Gesetzes ein zusätzliches Tatbestandsmerkmal besitzt oder ein vorhandenes Merkmal anders bzw. speziell ausgestaltet.[49] Gleichzeitig wird aber auch die **inhaltliche Spezialität** deutlich. Denn § 77 Abs. 1 AufenthG betrifft nicht „irgendeinen" Verwaltungsakt, sondern einen Verwaltungsakt, der u. a. die Eigenschaft hat, einen Aufenthaltstitel zu versagen. Damit kann im Ergebnis festgestellt werden, dass sich die Spezialität einer Norm gegenüber einer anderen entweder

- aus einer formalen Betrachtung ergibt (Anzahl der Tatbestandsmerkmale) oder
- aus der Klärung der inhaltlichen Spezialität unter Bezug auf die konkrete Fallfrage.

Mit zunehmenden Rechtskenntnissen und Erfahrungen erschließt sich das obige Beispiel für den Rechtsanwender sofort. Dabei hilft es, wenn die Strukturen und Beziehungen der Gesetze zueinander beherrscht werden.

Beispiele
- Das VwVfG NRW gilt für das gesamte Verwaltungsrecht, sofern es sich um ein Verwaltungsverfahren handelt, welches auf den Erlass eines Verwaltungsaktes oder den Abschluss eines öffentlich-rechtlichen Vertrages gerichtet ist (§ 9 VwVfG NRW) und sofern der Anwendungsbereich (§§ 1, 2 VwVfG NRW) eröffnet ist.
- Das Ordnungsbehördengesetz (OBG) gilt für alle Ordnungsbehörden, die Aufgaben der Gefahrenabwehr nach dem OBG wahrnehmen.
- Das Gewerberecht, die Landesbauordnung oder das Immissionsschutzrecht sind jeweils spezielles Ordnungsrecht. Ordnungsrecht ist daran erkennbar, dass Ordnungsbehörden handeln oder das Gesetz die wahrzunehmenden Aufgaben als Pflichtaufgaben zur Erfüllung nach Weisung deklariert oder der Weisungsumfang (Sonderaufsicht) festgelegt wird.
- Innerhalb des Ordnungsrechts gibt es ebenfalls ein Spezialitätsverhältnis. Das Gaststättenrecht ist beispielsweise spezielles Gewerberecht.
- Haben Sie als Rechtsanwender einen Gaststättenfall zu bearbeiten, suchen Sie die lösungsrelevante Rechtsgrundlage also in folgender Reihenfolge (vom Speziellen zum Allgemeinen): Gaststättenrecht → Gewerbeordnung → Ordnungsbehördengesetz → Allgemeines Verwaltungsverfahrensgesetz

Die Frage der inhaltlichen Spezialität ist keine Frage, in welchem Rang ein Gesetz oder eine Rechtsnorm zu einer anderen steht. In der Regel ist eine Rechtsfrage auf der rangniedrigsten Ebene (z.B. Satzung, Landesverordnung, Landesgesetz) speziell ausgeformt, während z. B. die Verfassung allgemeine Regeln aufstellt. Die rangniedrigere Norm ist häufig speziell, weil sie eine ranghöhere Norm konkretisiert (Grundsatz der Anwendung der Norm der jeweils niedrigsten Rangstufe).

Das obige Beispiel zeigt aber, dass das keinesfalls so sein muss. Welche Frage durch wen (Bundes- oder Landesgesetzgeber) geregelt ist, ist eine Frage der Kompetenzzuweisung, insbesondere durch das Grundgesetz und die Landesverfassun-

---

49 Vgl. *Zippelius*, Juristische Methodenlehre, 11. Aufl. (2012), S. 39; *Schmalz*, Methodenlehre für das juristische Studium, 4. Aufl. (1998), S. 45 Rn. 80.

gen, so dass Sie sich keinesfalls ausschließlich auf die Suche nach der rangniedrigsten Norm konzentrieren sollten.

127 Die Regel „Sonderregeln verdrängen allgemeine Regeln" gelten ultimativ, d. h.
- zwischen Gesetzen,
- innerhalb eines Gesetzes,
- innerhalb der Absätze einer Rechtsnorm,
- innerhalb eines einzelnen Rechtssatzes einer Rechtsnorm.

Beispiele
- LBauO NRW vor OBG NRW vor VwVfG NRW
- SGB II und SGB XII vor SGB I und SGB X (vgl. § 37 SGB I)
- BGB: Besonderer Teil vor Allgemeinem Teil (z. B. § 852 BGB im Vergleich zu § 195 ff. BGB)
- § 20 VwVfG NRW ist spezieller als § 21 VwVfG NRW
- § 44 Abs. 3 VwVfG NRW und § 44 Abs. 2 VwVfG NRW sind speziell im Verhältnis zu § 44 Abs. 1 VwVfG NRW
- § 11b Abs. 2 S. 3 SGB II ist Spezialnorm im Verhältnis zu § 11b Abs. 2 S. 2 SGB II, § 11b Abs. 2 S. 2 SGB II zu § 11b Abs. 2 S. 1 SGB II, § 11b Abs. 2 S. 1 SGB II zu § 11b Abs. 1 S. 1 Nr. 3-5 SGB II
- Die Standardmaßnahmen im Katalog des § 24 OBG i.V.m. dem PolG NRW sind speziell im Verhältnis zur Generalklausel des § 14 Abs. 1 OBG NRW

128 Im Verwaltungsrecht ist die genaue Kenntnis der Rechtsnormen und ihr Zusammenspiel von entscheidender Bedeutung für die rechtmäßige Rechtsanwendung. Die Beziehung der Normen zueinander ist durch genaue Analyse zu ermitteln.

Beispiel

Sie möchten dem Bürger (Beteiligter des Verwaltungsverfahrens) einen belastenden Verwaltungsakt förmlich zustellen. Der Bürger lässt sich durch einen Rechtsanwalt vertreten, der eine schriftliche Vollmacht vorgelegt hat. An wen geben Sie den Verwaltungsakt bekannt?

§ 14 Abs. 3 VwVfG NRW

Ist für das **Verfahren** ein Bevollmächtigter bestellt, so soll sich die Behörde an ihn wenden. ...

§ 41 Abs. 1 VwVfG NRW

Ein Verwaltungsakt ist demjenigen Beteiligten **bekannt zu geben,** für den er bestimmt ist oder der von ihm betroffen wird. Ist ein Bevollmächtigter bestellt, so **kann** die Bekanntgabe ihm gegenüber vorgenommen werden.

§ 7 Abs. 1 LZG NRW:

Zustellungen können an den allgemein oder für bestimmte Angelegenheiten bestellten Bevollmächtigten gerichtet werden. Sie **sind** an ihn zu richten, wenn er eine **schriftliche Vollmacht** vorgelegt hat.

Eine Analyse des Beziehungsgeflechts der verschiedenen Rechtsnorm zeigt folgendes Ergebnis:

- § 14 Abs. 3 VwVfG NRW bestimmt, dass sämtliche Verwaltungsverfahrensschritte (z. B. Anhörung, Akteneinsicht) grundsätzlich mit dem Rechtsanwalt abzuwickeln sind. Bei isolierter Betrachtung dieser Norm soll die Bekanntgabe also an den Rechtsanwalt erfolgen,
- Die Bekanntgabe des Verwaltungsaktes kann aber an den Bevollmächtigten erfolgen (§ 41 Abs. 1 S. 2 VwVfG NRW). Das Wort „kann" macht deutlich, dass die Behörde hier ein (Verfahrens-) Ermessen hat, so dass sie im Rahmen einer pflichtgemäßen Ermessensentscheidung zu überlegen hat, ob sie sich an den Rechtsanwalt wendet oder an den Bürger als Beteiligten des Verwaltungsverfahrens. Die Bekanntgabe ist ein Verfahrensschritt, der in § 41 Abs. 1 VwVfG NRW im Vergleich zu § 14 Abs. 3 VwVfG NRW speziell geregelt ist. Hinsichtlich der Bekanntgabe ist die Anwendung von § 41 Abs. 1 VwVfG NRW gegenüber der Rechtsnorm des § 14 Abs. 3 VwVfG vorzuziehen, weil der Regelungsgehalt des § 41 Abs. 1

VII. Weitere Rechtsanwendungsregeln

VwVfG NRW (Bekanntgabe des Verwaltungsaktes) im Verhältnis zu § 14 Abs. 3 VwVfG NRW (alle Verfahrenshandlungen) speziell ist,
- Die Zustellung eines Verwaltungsaktes muss an den bevollmächtigten Rechtsanwalt erfolgen, sofern dieser schriftliche Vollmacht vorgelegt hat. Die Zustellung ist eine spezielle Form der Bekanntgabe. § 7 Abs. 1 LZG NRW regelt diesen speziellen Bekanntgabevorgang, so dass § 7 LZG NRW wiederum speziell in Bezug auf § 41 Abs. 1 VwVfG NRW ist. Da die Voraussetzungen der Norm vorliegen, ist § 7 LZG NRW anzuwenden mit der Konsequenz, dass eine wirksame Bekanntgabe im vorliegenden Fall nur gegenüber dem Rechtsanwalt erfolgen kann und darf.
- Grafisch lässt sich das Verhältnis wie folgt darstellen:

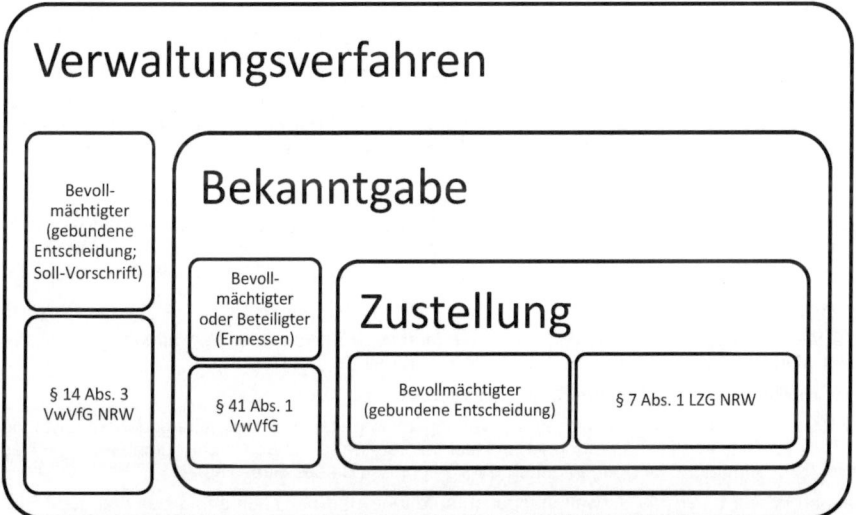

Vor den beschriebenen Hintergrund ist also die spezielle Norm auf den Sachverhalt anwendbar. Zusätzlich stellt sich die Frage, ob ein Rückgriff auf die allgemeine Norm erlaubt ist, wenn die Voraussetzungen der speziellen Norm nicht zutreffen. Denn es ist denkbar, dass die spezielle Norm eine abschließende Regelung darstellen soll und einen Rückgriff auf die allgemeine Norm vom Gesetzgeber nicht gewollt ist. **129**

Diese Frage ist entweder gesetzlich geregelt oder durch Auslegung zu ermitteln. **130**

Beispiel
§ 37 SGB I - Vorbehalt abweichender Regelungen
[1]Das Erste und Zehnte Buch gelten für alle Sozialleistungsbereiche dieses Gesetzbuchs, **soweit** sich aus den übrigen Büchern nichts Abweichendes ergibt; § 68 bleibt unberührt. [2]Der Vorbehalt gilt nicht für die §§ 1 bis 17 und 31 bis 36. [3]Das Zweite Kapitel des Zehnten Buches geht dessen Erstem Kapitel vor, soweit sich die Ermittlung des Sachverhaltes auf Sozialdaten erstreckt. § 37 SGB I beschreibt in Satz 1 zunächst die allgemein geltende Regel des Anwendungsvorrangs. Soweit sich in den speziellen Sozialgesetzbüchern (z. B. SGB II, SGB XII) eine Regelung findet, ist diese vorrangig vor den allgemeinen Regeln des SGB I (Erstes Buch Sozialgesetzbuch – Allgemeiner Teil) und des SGB X (Zehntes Buch Sozialgesetzbuch – Sozialverwaltungsverfahren und Sozialdatenschutz) anwendbar. Das Wort „soweit" ist ein Schlüsselwort des Gesetzgebers und bedeutet, dass **ergänzend** das SGB I und SGB X heranzuziehen ist, wenn in den anderen Büchern des Sozialgesetzbuches (oder den sonstigen besonderen Teilen des Sozialgesetzbuches, vgl. § 68 SGB I) nichts Abweichendes bestimmt ist und dort eine Fallfrage nicht beantwortet werden kann.

Normen mit einer „Soweit"-Regelung verhindern also einen gegenseitigen Anwendungsausschluss und führen zu einer flexibleren Rechtsanwendung. Regelmäßig bietet sich ein Umkehrschluss an, um sich den Rechtsgedanken vollständig zu erschließen: „Das Erste und Zehnte Buch gelten **nicht** für alle Sozialleistungsbereiche dieses Gesetzbuchs, soweit sich aus den übrigen Büchern Abweichendes ergibt."

Beispielsweise kann die **Aufrechnung** von Ansprüchen einer leistungsberechtigten Person nach dem Zweiten oder dem Zwölften Buch Sozialgesetzbuch mit Ansprüchen des Leistungsträgers aufgrund der Regelungen in **§ 43 SGB II bzw. in § 26 Abs. 2 SGB XII** erfolgen. Insoweit handelt es sich hierbei um - gegenüber § 51 Abs. 2 SGB I - spezialgesetzlich geregelte und vorrangig anzuwendende Rechtsnormen (vgl. § 37 S. 1 Hs. 1 SGB I). Sollten die Voraussetzungen für eine Aufrechnung nach § 43 SGB II oder § 26 Abs. 2 SGB XII nicht vorliegen, kann der Rechtsanwender überprüfen, ob eine Aufrechnung nach § 51 SGB I in Frage kommt.

Beispiel

Eine vergleichbare Regelung zu § 37 SGB I findet sich in § 31 GastG:

§ 31 GaststättenG - Anwendbarkeit der Gewerbeordnung

Auf die den Vorschriften dieses Gesetzes unterliegenden Gewerbebetriebe finden die Vorschriften der Gewerbeordnung **soweit** Anwendung, als nicht in diesem Gesetz besondere Bestimmungen getroffen worden sind; die Vorschriften über den Arbeitsschutz werden durch dieses Gesetz nicht berührt.

Danach finden Regelungen der Gewerbeordnung nachrangig Anwendung, wenn im Gaststättengesetz keine Regelung zu finden ist. Die Untersagung zur Fortführung eines erlaubnispflichtigen, aber nicht genehmigten Gaststättenbetriebes richtet sich deshalb nach § 15 Abs. 2 S. 1 GewO, weil eine vergleichbare Ermächtigungsgrundlage im Gaststättenrecht fehlt.

Beispiel

Das Verhältnis zwischen dem Verwaltungsverfahrensgesetz und der Verwaltungsgerichtsordnung ist in § 79 VwVfG NRW (bzw. § 62 SGB X) geregelt:

§ 79 VwVfG NRW - Rechtsbehelfe gegen Verwaltungsakte

Für förmliche Rechtsbehelfe gegen Verwaltungsakte gelten die Verwaltungsgerichtsordnung und die zu ihrer Ausführung ergangenen Rechtsvorschriften, **soweit** nicht durch Gesetz etwas anderes bestimmt ist; im übrigen gelten die Vorschriften dieses Gesetzes.

Danach ist vorrangig die Verwaltungsgerichtsordnung und nur nachrangig das (Landoo) Verwaltungsverfahrensgesetz anzuwenden. Ergänzend kann auf das Verwaltungsverfahrensgesetz zurückgegriffen werden, wenn für das Widerspruchsverfahren als Verwaltungsverfahren eine Regelung in der Verwaltungsgerichtsordnung fehlt. Z. B. wird vertreten, dass sich die Berechnung der Widerspruchsfrist nach § 79 Hs. 2 VwVfG i.V.m. § 31 Abs. 1 VwVfG NRW i.V.m. §§ 187 ff. BGB richtet[50]. Denn mangels Verweises in § 70 VwGO auf § 57 VwGO müsse auf die Regelung des Verwaltungsverfahrens zur Fristberechnung zurückgegriffen werden.

131 Bei der Frage des Anwendungsvorrangs ist zu klären, ob eine spezielle Vorschrift die Rechtsfrage abschließend regelt. Soweit keine gesetzliche Regelung existiert, ist durch **Auslegung** zu ermitteln, ob ein ergänzender Rückgriff auf die allgemeine Regelung möglich ist oder der Spezialregelung ein abschließender Charakter zukommt und damit eine Sperrwirkung durch die Spezialregelung eintritt.

Beispiel

Lagen bereits bei der Erteilung einer Gaststättenerlaubnis Versagungsgründe nach § 4 Abs. 1 Nr. 1 GastG vor, muss die Behörde die Erlaubnis nach § 15 Abs. 1 GastG zurücknehmen. Geregelt ist im Gaststättenrecht aber nur die Rücknahme aus Gründen der Unzuverlässigkeit. Es sind aber (theoretisch) weitere Fallkonstellationen denkbar, in denen die Gaststättengenehmigung rechtswidrig erteilt wurde (vgl. § 4 GastG). Es widerspricht den Grundsätzen des gesetzmäßigen Verwaltungshandelns, eine rechtswidrige Gaststättenkonzession aufrechtzuerhalten. Deshalb muss ein Rückgriff auf die allgemeine Rücknahmevorschrift des § 48 VwVfG NRW erlaubt sein. Stellt die Ordnungsbehörde z. B. fest, dass der Gastwirt zum Zeitpunkt der Genehmigung nicht über die erforderlichen lebensmittelrechtlichen Kenntnisse verfügte (§ 4 Abs. 1 Nr. 4 GastG), kann die Erlaubnis nach § 48 VwVfG NRW im Rahmen einer Ermessensentscheidung zurückgenommen werden.

---

50 *Kunze* in *Bader/Ronellenfitsch*, Verwaltungsverfahrensgesetz, 2010, 2. Auflage 2016, § 79, Rn. 23, 32.

VII. Weitere Rechtsanwendungsregeln

Wird die Rücknahmeregelung des § 15 Abs. 1 GastG mit den Widerrufsgründen (Aufhebung eines rechtmäßig erlassenen Verwaltungsaktes) des § 15 Abs. 2 GastG und des § 15 Abs. 3 GastG verglichen, fällt auf, dass der Gesetzgeber die Widerrufsgründe mit fast allen denkbaren Fallkonstellationen sehr detailliert festgelegt hat. Es ist daher naheliegend, dass der Gesetzgeber hier eine abschließende Regelung treffen wollte. Ein Rückgriff auf § 49 VwVfG NRW ist daher nicht erlaubt.[51]

Dass die §§ 48, 49 VwVfG NRW gegenüber speziellen Aufhebungsvorschriften subsidiär sind, wurde bereits angesprochen. Problematisch kann sein, ob in §§ 48, 49 VwVfG NRW getroffene Regelungen **ergänzend** neben einschlägige Spezialvorschriften treten können, wenn eine Fallfrage durch die grundsätzlich als abschließende einzustufende Ermächtigungsgrundlage nicht thematisiert wurde. So ist z. B. umstritten, ob im Bereich des § 45 WaffG, der – grundsätzlich abschließend – die Aufhebung von waffenrechtlichen Erlaubnissen betrifft, die Jahresfrist des § 49 Abs. 2 S. 3 VwVfG NRW, § 48 Abs. 4 VwVfG NRW gilt. Auch solche Fragen sind durch Auslegung zu klären.

Das Waffengesetz selbst sieht keine Aufhebungsfrist vor. Die Fristbestimmungen des Verwaltungsverfahrensgesetzes sind aber weder unmittelbar noch ergänzend anwendbar. Das Waffengesetz regelt den Widerruf der Waffenbesitzkarte abschließend, soweit diese zwingend vorgeschrieben ist. Bei dem nachträglichen Wegfall zwingender Erteilungsvoraussetzungen für eine waffenrechtliche Erlaubnis – wie z. B. dem Eintritt der Unzuverlässigkeit aufgrund einer Straftat – ist im Interesse der Gewährleistung der inneren Sicherheit der Fortbestand waffenrechtlicher Erlaubnisse nicht hinnehmbar. Sinn und Zweck von § 45 WaffG besteht darin, Waffen in der Hand unzuverlässiger Personen zu verhindern. Deshalb ist ein Rückgriff auf die Fristenregelung der §§ 49 Abs. 2 S. 3 VwVfG NRW, 48 Abs. 4 VwVfG NRW nicht möglich.[52] Es soll möglich sein, dass die Berechtigung zum Besitz einer Waffe jederzeit widerrufen werden kann.

Zusammenfassend ist also festzustellen:[53]

132

- Liegt eine **abschließende** Sonderregelung vor, werden die allgemeinen Rechtsnormen vollständig verdrängt und sind **nicht mehr zu prüfen**, und zwar selbst dann, wenn die Voraussetzungen der speziellen Norm nicht vorliegen.
- Liegt keine abschließende Sonderregelung vor, wird die allgemeine Rechtsnorm erst dann herangezogen, wenn die Voraussetzungen der speziellen Vorschrift nicht vorliegen.

2. Geltungsvorrang

a) Bedeutung

Während es in den Ausführungen zuvor um die Frage ging, welche von mehreren möglichen Rechtsnormen anwendbar ist, geht es hier um die Frage, ob eine Rechtsnorm wirksam ist. Das ist nicht der Fall, wenn eine Rechtsnorm zu einer höherrangigen Norm in Widerspruch steht und nicht verfassungskonform ausgelegt werden kann, also auch unter Einbeziehung von Auslegungsmethoden (insbesondere mittels einer „verfassungskonformen Auslegung") nicht „zu retten" ist.

133

Um die Frage zu beantworten, welche Norm gegenüber einer anderen Norm höherrangig ist, sind die **Rechtsquellen**, in denen sich die Rechtsnormen befinden, in eine Rangfolge zu bringen. Das Ergebnis spiegelt sich in der sog. Normenpyramide[54] wider:

134

---

51 Vgl. BVerwG, 13.12.1988 – 1 C 44/86, juris (Rn. 28 f.).
52 Verwaltungsgericht des Saarlandes, 27.08.2009 – 1 L 474/09, juris (Rn. 30); vgl. auch BVerwG, 16.05.2007 – 6 C 24/06, juris (Rn. 70) = NVwZ 2007, 1201-1205.
53 *Kohler-Gehrig*, Einführung in das Recht, 2010, S. 119.
54 Zur Herkunft und Historie: *Rüthers/Fischer/Birk*, Rechtstheorie mit juristischer Methodenlehre, 7. Aufl. (2013), § 6 Rn. 272.

135 Aus der Normenpyramide sind folgende Kollisionsregeln für den Geltungsvorrang abzuleiten[55]:
- Höherrangiges Recht geht niederrangigem Recht vor
- Bundesrecht bricht Landesrecht (vgl. Art. 31 GG)
- Widersprechen sich zwei Normen gleicher Rangstufe, gilt: das jüngere Recht geht dem älteren Recht (lex posterior derogat legi priori) vor und das spezielle Recht geht dem allgemeinen Recht vor.

136 Besteht eine nicht auflösbare Kollisionslage, ist die rangniedrigere Norm bzw. das ältere oder allgemeine Recht unwirksam (ungültig) und nichtig. In diesem Zusammenhang spricht man vom sog. **Nichtigkeitsdogma**, wonach Rechtsnormen, die gegen höherrangiges Recht verstoßen, nichtig sind. Das Bundesverfassungsgericht hebt die Norm nicht auf, sondern stellt die Nichtigkeit bloß fest. Uneingeschränkt gilt dies nur für nationales Recht. Das Recht der Europäischen Union nimmt eine Sonderrolle ein.

137 Die Frage der (Un-)Wirksamkeit einer Rechtsnorm innerhalb einer Rechtsverordnung oder eines Gesetzes hat für die rechtsanwendende Behörde zunächst keine tragende Bedeutung. Die Verwaltung ist an Gesetz und Recht gebunden (Art. 20 Abs. 3 GG) und hat zwar **eine Überprüfungs-, aber keine Verwerfungskompetenz** (Schlussfolgerung aus Art. 100 GG).[56] Zumindest in der Praxis wird die Behörde das ihrer Meinung nach rechtswidrige Recht anwenden (müssen). Teilweise wird vorgeschlagen, dass die Verwaltung der Regierung die Zweifel an der Verfassungsmäßig-

---

55 Vgl. im Detail *Rüthers/Fischer/Birk*, Rechtstheorie mit juristischer Methodenlehre, 7. Aufl. (2013), § 6 Rn. 270 ff.
56 *Wolff/Bachof/Stober*, Verwaltungsrecht - Band 1, 11. Aufl. (1999), § 28.

VII. Weitere Rechtsanwendungsregeln

keit des Gesetzes vorzutragen hat, um auf diesem Weg eine Entscheidung des Bundesverfassungsgerichts herbeizuführen.[57]

Etwas anderes gilt für kommunale Satzungen. Da die Verwaltung die für sie geltende Satzung selbst erlassen hat, kann eine Überprüfung ergeben, dass eine rechtswidrige und damit nichtige Satzung auch wieder durch den Rat oder Kreistag aufzuheben oder zu ändern ist. Im Übrigen dürfen Behörden Normen jedweden Ranges nicht inzidenter verwerfen. Ein Sachbearbeiter einer kommunalen Behörde kann also z. B. „seine" kommunale Satzung „seiner" Behörde nicht für unanwendbar erklären, weil er glaubt, die Satzung sei nichtig. Entweder muss der Rat oder Kreistag eine neue Satzung erlassen (womit die alte Satzung gegenstandslos wird) oder die rechtswidrige und nichtige Satzung muss durch das zuständige Organ (Rat oder Kreistag) aufgehoben werden. **138**

Die **Verwerfungskompetenz** ist den Gerichten überlassen, und zwar in erster Linie den Landesverfassungsgerichten und dem Bundesverfassungsgericht. **139**

Grundsätzlich hat jedes Gericht nach Art. 100 GG eine Prüfungskompetenz und eine Verfahrens-Aussetzungskompetenz, wenn es ein Gesetz für verfassungswidrig hält. Hält ein Gericht also ein nachkonstitutionelles Gesetz im Rahmen eines Rechtsstreits für rechtswidrig und nichtig, hat es das Verfahren auszusetzen, um im Rahmen einer **konkreten Normenkontrolle** dem Bundesverfassungsgericht die Frage vorzulegen (vgl. Art. 100 Abs. 1 S. 1 GG i.V.m. § 13 Nr. 11, § 80 BVerfGG, Vorlagepflicht), ob das

- Landesgesetz gegen das Grundgesetz oder ein Bundesgesetz verstößt,
- Bundesgesetz gegen das Grundgesetz verstößt.[58]

Handelt es sich um ein Landesgesetz, das gegen die Verfassung eines Landes verstoßen könnte, so muss das Gericht nach Art. 100 GG dem zuständigen Landesverfassungsgericht (z. B. Verfassungsgerichtshof für das Land Nordrhein-Westfalen mit Sitz in Münster) die Frage vorlegen, ob das Gesetz mit der Landesverfassung vereinbar ist (vgl. § 12 Nr. 7 VGHG NRW). **140**

Daneben gibt es die Möglichkeit eines **abstrakten verwaltungsgerichtlichen Normenkontrollverfahrens**. Dieses ist in § 47 VwGO vorgesehen und hat insbesondere Bedeutung für die Überprüfung von baurechtlichen Satzungen (vgl. § 47 Abs. 1 Nr. 1 VwGO). Die sonstigen kommunalen (nicht baurechtlichen) Satzungen (z. B. Abgabensatzungen) können mangels landesgesetzlicher Regelung (vgl. § 47 Abs. 1 Nr. 2 VwGO) in Nordrhein-Westfalen nicht mit Hilfe der abstrakten Normenkontrolle überprüft werden. Kommt das Oberverwaltungsgericht im Rahmen einer abstrakten Normenkontrolle zum Ergebnis der Nichtigkeit der kommunalen Satzung, so erklärt es die Satzung für nichtig. Im Unterschied zu der inzidenten Normenkontrolle bindet diese Entscheidung auch die nicht an dem Verfahren Beteiligten - sie gilt also für jedermann. Die Körperschaft, die die Satzung erlassen hat, muss diese Entscheidung wie eine Satzung veröffentlichen (§ 47 Abs. 6 VwGO). **141**

Diese Normenkontrollmöglichkeiten sind zu trennen von einer **verwaltungsgerichtlichen Inzidenznormenkontrolle**. Zu einer solchen Nachprüfung kommt es nur, wenn ein Rechtsstreit vor dem Verwaltungsgericht ausgetragen wird. Gegenstand des Rechtsstreits ist dann der angegriffene Verwaltungsakt, **inzident** („nebenher", „als **142**

---

57 *Wolff/Bachof/Stober*, Verwaltungsrecht - Band 1, 11. Aufl. (1999), § 28.
58 Vgl. Vorlagebeschluss des SG Gotha, 02.08.2016 – S 15 AS 5157/14 und dazu: BVerfG, 06.05.2016 – 1 BvL 7/15.

Vorfrage") wird die Rechtmäßigkeit der dem Verwaltungsakt zugrunde liegenden Ermächtigungsgrundlage von dem Verwaltungsgericht geprüft.

143 Das VG ist befugt, die Nichtigkeit einer kommunalen Satzung in den Urteilsgründen im Wege der **Inzidenznormenkontrolle** festzustellen, weil eine solche Inzidenzprüfung Bestandteil der Begründung der Entscheidung ist.[59] Wenn es für die Beurteilung eines Klagebegehrens auf die Gültigkeit einer untergesetzlichen Rechtsnorm – wie z. B. bei einer Satzung – ankommt, dürfen die Verwaltungsgerichte die Norm in den Gründen ihrer Entscheidung selbst als ungültig verwerfen.

In Nordrhein-Westfalen ist dies der gängige Weg, um auch Satzungen auf die Rechtmäßigkeit hin überprüfen zu lassen. Verletzt die Satzung höherrangiges Recht, so hebt das Gericht den belastenden Verwaltungsakt, der auf der Satzung beruht, auf. Liegt ein Verstoß der Satzung gegen höherrangiges Recht vor, ist sie nichtig, d. h. unwirksam, und verbleibt im betreffenden Verfahren außer Anwendung. Eine Nichtigkeitserklärung der Satzung wird nicht ausgesprochen. Die inzidente Prüfung der Satzung bindet nur die jeweiligen Parteien des Rechtsstreits. Die Verwaltung sollte aber aufgrund ihrer Bindung an Recht und Gesetz die Satzung durch den Rat oder Kreistag aufheben (lassen).

Die Verwaltungsbehörde ist an Gesetz und Recht gebunden (Art. 20 Abs. 3 GG). Die von ihr selbst erlassene Satzung müsste sie vor Erlass des Verwaltungsaktes ebenfalls daraufhin überprüfen, ob die Satzung im Einklang mit höherrangigem Recht steht. Dies wird allerdings nur selten praktiziert. Die Verwaltungsbehörde geht regelmäßig davon aus, dass ihre Satzung wirksam ist, so dass viele Satzungen erst im Wege einer inzidenten Normenkontrolle vor den Gerichten verworfen werden.

144 Die beschriebenen Überprüfungsnotwendigkeiten ergeben sich sowohl in der Praxis als auch in der Theorie und damit in Klausuren. Denn die Frage der Wirksamkeit einer Rechtsnorm ist grundsätzlich Vorfrage vor der Rechtsanwendung. Dies folgt daraus, dass unwirksame Normen keine Rechtswirkung entfalten. Ein Verwaltungsakt seinerseits muss auf einer **wirksamen** Rechtsgrundlage basieren.[60] Daraus kann sich (vor allem in Verwaltungs- und Kommunalrechtsklausuren[61], in denen sich die Ermächtigungsgrundlage in einer kommunalen Satzung befindet) **ein verschachtelter Prüfungsaufbau** ergeben.

Beispiel

Der Rat der Stadt S erlässt eine neue Hundesteuersatzung. Danach werden rückwirkend für die vergangenen drei Jahre die Hundesteuern um 10 Prozent erhöht. Hundebesitzer H, der einen Abgabenbescheid der Stadt S, gestützt auf § 2 Hundesteuersatzung, erhalten hat, erhebt gegen den Bescheid Klage vor dem Verwaltungsgericht. Der angefochtene Bescheid ist formell ordnungsgemäß. Die Satzung ist von der zuständigen Verwaltungsbehörde verfahrensfehlerfrei bekanntgemacht worden.

---

59 BVerwG, 29.01.1992 – 4 NB 22/90, juris (Rn. 9).
60 Zur möglichen Korrektur einer rechtswidrigen Satzung noch während des Klageverfahrens und damit einer möglichen Heilung eines (materiell fehlerhaften) Verwaltungsaktes, obwohl es bei Anfechtungsklagen grundsätzlich auf den Zeitpunkt der letzten Verwaltungsentscheidung ankommt: BVerwG, 25.11.1981 – 8 C 14/81, BVerwGE 64, 218-223 = NVwZ 1982, 375-376; BVerwG, 27.04.1990 – 8 C 87/88, NVwZ 1991, 360-361; OVG Berlin-Brandenburg, 16.12.2009 – OVG 9 B 65.08.
61 Vgl. Klausurübung von *Haurand/Vahle*, DVP 2014, 460. Anzumerken ist, dass in dieser Klausur, die an der FHöV NRW im Studienabschnitt S3 gestellt wurde, nur ein einziger Student /eine einzige Studentin eines Kurses den richtigen Prüfungsaufbau gewählt hat. Ganz überwiegend lag den meisten Klausuren ein unstrukturierter Klausuraufbau zugrunde.

VII. Weitere Rechtsanwendungsregeln

Bei der Prüfung der Erfolgsaussichten einer Klage kann der Prüfungsaufbau wie folgt aussehen:

A. Zulässigkeit der Klage

B. Begründetheit der Klage

Die Anfechtungsklage ist gemäß § 113 Abs. 1 S. 1 VwGO begründet, wenn der Verwaltungsakt rechtswidrig ist und H dadurch in seinen Rechten verletzt ist.

B.1 Rechtmäßigkeit des Abgabenbescheides

B.1.1 Formelle Rechtmäßigkeit des Abgabenbescheides

B.1.2 Materielle Rechtmäßigkeit des Abgabenbescheides

Ermächtigungsgrundlage für den Abgabenbescheid könnte § 2 Hundesteuersatzung sein.

Das setzt voraus, dass die Hundesteuersatzung ihrerseits wirksam ist. Die Hundesteuersatzung ist nur wirksam, wenn sie formell und materiell rechtmäßig ist.

B.1.2.1 Formelle Rechtmäßigkeit der Hundesteuersatzung

B.1.2.2 Materielle Rechtmäßigkeit der Hundesteuersatzung

Die Hundesteuersatzung ist auf der Grundlage des § 7 GO NRW erlassen worden und steht im Einklang mit Art. 105 Abs. 2a GG. Es handelt sich bei der Hundesteuer um eine zulässige örtliche Aufwandsteuer, die keiner bundesgesetzlich geregelten Steuer gleichartig ist (vgl. Art. 105 Abs. 2a GG) und zu deren Erhebung die Gemeinden nach § 3 Abs. 1 S. 1 KAG ermächtigt sind. Sofern die Hundesteuer erhoben wird, um die Einnahmen der Stadt S zu erhöhen, ist dies – im Gegensatz zu anderen Steuern (vgl. subsidiäre Funktion der Steuern im Vergleich zu Beiträge und Gebühren, § 77 Abs. 2 GO NRW, § 3 Abs. 2 KAG) – nach § 3 Abs. 2 S. 2 KAG zulässig. Insoweit ergeben sich hinsichtlich der Rechtmäßigkeit der Hundesteuersatzung keine Bedenken.

Allerdings unterliegen Satzungen – ebenso wie Gesetze – dem aus dem Rechtsstaatsprinzip folgenden Rückwirkungsverbot. Aus Gründen der Rechtssicherheit und des Vertrauensschutzes sollen sich die Bürger darauf verlassen können, dass der Staat nicht rückwirkend belastende Maßnahmen ergreift. Eine unzulässige sog. echte Rückwirkung liegt vor, wenn die Steuerpflicht an bereits abgeschlossene Tatbestände anknüpft. Soweit an die Steuerpflicht für die Zeit vor dem letzten Jahr angeknüpft wird, ist dieser Zeitraum bereits steuerrechtlich „erledigt". Ggf. wurden bereits für diesen Zeitraum Steuern erhoben. Eine solche Rückanknüpfung ist nur ausnahmsweise zulässig, wenn ein zwingender Grund vorliegt. Ein solcher zwingender Grund ergibt sich aus dem Sachverhalt nicht.

Die Satzung verstößt gegen das Rückwirkungsverbot.

Die Satzung ist also rechtswidrig und damit auch nichtig.

Es existiert damit keine wirksame Ermächtigungsgrundlage. Ohne Ermächtigungsgrundlage ist der Verwaltungsakt materiell rechtwidrig und verletzt H in seinen Rechten.[62]

Gesamtergebnis: Die Klage ist zulässig und begründet und hat damit Aussicht auf Erfolg.

145 Bedenken Sie, dass die Wirksamkeit der Ermächtigungsgrundlage nur dann geprüft wird, wenn auch Anlass dazu besteht. In der Regel ist es sinnlos zu überprüfen, ob es sich um eine verfassungsmäßige Norm handelt (z. B. § 14 OBG), wenn im Sachverhalt dazu keine Fragen aufgeworfen worden sind.

146 Werden einzelne Rechtsnormen aus einem Gesetz oder einer Satzung aufgrund eines Verstoßes gegen höherrangiges Recht für unwirksam befunden, stellt sich die Frage nach einer Gesamtnichtigkeit des gesamten Gesetzes/der gesamten Satzung oder der Teilnichtigkeit einzelner Normen. In Anlehnung an den Rechtsgedanken des § 139 BGB gilt der Grundsatz, dass die Gesamtnichtigkeit nur eintritt, wenn die übrigen Bestimmungen keine selbständige Bedeutung mehr haben; außerdem dann, wenn die unwirksame Vorschrift Teil einer Gesamtregelung ist, für die die unwirksa-

---

62 Materiellrechtlich ist zu beachten, dass der Verwaltungsakt nicht nichtig ist, weil der schwere Fehler (Fehlen einer Rechtsgrundlage und Verstoß gegen Art. 20 Abs. 3 GG) für den durchschnittlichen Betrachter nicht offensichtlich i.S. von § 44 Abs. 1 VwVfG ist. Ein nicht nichtiger Verwaltungsakt ist wirksam. Dies folgt aus § 43 Abs. 3 VwVfG im Umkehrschluss.

me Vorschrift so wesentlich ist, dass ihr Wegfall zugleich zu einer Änderung der übrigen Regelung führen würde[63].

b) Die Rechtsquellen

147 Die Rechtsquellen spiegeln in ihrer Gesamtheit unsere Rechtsordnung wider. Unter einer Rechtsquelle versteht man die Herkunft und die Verankerung des Rechts.[64]

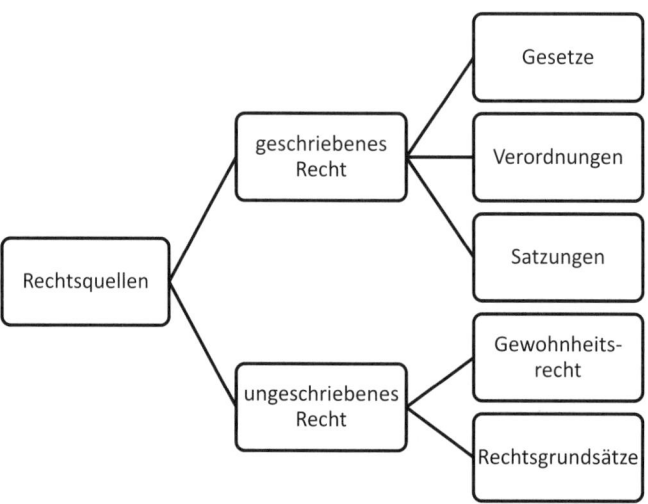

148 Zu den Rechtsquellen als auch zur Rechtsordnung gehört primär das **geschriebene Recht**. Einen Überblick über das geschriebene Recht durch Aufteilung in formelle Gesetze, Rechtsverordnungen und Satzungen zeigt die oben abgebildete Normenpyramide sowie die Abbildung zu den Rechtsquellen. Grundsätzlich ist zu beachten, dass Staaten im rechtlichen Sinne sowohl der Bund als auch die Bundesländer sind. Das föderalistische Prinzip bedeutet in diesem Zusammenhang (vgl. Art. 30 GG, Art. 70 GG), dass auch die Länder Gesetze erlassen, so dass sowohl Bundes- als auch Landesgesetze bzw. -rechtsverordnungen sowie Satzungen existieren.

---

63 Vgl. *Schmalz*, Methodenlehre für das juristische Studium, 4. Aufl. (1998), S. 40 Rn. 60; BVerfG, 28.11.1991 – 2 BvR 1772/89, juris (Rn. 5); BVerwG, 19.09.2002 – 4 CN 1/02, juris (Rn. 11); BVerwG, 19.09.2002 – 4 CN 1/02, juris (Rn. 11); BVerwG, 11.07.2013 – 4 CN 8/12, juris (Rn. 22); Oberverwaltungsgericht für das Land Nordrhein-Westfalen, 15.06.2015 – 13 B 505/15, juris (Rn. 10).
64 *Linhart*, Einführung in das Recht, 2015, S. 74. Nachfolgende Abbildung auch in Anlehnung an *Linhart*, Einführung in das Recht, 2015, S. 75.

VII. Weitere Rechtsanwendungsregeln

Die verschiedenen Typen des Rechts besitzen unterschiedliche Aufgaben und Inhalte: **149**

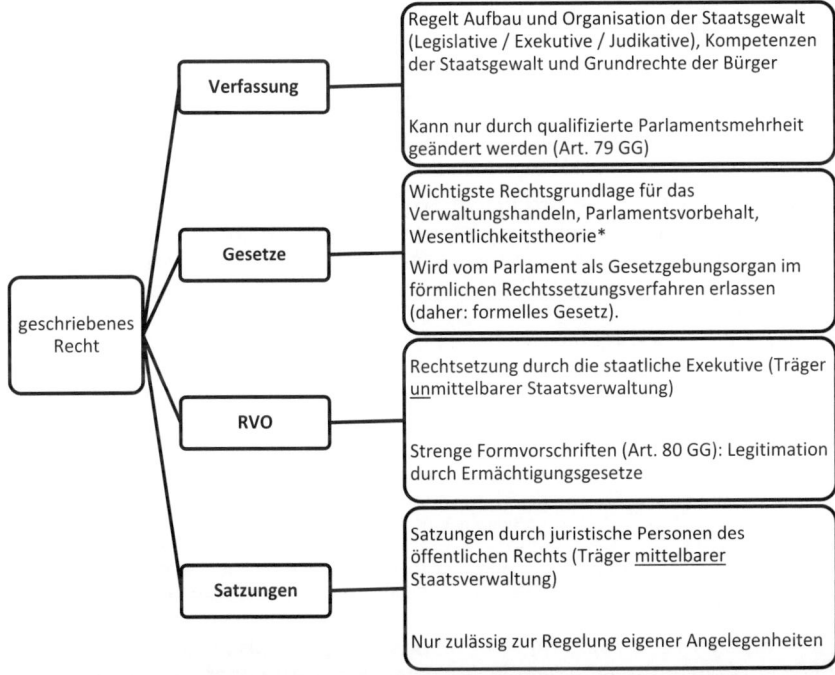

Daneben gehört zu den Rechtsquellen auch **ungeschriebenes Recht**. Dazu zählen das Gewohnheitsrecht und die anerkannten Rechtsgrundsätze. Beide Rechtsquellen entwickeln sich in langer Tradition in der Praxis durch eine von der Rechtsprechung gebilligte Verwaltungspraxis. **150**

Angesichts der Vielzahl der heute existierenden verschriftlichten Rechtssätze wird die Bedeutung des **Gewohnheitsrechts** zurückgedrängt. Gewohnheitsrechtlich anerkannt ist z. B. der von der Rechtsprechung entwickelte sozialrechtliche Herstellungsanspruch[65]. **151**

Gewohnheitsrecht liegt vor, wenn
- eine langandauernde und allgemeine Übung festgestellt werden kann,
- eine rechtssatzmäßige Formulierbarkeit gegeben ist und
- sich Akzeptanz hinsichtlich dieser Übung gebildet hat.[66]

Allgemeine Rechtsgrundsätze sind teilweise verschriftlicht, aber auch ohne Verankerung im Recht als allgemein geltendes Recht oder Prinzip anerkannt. Häufig handelt es sich um Regeln, die aus der Verfassung und den Prinzipien des Verfassungsrechts abgeleitet werden. Hierzu gehören z. B. **152**

---

[65] BSG, 13.12.1984 – 11 RA 68/83.
[66] *Kohler-Gehrig*, Einführung in das Recht, 2010, S. 18 unter Bezug auf BVerfGE 22, 114 (121).
 * Die „Wesentlichkeitstheorie" besagt, dass wesentliche Entscheidungen durch das gesetzgebende Parlament und dort durch formelle Gesetze getroffen werden müssen (vgl. auch BVerfG, 24.05.2006 – 2 BvR 669/04, juris (Rn. 85) nwN).

- der Grundsatz der Verhältnismäßigkeit,
- der Grundsatz des rechtlichen Gehörs,
- die Lehre von der echten und unechten Rückwirkung,
- der Grundsatz von Treu und Glauben (§ 242 BGB),
- die Wesentlichkeitstheorie,
- der Bestimmtheitsgrundsatz,
- Vertrauensschutz der Bürger bei staatlichem Handeln.

Die allgemeinen Rechtsgrundsätze leiten sich vielfach aus den Prinzipien unserer Verfassung ab. Ihnen kommt daher Verfassungsrang zu.

153 Zu trennen ist das Gewohnheitsrecht vom sog. **Richterrecht**. Unter Richterrecht versteht man die „ständige Rechtsprechung der obersten Gerichte". Damit wird durch die Rechtsprechung klargestellt, wie Rechtsnormen ausgelegt und angewandt werden sollen. Insofern handelt es sich beim Richterrecht um eine Rechtserkenntnisquelle (aber keine Rechtsquelle[67], wobei der Übergang zwischen Gewohnheitsrecht, Rechtsgrundsätzen und Richterrecht fließend ist), weil unbestimmte Rechtsbegriffe durch die Rechtsprechung so an Konturen gewinnen, dass die gesetzesanwendende Verwaltung und die Gerichte wissen, wie sie Rechtsnormen auszulegen und anzuwenden haben.

Beispiel

So wurde z. B. die sog. Zuflusstheorie[68] zur Abgrenzung von Einkommen und Vermögen im Sozialleistungsrecht vom Bundesverwaltungsgericht entwickelt. Es handelt sich hierbei nicht um eine Rechtsquelle, auch wenn der Inhalt dieser Theorie inzwischen im Gesetz ihren Niederschlag gefunden hat (vgl. § 11 Abs. 1, Abs. 2 SGB II). Ohne die höchstrichterliche Rechtsprechung zur Zuflusstheorie wären weiterhin viele Anwendungsfälle zur Abgrenzung von Einkommen und Vermögen unklar.

154 Eine hier maßgebliche **„ständige Rechtsprechung"** insbesondere liegt vor, wenn das oberste Gremium eines obersten Gerichtshofes des Bundes (vgl. Art. 95 Abs. 1 GG) entschieden hat (z. B. der Große Senat des Bundesgerichtshofs, vgl. § 132 GVG). Außerdem kann ständige Rechtsprechung angenommen werden, wenn sich die zuständigen Senate abgestimmt haben. Mehrere Urteile eines Senats bedeuten ständige Rechtsprechung, wenn der Senat selbst darauf hinweist oder sich aus der Urteilsbegründung ergibt, dass für den entscheidenden Senat die Rechtsfrage abschließend geklärt ist (z. B. durch die Formulierung "Wie der Senat bereits wiederholt entschieden hat..."). Selbst **ein** Urteil eines Senates kann als ständige Rechtsprechung bewertet werden, wenn dadurch keine Zweifel mehr hinsichtlich der geschaffenen Rechtslage bestehen. Maßgebend ist stets der Zeitpunkt der Gerichtsentscheidung.[69]

155 Insgesamt hat das **Richterrecht** für die Rechtsanwendung erhebliche praktische Bedeutung. Durch den Zugriff auf die (elektronischen) Rechtsprechungsdatenbanken (z. B. juris, Beck-Online, Jurion) ist es heute fast jedem Rechtsanwender und jeder Verwaltung schnell und einfach möglich, die Urteile der obersten Gerichte zu recherchieren, so dass bedeutungsvolle Urteile in der Praxis schnell beachtet werden.

---

67 Das ist streitig. Ausführlich zur Frage, ob Richterrecht eine Rechtsquelle darstellt: *Rüthers/Fischer/Birk*, Rechtstheorie mit juristischer Methodenlehre, 7. Aufl. (2013), § 6 Rn. 235 ff. Ausführlich zum Richterrecht: *Kohler-Gehrig*, Einführung in das Recht, 2010, S. 19.
68 Vgl. BVerwG, 18.02.1999 – 5 C 35/97 .
69 Vgl. *Sauer/Jansen/Freudenberg u. a.*, Sozialgesetzbuch für die Praxis - SGB-Kommentar, 1. Aufl. (2012), § 330; vgl. BSG, 29.06.2000 - B 11 AL 99/99 R, juris Rn. 18 f.

VII. Weitere Rechtsanwendungsregeln

c) Die Rangordnung der Rechtsquellen

Die Rangordnung der geschriebenen Rechtsquellen ergibt sich aus folgenden Rechtsnormen und Staatsprinzipien: **156**

- Die Gesetzgebung ist gemäß Art. 20 Abs. 3 GG an die verfassungsmäßige Ordnung gebunden. Die Grundrechte binden die Gesetzgebung (Art. 1 Abs. 3 GG); sie dürfen durch formelle Gesetze nicht in ihrem Wesensgehalt eingeschränkt werden. Nach Art. 79 GG kann das Grundgesetz nur unter erschwerten Bedingungen durch ein verfassungsänderndes Gesetz geändert werden. Folglich ist das vom Parlament erlassene Gesetz hierarchisch unterhalb der Verfassung einzuordnen.

- Rechtsverordnungen werden von der Exekutive bzw. Gubernative (also der staatsleitenden Regierung) erlassen. Sie sind ihrerseits legitimiert durch ein vom gesetzgebenden Parlament verabschiedetes Gesetz (vgl. Art. 80 GG) und durchbrechen das Gewaltenteilungsprinzip. Damit dürfen Rechtsverordnungen inhaltlich nicht über das zu ihrem Erlass ermächtigende Gesetz hinausgehen. Damit sind Rechtsverordnungen von einem formellen Gesetz abhängig. Da nur das Parlament von den Bürgern gewählt wird, besitzen Rechtsverordnungen keine vergleichbare demokratische Legitimation wie formelle Gesetze. Insgesamt stehen Rechtsverordnungen daher im Rang unterhalb der förmlichen Gesetze.

- Aus Art. 31 GG („Bundesrecht bricht Landesrecht") folgt, dass das gesamte Bundesrecht höherrangig ist als das Landesrecht. Trotz des föderalistischen Prinzips regelt das Grundgesetz, dass in Kollisionsfällen ein grundsätzlicher Vorrang des Bundesrechts gilt (vgl. Art. 30 GG, Art. 70 GG).

- Dass sich auf der Landesebene eine identische Rangfolge bildet, folgt aus der Homogenitätsklausel des Art. 28 Abs. 1 GG i.V.m. Art. 69 NRWVerf. In den Landesverfassungen gibt es infolgedessen vergleichbare Regelungen wie im Grundgesetz (vgl. Art. 70 NRWVerF für den Erlass von Rechtsverordnungen). Die Bindung der Exekutive folgt in den Ländern auch aus Art. 20 Abs. 3 GG und den dort vorhandenen Regelungen.

- Die „Satzungshoheit" der Selbstverwaltungsträger besteht nur „im Rahmen der Gesetze" (vgl. Art. 28 Abs. 2 GG, Art. 78 NRWVerf). Damit wird das Selbstverwaltungsrecht durch Gesetze beschränkt. Der Begriff „Gesetze" in Art. 28 Abs. 2 S. 1 GG umfasst nicht nur Gesetze im förmlichen Sinn, sondern auch Rechtsverordnungen (z. B. ordnungsbehördliche Verordnungen), die auf einer mit Art. 80 Abs. 1 S. 2 GG übereinstimmenden Ermächtigung beruhen. Die Satzungen stehen hierarchisch auf der untersten Stufe.

Oben wurde beschrieben, dass es in Kollisionsfällen zwischen den Rechtsquellen Konfliktlösungsmechanismen gibt. Durch Anwendung des Geltungsvorrangs werden rechts- und/oder verfassungswidrige Gesetze geändert oder beseitigt. Damit sollte im Idealfall eine Rechtsordnung entstehen, die sich nicht widerspricht. Da alle Satzungen, Rechtsverordnungen und Gesetze letztlich auf die Vorgaben des Grundgesetzes zurückzuführen sind, kann man von einer **„Werteordnung des Grundgesetzes"** sprechen, die letztlich zu einem einheitlichen **Wertesystem** und einer einheitlichen Rechtsordnung führt. Im Idealbild widerspricht sich unsere Rechtsordnung nicht, weil jedes Gesetz im Einklang mit dem ranghöheren Recht steht. **157**

158 Für den Rechtsanwender ist diese Erkenntnis von Bedeutung, weil Sie für die **Auslegung** des Rechts eine Rolle spielt. Dieser hat sich an den vorgegeben Werten des höherrangigen Rechts, insbesondere des Verfassungsrechts, zu orientieren. Das Wertesystem unserer Rechtsordnung ist insbesondere im Rahmen der sog. „systematischen Auslegung" heranzuziehen, wenn sich der Rechtsanwender die Bedeutung des Rechts erschließen will.

d) Recht der Europäischen Union

159 Das Recht der Europäischen Union nimmt als sog. supranationales Recht (überstaatliches Recht; darunter fällt auch das Völkerrecht) eine Sonderstellung ein. Verstößt nationales Recht gegen das Europarecht, verdrängt das Europarecht die Anwendung des nationalen Rechts. Allerdings besteht die Besonderheit, dass – trotz Geltungsvorrangs – keine Nichtigkeit des nationalen Rechts eintritt. Grundsätzlich besteht ein Vorrang des Europarechts vor dem nationalen Recht, damit Wirksamkeit und Einheit des Gemeinschaftsrechts in allen Mitgliedsstaaten gesichert ist[70]. Zur Vermeidung eines Kollisionsfalls ist – wie im nationalen Verfassungsrecht (verfassungskonforme Auslegung) – das nationale Recht im Zweifel europarechtskonform auszulegen.

Der „Vertrag von Lissabon" [71] (EUV) ist maßgebend für das Recht der Europäischen Union. Er trat mit Wirkung 01.12.2009 in Kraft und löste die völkerrechtlichen Gründungsverträge der Europäischen Gemeinschaft für Kohle und Stahl (EKGS), der Europäischen Wirtschaftsgemeinschaft (EWG) und der europäischen Atomgemeinschaft (EURATOM) und weitere völkerrechtliche Ergänzungsverträge (Maastricht-Vertrag, Vertrag von Amsterdam, Vertrag von Nizza) weitestgehend ab[72].

160 Das sog. **Primärrecht** bilden nun der Vertrag von Lissabon bzw. der Vertrag über die Europäische Union sowie der „Vertrag über die Arbeitsweise der Europäischen Union" In Art. 1 Abs. 3 S. 2 EUV wird bestimmt, dass beide Verträge (**EUV und AEUV**) rechtlich gleichrangig sind.

161 Die Kompetenzen der Europäischen Union ergeben sich vor allem aus Art. 26 Abs. 2 AEUV. Zur Realisierung eines europäischen Binnenmarktes werden vier Grundfreiheiten auf die Europäische Union gemäß Art. 23 GG als Kompetenzen übertragen:
1. freier Verkehr von Waren (Art. 28 ff. AEUV),
2. freier Verkehr von Personen, der die Arbeitnehmerfreizügigkeit (Art. 45 ff. AEUV) und die Niederlassungsfreiheit (Art. 49 ff. AEUV) umfasst,
3. freier Verkehr von Dienstleistungen (Art. 56 ff. AEUV),
4. freier Verkehr von Kapital und freier Zahlungsverkehr (Art. 63 ff. AEUV).

Ergänzt werden diese Grundfreiheiten durch bestimmte für die Europäische Union geltende Rechtsgrundsätze sowie der Etablierung einer Währungsunion (Art. 127 AEUV).

Das beschriebene Primärrecht geht dem Sekundärrecht vor.

---

70 *Kohler-Gehrig*, Einführung in das Recht, 2010, S. 106.
71 Vgl. BVerfG, 30.06.2009 – 2 BvE 2/08, 2 BvE 5/08, 2 BvR 1010/08, 2 BvR 1022/08, 2 BvR 1259/08, 2 BvR 182/09, BVerfGE 123, 267-437 = NJW 2009, 2267-2295. Das Bundesverfassungsgericht erklärte den „Vertrag von Lissabon" mit dem Grundgesetz für vereinbar, betonte aber eine fehlende Mitwirkung des Parlaments bei der europäischen Rechtssetzung. Die Forderungen des Bundesverfassungsgerichts wurden im September 2009 in vier Begleitgesetzen umgesetzt.
72 Zur Entwicklung und Historie: *Linhart*, Einführung in das Recht, 2015, S. 42.

VII. Weitere Rechtsanwendungsregeln

Zum **Sekundärrecht** zählen in erster Linie die von den Organen der Europäischen Union erlassene, Verordnungen, Richtlinien und Beschlüsse. Maßgebend ist insoweit Art. 288 AEUV: **162**

„Für die Ausübung der Zuständigkeiten der Union nehmen die Organe Verordnungen, Richtlinien, Beschlüsse, Empfehlungen und Stellungnahmen an.

Die **Verordnung** hat allgemeine Geltung. Sie ist in allen ihren Teilen verbindlich und gilt unmittelbar in jedem Mitgliedstaat.

Die **Richtlinie** ist für jeden Mitgliedstaat, an den sie gerichtet wird, hinsichtlich des zu erreichenden Ziels verbindlich, überlässt jedoch den innerstaatlichen Stellen die Wahl der Form und der Mittel.

Beschlüsse sind in allen ihren Teilen verbindlich. Sind sie an bestimmte Adressaten gerichtet, so sind sie nur für diese verbindlich.

Die Empfehlungen und Stellungnahmen sind nicht verbindlich."

Die Verordnung ist ohne Weiteres in den Mitgliedstaaten geltendes Recht. Einer Umsetzung in nationales Recht bedarf es nicht; die Verordnung muss ab dem Zeitpunkt ihres Inkrafttretens von den Behörden und Gerichten angewandt werden. **163**

Demgegenüber müssen **Richtlinien** innerhalb bestimmter Fristen in nationales Recht umgesetzt werden. Setzt ein Mitgliedstaat die Richtlinie nicht fristgemäß oder inhaltlich nicht ordnungsgemäß um, muss er mit der Einleitung eines Vertragsverletzungsverfahrens durch die Europäische Kommission gemäß Art. 258 AEUV rechnen. **164**

Beispiel (Fall Dano)[73]

Die 1989 geborene Frau Dano ist rumänische Staatsangehörige. Sie reist in Deutschland ein und beantragt nun beim zuständigen Leistungsträger Sozialleistungen der Grundsicherung für Arbeitsuchende nach dem SGB II. Ihr Aufenthaltsrecht in Deutschland ergibt sich in direkter Anwendung aus Art. 20 Abs. 2 S. 2 lit. a) AEUV.

Frau Dano hat in Rumänen drei Jahre lang die Schule besucht, besitzt aber keinen Schulabschluss. Sie kann in Deutsch nicht schreiben und ist zum Leseverständnis deutscher Texte nur eingeschränkt in der Lage. Sie hat keinen Beruf gelernt und war bislang weder in Deutschland noch in Rumänien erwerbstätig. Es deutet nichts darauf hin, dass sie sich um Arbeit bemüht hat oder bemühen will. Sie verfügt über kein (beachtenswertes) Vermögen und keinen Krankenversicherungsschutz. Sie ist deshalb auf Leistungen zum Lebensunterhalt angewiesen.

Es stellt sich die Frage, ob für Frau Dano ein Leistungsausschluss nach § 7 Abs. 1 S. 2 Nr. 2 SGB II gilt. Die Norm kann ggf. unbeachtlich sein, weil sie gegen das europarechtliche Diskriminierungsverbot verstößt.

§ 7 SGB II - Leistungsberechtigte

„(1) Leistungen nach diesem Buch erhalten Personen, die ...(erwerbsfähige Leistungsberechtigte). ²Ausgenommen sind
1. Ausländerinnen und Ausländer, die ...,
2. Ausländerinnen und Ausländer, deren Aufenthaltsrecht sich allein aus dem Zweck der Arbeitsuche ergibt, und ihre Familienangehörigen,
3. ... ."

Art. 14 („Aufrechterhaltung des Aufenthaltsrechts") der Richtlinie 2004/38

(Unionsbürgerrichtlinie)
„(1) Unionsbürgern und ihren Familienangehörigen steht das Aufenthaltsrecht nach Artikel 6 zu, solange sie die Sozialhilfeleistungen des Aufnahmemitgliedstats nicht unangemessen in Anspruch nehmen."

---

[73] Beispiel nach EuGH Große Kammer, 11.11.2014 – C-333/13, NVwZ 2014, 1648-1652 = NJW 2015, 145-148.

Art. 7 Abs. 1 der Richtlinie 2004/38

(Unionsbürgerrichtlinie)

„Jeder Unionsbürger hat das Recht auf Aufenthalt im Hoheitsgebiet eines anderen Mitgliedstaats für einen Zeitraum von über drei Monaten, wenn er
a) ....
b) für sich und seine Familienangehörigen über ausreichende Existenzmittel verfügt, so dass sie während ihres Aufenthalts keine Sozialhilfeleistungen des Aufnahmemitgliedstaats in Anspruch nehmen müssen, und er und seine Familienangehörigen über einen umfassenden Krankenversicherungsschutz im Aufnahmemitgliedstaat verfügen ..."

Erwägungsgründe Nr. 10 Richtlinie 2004/38

(Unionsbürgerrichtlinie)

„Allerdings sollten Personen, die ihr Aufenthaltsrecht ausüben, während ihres ersten Aufenthalts die Sozialhilfeleistungen des Aufnahmemitgliedstaats nicht unangemessen in Anspruch nehmen. Daher sollte das Aufenthaltsrecht von Unionsbürgern und ihren Familienangehörigen für eine Dauer von über drei Monaten bestimmten Bedingungen unterliegen."

- Art. 24 der Unionsbürgerrichtlinie sieht vorbehaltlich spezifischer und ausdrücklich im Vertrag und im abgeleiteten Recht vorgesehener Bestimmungen vor, dass jeder Unionsbürger, der sich aufgrund dieser Richtlinie im Hoheitsgebiet des Aufnahmemitgliedstaats aufhält, im Anwendungsbereich des Vertrags die gleiche Behandlung wie die Staatsangehörigen dieses Mitgliedstaats genießt.
- Art. 18 AEUV sieht ein Antidiskriminierungsverbot aller EU-Bürger vor.
- Nach Art. 4 der Verordnung 883/2004 (Gleichbehandlung) haben vorbehaltlich spezieller Regelung Personen, für die diese Verordnung gilt, die gleichen Rechte und Pflichten aufgrund der Rechtsvorschriften eines Mitgliedstaats wie die Staatsangehörigen dieses Staates.

Für einen Leistungsausschluss nach § 7 Abs. 1 S. 2 Nr. 2 SGB II müssen zunächst die Voraussetzungen für diese Norm erfüllt sein. Nach dieser Regelung sind Ausländerinnen, deren Aufenthaltsrecht sich allein aus dem Zweck der Arbeitsuche ergibt, vom Leistungsbezug nach dem SGB II ausgeschlossen. Frau Dano hält sich nicht zum Zweck der Arbeitsuche in Deutschland auf. Wer sich aber nicht zum Zweck der Arbeitsuche, sondern zum Zweck des Bezuges von Sozialleistungen in Deutschland aufhält, muss **erst recht** unter den Regelungsgehalt der Norm fallen. Zweck des § 7 Abs. 1 S. 2 Nr. 2 SGB II ist es, „Sozialtourismus" abzuwehren, indem lediglich Arbeitsuchende gleichzeitig in den Genuss von SGB II-Leistungen kommen, die sich auf dem Niveau von niedrigem Arbeitseinkommen bewegen. Es ist nicht die Absicht des Gesetzgebers, Personen, die nicht Arbeit suchen, besser zu stellen als diejenigen, die sich durch Arbeitsuche in Deutschland integrieren wollen. § 7 Abs. 1 S. 2 Nr. 2 SGB II ist deshalb auf den vorliegenden Fall – mittels eines Erst-Recht-Schlusses – anwendbar.

Die Vorschrift könnte aber einschränkend europarechtskonform auszulegen sein. Grundsätzlich verlangen Art. 24 RL 2004/38/EG sowie Art. 18 AEUV, dass Unionsbürger in Deutschland genauso behandelt werden wie Deutsche. Grundsätzlich haben Sie (mit Ausnahmen: vgl. Art. 24 Abs. 2 RL 2004/38/EG; Art. 70 der Verordnung 883/2004) ebenfalls einen Anspruch auf Sozialleistungen nach dem SGB II (und SGB XII).

Allerdings verdrängen die Sonderregeln zu den o. g. Vorschriften – hier Art. 14 Abs. 1 RL 2004/38/EG und Art. 7 Abs. 1 lit.b) RL 2004/38/EG – das allgemeine Recht, so dass diese innerhalb des Rechts der europäischen Union als Spezialrecht Anwendungsvorrang genießen. Danach dürfen **Sozialhilfeleistungen des Aufnahmemitgliedsstaates nicht unangemessen** in Anspruch genommen werden.

Der EuGH hat im konkreten Fall entschieden, dass es sich bei SGB II-Leistungen um „Sozialhilfeleistungen" handelt, weil auch SGB II-Leistungen sog. „beitragsunabhängige Leistungen" i.S.v. Art. 24 Abs. 2 RL 2004/38/EG und Art. 70 der Verordnung 883/2004 sind.

Der EuGH schließt aus diesen Vorschriften, dass nicht erwerbstätige und **mittellose** Unionsbürger dann keinen Anspruch auf Sozial(hilfe)leistungen im Aufnahmestaat haben, wenn sie sich allein zu dem Zweck dorthin begeben, Sozial(hilfe)leistungen in Anspruch zu nehmen.

§ 7 Abs. 1 S. 2 Nr. 2 SGB II steht also im konkreten Fall mit Europarecht in Einklang.

Wer als „nur" zur Inanspruchnahme von Sozialhilfe (SGB XII) oder von Leistungen der Grundsicherung für Arbeitsuchende (SGB II) nach Deutschland einreist, kann sich auf das unionsrechtliche Diskriminierungsverbot nicht berufen.

VII. Weitere Rechtsanwendungsregeln

e) Völkerrecht

Mit „Völkerrecht" ist in erster Linie das Recht gemeint, welches in den Rechtsbeziehungen zwischen den Staaten als Völkerrechtssubjekte gilt. Es handelt sich um supranationales (überstaatliches) Recht. Gemäß Art. 25 GG sind die allgemeinen Regeln des Völkerrechtes Bestandteil des Bundesrechts. Sie gehen den Gesetzen vor und erzeugen Rechte und Pflichten unmittelbar für die Bewohner des Bundesgebietes. Insofern besitzt das Völkerrecht den Rang von Bundesgesetzen.

165

Das Völkerrecht liegt im Wesentlichen in zwei Ausprägungen vor:
- als Gewohnheitsrecht und als allgemeine Rechtsgrundsätze sowie
- in Form von völkerrechtlichen Staatsverträgen

Als gewohnheitsrechtliches Völkerrecht ist z. B. anerkannt[74]:

166

- Jeder Staat besitzt über sein Gebiet die Gebietshoheit. Andere Staaten müssen diese Gebietshoheit akzeptieren,
- Kein Staat ist verpflichtet, Flüchtlinge eines anderen Staates an diesen auszuliefern, sofern nicht rechtsgültige Verträge etwas anderes bestimmen,
- Der Anspruch eines der jeweiligen Gerichtssprache nicht hinreichend mächtigen Angeklagten auf Beiziehung eines Dolmetschers (vgl. auch § 185 GVG) - jedenfalls für die mündliche Verhandlung - ist als allgemeine Regel des Völkerrechts anzusehen[75],
- Die Immunität fremder Staatsoberhäupter ist im Völkergewohnheitsrecht abgesichert (vgl. § 20 Abs. 1 GVG).

Völkerrechtliche Staatsverträge werden zwischen mehreren Staaten abgeschlossen, deren Partner in Deutschland der Bund ist (vgl. Art. 59 GG), nur ausnahmsweise das Land (Art. 32 Abs. 3 GG). Der Bundespräsident vertritt den Bund völkerrechtlich. Er schließt im Namen des Bundes die Verträge mit auswärtigen Staaten. Er beglaubigt und empfängt die Gesandten.

167

Der vom Bundespräsidenten abgeschlossene Staatsvertrag muss vom Bundestag und ggf. Bundesrat in ein Bundesgesetz „transformiert" werden (sog. Transformationslehre, vgl. Art. 59 Abs. 2 S. 1 GG). Das bekannteste Beispiel für einen völkerrechtlichen Staatsvertrag stellt die Europäische Menschenrechtskonvention[76] (EMRK) dar. Die Europäische Menschenrechtskonvention und ihre Zusatzprotokolle stehen in der deutschen Rechtsordnung im Range eines förmlichen Bundesgesetzes. Der Konventionstext und die Rechtsprechung des Europäischen Gerichtshofs für Menschenrechte (EGMR) dienen auf der Ebene des Verfassungsrechts als Auslegungshilfen für die Bestimmung von Inhalt und Reichweite von Grundrechten und rechtsstaatlichen Garantien des Grundgesetzes, sofern dies nicht zu einer - von der Konvention selbst

---

74 Beispielhafte Aufzählung nach Linhart, Einführung in das Recht, 2015, S. 85.
75 Vgl. BVerfG , 21.05.1987 – 2 BvR 1170/83, NJW 1988, 1462-1464.
76 Gesetz über die Konvention zum Schutze der Menschenrechte und Grundfreiheiten vom 7. August 1952, BGBl II S. 685; die Konvention ist gemäß der Bekanntmachung vom 15. Dezember 1953, BGBl II 1954 S. 14 am 3. September 1953 für die Bundesrepublik Deutschland in Kraft getreten; in der Fassung der Bekanntmachung vom 22. Oktober 2010 (BGBl. II 2010 S. 1198).
Bundesgesetze werden im Bundesgesetzblatt veröffentlicht. Dieses erscheint in drei Teilen. Der Staatsvertrag über die Europäische Menschenrechtskonvention ist im zweiten Teil (BGBl. II) veröffentlicht, weil in diesem Teil II zwischenstaatliche Verträge und Abkommen bekanntgegeben werden. Teil I enthält Bundesgesetze, Rechtsverordnungen des Bundes sowie Entscheidungsformeln aus Urteilen und Beschlüssen des Bundesverfassungsgerichts gemäß § 31 Abs. 2 BVerfGG.

nicht gewollten (vgl. Art 53 EMRK) - Einschränkung oder Minderung des Grundrechtsschutzes nach dem Grundgesetz führt[77].

168 Das nachfolgende Beispiel macht deutlich, dass es zwischen Völkerrecht einerseits und Bundesrecht zu Kollisionen kommen kann.

Beispiel[78]
Ein französischer Staatsangehöriger (F) reist zur Arbeitsuche nach Deutschland ein. Da er keine Arbeitsstelle findet, beantragt er Leistungen nach dem SGB II. F beruft sich auf Art. 1 des Europäischen Fürsorgeabkommens, dass u. a. auch die Bundesrepublik Deutschland und Frankreich unterzeichnet haben.

§ 7 SGB II - Leistungsberechtigte
„(1) Leistungen nach diesem Buch erhalten Personen, die ...(erwerbsfähige Leistungsberechtigte). ²Ausgenommen sind
1. Ausländerinnen und Ausländer, die ...,
2. Ausländerinnen und Ausländer, deren Aufenthaltsrecht sich allein aus dem Zweck der Arbeitsuche ergibt, und ihre Familienangehörigen,
3. Leistungsberechtigte nach § 1 des Asylbewerberleistungsgesetzes."

Europäisches Fürsorgeabkommen (EFA)[79] **- Artikel 1**
„Jeder der Vertragschließenden verpflichtet sich, den Staatsangehörigen der anderen Vertragschließenden, die sich in irgendeinem Teil seines Gebietes, auf das dieses Abkommen Anwendung findet, erlaubt aufhalten und nicht über ausreichende Mittel verfügen, in gleicher Weise wie seinen eigenen Staatsangehörigen und unter den gleichen Bedingungen die Leistungen der sozialen und Gesundheitsfürsorge (im folgenden als "Fürsorge" bezeichnet) zu gewähren, die in der in diesem Teil seines Gebietes geltenden Gesetzgebung vorgesehen sind."

Im vorliegenden Fall existiert eine Kollisionslage. Nach der bundesgesetzlichen Regelung in § 7 Abs. 1 S. 2 Nr. 2 SGB II besitzt F keinen Anspruch auf Leistungen der Grundsicherung für Arbeitsuchende, da sich sein Aufenthalt allein aus dem Zweck der Arbeitsuche ergibt.

Nach Art. 1 EFA, einem völkerrechtlichen Staatsvertrag, der in Bundesrecht transformiert wurde[80], besitzt F, wie jeder andere Deutsche auch, einen auf Bundesrecht beruhenden Anspruch auf Leistungen nach dem SGB II, weil es sich bei Leistungen nach diesem Gesetz um „Fürsorgeleistungen" i.S. des Europäischen Fürsorgeabkommens handelt.

Bei einer solchen Kollisionslage auf gleicher hierarchischer Ebene kann daran gedacht werden, dass das jüngere SGB II-Recht das ältere Recht verdrängt.

Das Völkervertragsrecht wird gemäß Art. 59 Abs. 2 GG im Range von Bundesgesetzen umgesetzt. Aus dieser Rangzuweisung folgt, dass das EFA wie anderes Gesetzesrecht des Bundes im Rahmen methodisch vertretbarer Auslegung zu beachten und anzuwenden ist. Innerstaatliches Recht ist grundsätzlich so auszulegen, dass ein Konflikt mit völkerrechtlichen Verpflichtungen der Bundesrepublik Deutschland nicht entsteht. Dies entspricht dem Grundsatz der Völkerrechtsfreundlichkeit des Grundgesetzes. Das einfache (Sozial-)Recht bietet darüber hinaus mit § 30 Abs. 2 SGB I („Regelungen des über- und zwischenstaatlichen Rechts bleiben unberührt.") eine Vorschrift zur Lösung von möglichen Konflikten zwischen nationalem Recht und (transformiertem) Völkerrecht. Bereits aus diesem Grund steht der Leistungsausschluss des § 7 Abs. 1 S. 2 Nr. 2 SGB II der Verpflichtung zur Gleichbehandlung des F mit deutschen Fürsorgeberechtigten nach dem EFA nicht entgegen.

Sofern insoweit dem SGB II gegenüber dem EFA keine vorrangige rechtsvernichtende Bedeutung zukommt, ist festzustellen, dass Art. 1 EFA gegenüber § 7 Abs. 1 S. 2 Nr. 2 SGB II speziell

---

77 Vgl. BVerfG, 14.10.2004 – 2 BvR 1481/04, BVerfGE 111, 307-332.
78 Beispiel nachgebildet: BSG, 19.10.2010 – B 14 AS 23/10 R, BSGE 107, 66-78 = FEVS 62, 433-444.
79 Europäische Fürsorgeabkommen (EFA) vom 11.12.1953, BGBl. II 1956, 563.
80 Der Bundestag hat mit dem mit Zustimmung des Bundesrats beschlossenen Gesetz vom 15.5.1956 (BGBl. II, 563) dem Europäischen Fürsorgeabkommen zugestimmt (vgl. Art. 59 Abs. 2 S. 1 GG) und dadurch dessen Inhalt insoweit in innerstaatlich anwendbares, Rechte und Pflichten der Einzelnen begründendes (revisibles) Bundesrecht transformiert, als die Vertragsbestimmungen nach Wortlaut, Zweck und Inhalt wie innerstaatliche Gesetzesvorschriften rechtliche Wirkungen auszulösen geeignet sind.

VII. Weitere Rechtsanwendungsregeln

ist und deshalb Anwendungsvorrang genießt. Die Vorschrift richtet sich gerade nicht an alle Ausländer (deren Aufenthaltsrecht sich aus dem Zweck der Arbeitsuche ergibt), sondern nur an Staatsangehörige der Vertragsstaaten des EFA.

Danach kann sich F auf Art. 1 EFA berufen. Auch koordinierendes Sekundärrecht der Europäischen Union steht der Leistungsgewährung nicht entgegen.

Hinweis: Die Bundesrepublik Deutschland hat inzwischen von der Möglichkeit Gebrauch gemacht, nach Art. 24 EFA das Abkommen zu kündigen. Ausweislich der Geschäftsanweisung SGB II Nr. 8 vom 23.02.2012 der Bundesagentur für Arbeit hat die Bundesregierung mit Wirkung vom 19.12.2011 einen Vorbehalt gegen das Europäische Fürsorgeabkommen (BGBl. II 2012, 144, berichtigt BGBl. II 2012, 470) erklärt, der beinhaltet, dass sich die Bundesrepublik Deutschland bei der Gewährung von Leistungen der Grundsicherung für Arbeitsuchende nicht verpflichtet, Staatsangehörige anderer EFA-Staaten wie Inländer zu behandeln.

f) Verwaltungsvorschriften

Verwaltungsvorschriften gehören **nicht zu den Rechtsquellen**. Sie werden nicht von einem Gesetzgebungsorgan erlassen, sondern von einer (vorgesetzten) Behörde. Als „Dienstbefehle" binden Sie den jeweiligen Mitarbeiter. 169

schriftliche Dienstanweisungen	rechtsauslegende Anweisungen
eines Vorgesetzten	norm-interpretierend
einer vorgesetzten Behörde	Ermessens-ausfüllend/-lenkend

Für den Rechtsanwender ist es wichtig, die rechtliche Bedeutung der Verwaltungsvorschriften richtig einzuordnen. Zunächst sollen Verwaltungsvorschriften nur eine Hilfestellung sein, um unbestimmte Rechtsbegriffe zu verstehen und „richtig" zu interpretieren (norminterpretierende Verwaltungsvorschriften) oder das Ermessen bei gleichgelagerten Fällen gleichmäßig auszuüben. 170

Beispiel

§ 24 Abs. 3 S. 1 Nr. 1 SGB II lautet:

„Nicht vom Regelbedarf nach § 20 umfasst sind Bedarfe für
1. Erstausstattungen für die Wohnung einschließlich Haushaltsgeräten, ..."

Wenn eine 25jährige leistungsberechtigte Person zum ersten Mal in eine eigene Wohnung zieht, besteht ein Anspruch auf die Übernahme der Kosten für die Erstaustattungsgegenstände der Wohnung. Für den jeweiligen Sachbearbeiter ist ohne Verwaltungsvorschriften unklar, welche Kosten er in welcher Höhe im konkreten Fall übernehmen kann. Durch einen Blick in die einschlägigen Verwaltungsvorschriften (üblicherweise als sog. KDU-Richtlinie bezeichnet) wird er feststellen können, in welcher Höhe er Leistungen bewilligen kann (ca. 1.500,00 € für einen Neubezug).

Durch die Verwaltungsvorschrift wird sichergestellt, dass in vergleichbaren Fällen die antragstellenden leistungsberechtigten Personen gleich behandelt werden. Der jeweilige Sachbearbeiter wird zusätzlich in die Lage versetzt, die maßgebende Rechtsnorm und den unbestimmten Rechtsbegriff gesetzeskonform zu interpretieren.

Es ist grundsätzlich zulässig, dass jeder Verwaltungsträger den unbestimmten Rechtsbegriff im Rahmen von Verwaltungsvorschriften in eigener Kompetenz auslegt, um den jeweiligen örtlichen Verhältnissen ausreichend Rechnung zu tragen. Die Erstausstattung einer Wohnung dürfte beispielsweise in einer Großstadt wie München deutlich teurer werden als in einer kleinen ländlichen Gemeinde wie Extertal (in Lippe).

171 Die rechtliche Bedeutung der Verwaltungsvorschriften liegt in der **Gleichbehandlung** vergleichbarer Fälle. Art. 3 GG verlangt, dass wesentlich Gleiches gleich und wesentlich Ungleiches ungleich behandelt wird, es sei denn, es gibt einen sachlichen Grund für die Gleich- oder Ungleichbehandlung. Es liegt also ein Verstoß gegen den Grundsatz der Gleichbehandlung vor, wenn der Beteiligte eines Verwaltungsverfahrens ohne sachlichen Grund und in Abweichung von den Verwaltungsvorschriften bevorzugt oder benachteiligt wird.

172 Vorsicht ist allerdings geboten, wenn die Behörde Verwaltungsvorschriften fehlerhaft anwendet:

Beispiel

Der Sozialhilfeempfänger **S** wohnt in **Detmold** in einer **50m²** großen Wohnung (angemessene Wohnungsgröße). Der Sozialhilfeträger hat in seiner „KDU-Richtlinie" in Auslegung des § 22 Abs. 1 Satz 1 SGB II folgendes bestimmt:

„Die angemessenen Kosten betragen für Detmold: 5,00 €/m², für Lemgo: 6,00 € / m² etc.; die angemessenen Kosten für eine Sozialhilfewohnung ergeben sich aus dem Produkt von angemessener Größe mit dem angemessenem Preis pro Quadratmeter."

Die tatsächlichen Mietkosten des S belaufen sich auf 260,00 €. S bekommt vom Sozialhilfeträger nur 250,00 € überwiesen. Sein Nachbar N, ebenfalls Sozialhilfeempfänger, in Detmold allein lebend, bekommt hingegen die vollen 260,00 € überwiesen, die seine Mietwohnung kostet. Darf oder muss man S – wie bei N – 260,00 € überweisen?

In diesem Fall erhält der Nachbar N in fehlerhafter Anwendung der Verwaltungsvorschriften rechtswidrig 260,00 € überwiesen. S kann sich allerdings nicht auf den Gleichbehandlungsgrundsatz und damit auf in Abweichen von den Verwaltungsvorschriften berufen, so dass er wie sein Nachbar 260,00 € erhalten müsste. Der Gleichheitsgrundsatz (Art. 3 GG) wird von dem Grundsatz der Gesetzmäßigkeit der Verwaltung (Art. 20 Abs. 3 GG) überlagert und verdrängt. Damit gelten die bekannten Merkregeln: Keine Gleichheit im Unrecht und kein Anspruch auf Fehlerwiederholung.

173 Besonders in hierarchisch strukturierten Landes- und Bundesbehörden werden Verwaltungsvorschriften, die häufig als „Richtlinie", „Erlasse" oder „Fachliche Hinweise" bezeichnet werden, als „das" maßgebende Instrument zur Gesetzesanwendung und –auslegung betrachtet. Die eigentlich nur Hilfestellung bietenden Verwaltungsvorschriften dürfen daher nicht die eigentliche Gesetzesanwendung verdrängen.

Beispiel

Die 30jährige alleinerziehende leistungsberechtigte Person L erhält laufende Leistungen nach dem SGB II. Sie kann einen Arbeitsvertrag als „Bürohilfe/Hilfskraft" mit einem wöchentlichen Stundenumfang von 35 Stunden antreten. Der Bruttolohn beträgt 12,00 € / Stunde. L beantragt vor Arbeitsantritt die Gewährung von Einstiegsgeld.

Das Jobcenter lehnt den Antrag ab. Zur Begründung wird im Bescheid ausgeführt:

Das Einstiegsgeld solle einen zusätzlichen Anreiz für die Aufnahme einer sozialversicherungspflichtigen Tätigkeit bieten und sei an die Höhe des erzielten Stundenlohns gebunden. Förderungsfähig seien nach den anzuwendenden ermessenslenkenden Verwaltungsvorschriften Beschäftigungsverhältnisse, bei denen Stundenlöhne von bis zu 11,50 € **brutto erzielt würden**. Da sie einen Stundenlohn von 12,00 € erziele, sei die Gewährung von Einstiegsgeld nicht i.S. des auszuübenden Ermessens erforderlich.

VII. Weitere Rechtsanwendungsregeln

Argumentativ stützt sich das Jobcenter **nur** auf die ermessenslenkende Weisung. Dieser aber kommt lediglich eine verwaltungsinterne Bedeutung zu. Wenn die Behörde die ermessenslenkende Weisung als „Ausschlusstatbestand" anwendet, hebt sie diese in den Rang einer gesetzlichen Regelung, die sie nicht ist. Eine schematische Anwendung einer Verwaltungsvorschrift wird gerade bei Ermessensvorschriften dem Einzelfall nicht gerecht. Denn Einzelfallgesichtspunkte (hier: Alleinerziehung und damit individuelles Eingliederungshemmnis) bleiben vollständig unberücksichtigt. Damit liegt ein rechtlicher Ermessensnichtgebrauch vor, der den Ablehnungsbescheid materiell rechtswidrig werden lässt. Eine Klage hat dann Aussicht auf Erfolg.

3. Der Grundsatz vom intertemporalen Recht

Gesetze unterliegen einem ständigen zeitlichen Wandel. Vor allem im Leistungsrecht des Zweiten und Zwölften Buches Sozialgesetzbuch ist die Geschwindigkeit der gesetzlichen Änderungen erheblich. Das Zweite Buch Sozialgesetzbuch liegt – betrachtet man den Zeitraum vom 01.01.2004 bis zum 31.12.2016 – in 50 verschiedenen Gesetzesversionen vor. Die Anzahl der Änderungsgesetze zum Zweiten Buch Sozialgesetzbuch dürfte bei ca. 80 liegen[81]. **174**

Juristische Datenbanken wie z. B. JURIS listen die Gesetzesversionen für den jeweiligen Geltungszeitraum auf. Nach der Änderung einer Norm bedarf es im Folgezeitraum einer Entscheidung, ob auf den zu entscheidenden Sachverhalt die neue Vorschrift bereits Anwendung findet oder nicht.

Mit der Anwendung sich ändernder Normen befasst sich das sog. **intertemporale Recht**. Danach gilt der Grundsatz, dass Gesetze in der Regel sofort und mit Wirkung für die Zukunft gelten. Eine neue Vorschrift soll grundsätzlich ab ihrem Inkrafttreten, aber auch nicht davor Anwendung finden. **Daraus folgt auch, dass jeweils das Recht Anwendung findet, dass zum Zeitpunkt des zu beurteilenden Sachverhalts in Kraft war.**[82]

Beispiel

Mit Artikel 1 des Neunten Gesetzes zur Änderung des Zweiten Buches Sozialgesetzbuch - Rechtsvereinfachung - sowie zur vorübergehenden Aussetzung der Insolvenzantragspflicht vom 26. Juli 2016 (BGBl. I, S. 1824) sind mit Wirkung zum 01.08.2016 zahlreiche Änderungen im SGB II vorgenommen worden. U. a. wurde die sog. Werbungskostenpauschale in Höhe von 15,33 € nach § 6 Abs. 1 Nr. 3a ALG II-V als Regelung aufgehoben. Das bedeutet für die Rechtsanwendung:

- Für Leistungsfälle, die vor dem 01.08.2016 liegen, ist die Rechtslage zu diesem Zeitpunkt maßgebend. Eine leistungsberechtigte Person, die sich beispielsweise seit mehreren Monaten im Widerspruchsverfahren befindet, hat einen Anspruch darauf, dass die für den Bewilligungszeitraum von z. B. 01.02.2016 bis zum 31.07.2016 geltende Werbungskostenpauschale (unter Einhaltung der übrigen gesetzlichen Voraussetzungen) als Absetzposition vom Einkommen anerkannt wird.
- Durch den ersatzlosen Wegfall der Werbungskostenpauschale von 15,33 € mit Wirkung zum 01.08.2016 ist die Werbungskostenpauschale ab diesem Zeitpunkt nicht mehr zu berück-

---

81 Vgl. https://www.buzer.de/gesetz/2602/l.htm (Stand 10.10.2016).
82 Hessisches Landessozialgericht, 22.04.2016 – L 5 EG 7/14, juris (Rn. 35): "Trifft aber der Gesetzgeber keine Übergangsregelung, insbesondere auch keine Regelung für die rückwirkende Anwendung vor dem Zeitpunkt des Inkrafttretens, gelten die Grundsätze des intertemporalen Rechts. Danach ist ein Rechtssatz grundsätzlich nur auf solche Sachverhalte anwendbar, die nach seinem Inkrafttreten verwirklicht werden. Dementsprechend hat das Bundessozialgericht in ständiger Rechtsprechung entschieden, dass sich die Entstehung und der Fortbestand sozialrechtlicher Ansprüche bzw. Rechtsverhältnisse nach dem Recht beurteilen, das zur Zeit der anspruchsbegründenden Ereignisse und Umstände gegolten hat, soweit nicht später in Kraft getretenes Recht etwas anderes bestimmt (Urteil vom 12. August 2010, B 11 AL 11/07 R; vgl. auch Urteil vom 11. Juli 1985, 5b/1 RJ 92/84, Urteil vom 26. November 1991, 1/3 RK 25/90 und 1 RK 1/91 jeweils m.w.N., Urteil vom 12. Mai 1999, B 7 AL 70/98 R).".

sichtigen, soweit der zu beurteilende Sachverhalt in den Zeitraum des ab dem 01.08.2016 in Kraft getretenen Zweiten Buches Sozialgesetzbuches fällt.

- Es bleibt dann die Frage zu klären, wie mit Fallkonstellationen umzugehen ist, die zwar vor dem 01.08.2016 begonnen haben, deren Bewilligungszeitraum sich aber auf die Zeit nach dem 01.08.2016 erstreckt (z. B. Bewilligungszeitraum vom 01.05.2016 bis zum 30.10.2016). Hierfür hat der Gesetzgeber in § 9 ALG II-V eine Übergangsvorschrift eingeführt. Danach ist der Wegfall der Werbungskostenpauschale erstmals für Bewilligungszeitraum ab dem 01.08.2016 zu berücksichtigen.

Diese Übergangsregelung ist zur Klarstellung sinnvoll und notwendig. Denn es ist denkbar, dass – soweit Vertrauensschutzaspekte dem nicht entgegenstehen – aus der Vergangenheit herrührende Sachverhalte, die noch „aktuell" sind, nach neuem Recht beurteilt werden.[83] Gäbe es keine Übergangsvorschrift, müsste diese Frage durch Auslegung ermittelt werden.

Werden also im Zeitpunkt der Geltung des neuen Rechts Sachverhalte aus der Zeit vor der Rechtsänderung beurteilt, so gilt grundsätzlich das alte Recht, soweit nicht später in Kraft getretenes Recht ausdrücklich oder stillschweigend etwas anderes bestimmt.[84]

175 Der oben beschriebene Grundsatz gilt überwiegend für das materielle Recht. Im Verfahrensrecht sind Rechtsänderungen auch dann zu beachten, wenn der Rechtsstreit aus einer Zeit vor der Änderungen resultiert (sog. intertemporales Prozess- oder Verfahrensrecht).[85] Etwas anderes kann sich nur (ausnahmsweise) dann ergeben, wenn der Beteiligte eine verfahrensrechtlich geschützte Position erworben hat, die es nach dem neuen Verfahrensrecht nicht mehr gibt, so dass aus Vertrauensschutzgründen und zur Vermeidung eines konkreten Rechtsnachteils das neue Verfahrensrecht unberücksichtigt bleibt[86].

---

83 Vgl. BSG, 27.08.1998 – B 10 AL 7/97 R, juris (Rn. 21 ff.).
84 Vgl. BSG, 24.03.2009 – B 8/9b SO 17/07 R, juris (Rn. 12) :"Rechtsgrundlage für den Anspruch auf Kostenerstattung ist § 108 Abs 1 BSHG (idF der Bekanntmachung vom 23. März 1994 - BGBl I 646), obwohl das BSHG zum 1. Januar 2005 außer Kraft getreten ist. Maßgeblich ist, dass das BSHG materiellrechtlich nach seinem zeitlichen Geltungswillen auf den jeweils zu beurteilenden Sachverhalt anzuwenden ist. Dies ergibt sich aus dem intertemporalen Verwaltungsrecht. Ein Rechtssatz ist grundsätzlich nicht auf solche Sachverhalte anwendbar, die - wie vorliegend - bereits vor seinem Inkrafttreten verwirklicht waren (s dazu das Senatsurteil vom 24. März 2009 - B 8 SO 34/07 R; vgl auch Kopp, SGb 1993, 593, 598 f).".
85 Vgl. BSG, 14.04.2011 – B 8 SO 18/09 R, juris (Rn. 13): "Wird ein Gesetz mit verwaltungsverfahrensrechtlichem Inhalt während des gerichtlichen Verfahrens geändert, so richtet sich der zeitliche Anwendungsbereich des Gesetzes nach allgemeinen Grundsätzen des intertemporalen Prozessrechts, sofern nicht ein verfassungskonform abweichender Geltungswille des Gesetzes festzustellen ist (BSG SozR 3-4100 § 152 Nr 7 S 17). Danach sind Änderungen des Verfahrensrechts - soweit nichts anderes vorgeschrieben - bei bereits anhängigen Verfahren zu beachten." Vgl. auch BSG, 29.03.2016 – B 1 KR 126/15 B, juris (Rn. 4); BSG, 18.05.2010 – B 7 AL 16/09 R, juris (Rn. 10); Landessozialgericht Sachsen-Anhalt, 31.03.2016 – L 4 AS 52/16 B, juris (Rn. 16).
86 Vgl. BSG, 25.04.2013 – B 8 SO 21/11 R, juris (Rn. 12).

B. Auslegungsregeln

I. Verortung und Bedeutung der Auslegung

Die unbestimmten Rechtsbegriffe einer Rechtsnorm bedürfen der Auslegung, um den Inhalt und die Bedeutung des Rechtsbegriffs zu klären, und zwar insbesondere dann, wenn eine vom Gesetzgeber bereitgestellte Legaldefinition fehlt. Aber selbst Legaldefinitionen sind manchmal wenig hilfreich (z. B. § 31 Abs. 1 S. 2 GO NRW zum Tatbestandsmerkmal „unmittelbar" bei der Frage der Befangenheit von Ratsmitgliedern), so dass es zusätzlicher Auslegungsanstrengungen bedarf. **176**

Generell gilt, dass die Auslegung eine **Vorfrage der Subsumtion** ist.

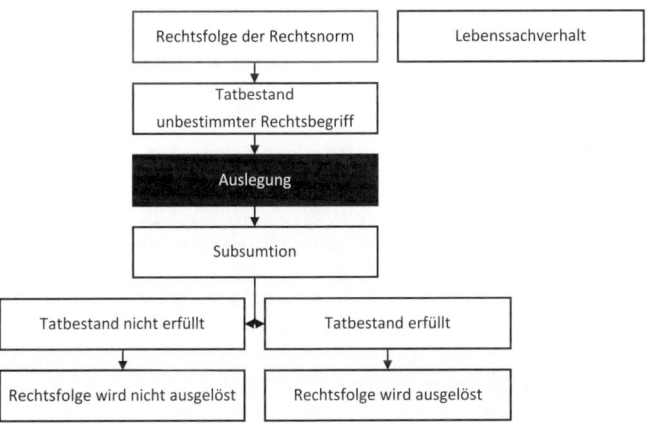

Um zu klären, ob der Sachverhalt zur herangezogenen Rechtsnorm mit seinen Tatbestandsmerkmalen passt, ist also die Auslegung des unbestimmten Rechtsbegriffs notwendig. Die Auslegung erfolgt dabei **fallbezogen**. Daher besteht zwischen Auslegung einerseits und Subsumtion andererseits eine Wechselwirkung. In juristischen Klausuren geht es darum, mit Hilfe der entsprechenden Auslegungsmethode möglichst überzeugend zu argumentieren und das Problem des Falles in der Lösung so darzustellen, dass der Leser vom Ergebnis des Klausurverfassers überzeugt ist. **177**

Der Anfänger neigt möglicherweise dazu, „aus dem Bauch heraus" nach Argumenten zu suchen. Es geht aber nicht darum, „irgendwelche" Argumente (z. B. subjektiv gefärbte Meinungen, politische oder wirtschaftliche Argumente, die dem Gesetzeszweck nicht zugrunde liegen) für ein bestimmtes Ergebnis zu sammeln und zu nennen. Vielmehr sind den methodischen Auslegungsregeln die Sachargumente zu entnehmen. Dazu stehen dem Rechtsanwender vier Auslegungsmethoden zur Verfügung: **178**

1. die Wortlautauslegung (grammatikalische Auslegung)
2. die systematische Auslegung
3. die teleologische Auslegung (Auslegung nach Sinn und Zweck)
4. die historische Auslegung

Wenngleich jede Auslegungsmethode selbständig Argumente hervorbringen und zu einem eigenen Ergebnis führen kann, stehen die Auslegungsmethoden nicht isoliert **179** nebeneinander. Teilweise beeinflussen sich die Auslegungsmethoden gegenseitig. Dies gilt insbesondere für die systematische und teleologische Auslegung. Die durch die Auslegungsmethoden gewonnenen Ergebnisse und Argumente müssen gewichtet und bewertet werden. Der Verfasser muss sich im Ergebnis dann für eine Lösung entscheiden. Es wäre verfehlt, das Ergebnis offen zu lassen.

Für die Bewertung einer Klausurleistung ist nicht das Ergebnis entscheidend, sondern die Überzeugungskraft der im Rahmen der Begründung vorgetragenen Argumente, die ihrerseits auf die angewandte Methode zurückzuführen ist.

Zur Auslegung von Rechtsnormen führt das Bundesverfassungsgericht[87] aus:

„Der Erfassung des objektiven Willens des Gesetzgebers dienen die anerkannten Methoden der Gesetzesauslegung aus dem Wortlaut der Norm, der Systematik, ihrem Sinn und Zweck sowie aus den Gesetzesmaterialien und der Entstehungsgeschichte, die einander nicht ausschließen, sondern sich gegenseitig ergänzen. Unter ihnen hat keine einen unbedingten Vorrang vor einer anderen [...]. Ausgangspunkt der Auslegung ist der Wortlaut der Vorschrift. Er gibt allerdings nicht immer hinreichende Hinweise auf den Willen des Gesetzgebers. Unter Umständen wird erst im Zusammenhang mit Sinn und Zweck des Gesetzes oder anderen Auslegungsgesichtspunkten die im Wortlaut ausgedrückte, vom Gesetzgeber verfolgte Regelungskonzeption deutlich, der sich der Richter nicht entgegenstellen darf [...]. Dessen Aufgabe beschränkt sich darauf, die intendierte Regelungskonzeption bezogen auf den konkreten Fall - auch unter gewandelten Bedingungen - möglichst zuverlässig zur Geltung zu bringen [...]. In keinem Fall darf richterliche Rechtsfindung das gesetzgeberische Ziel der Norm in einem wesentlichen Punkt verfehlen oder verfälschen oder an die Stelle der Regelungskonzeption des Gesetzgebers gar eine eigene treten lassen [...]. Für die Beantwortung der Frage, welche Regelungskonzeption dem Gesetz zugrunde liegt, kommt daneben den Gesetzesmaterialien und der Systematik des Gesetzes eine nicht unerhebliche Indizwirkung zu. [...]. "

180 Überwiegend wird die Auffassung vertreten, dass mit der Wortlautauslegung begonnen werden soll.[88] Hier wird weiter die Einhaltung der oben genannten Reihenfolge empfohlen. Die historische Auslegung bringt vermutlich die schwächsten Argumente hervor, weil die rechtlichen Begriffe einem Wandel unterliegen und im Zweifel nicht die historische Auffassung des Gesetzgebers maßgebend ist, sondern die aktuelle Bedeutung des Rechtsbegriffs zu ermitteln ist. Es kann zweckmäßig sein, durch die Formulierung deutlich zu machen, welche methodischen Instrumente der Rechtsanwender zur Sammlung der Sachargumente verwendet.

181 Hinzuweisen ist an dieser Stelle zusätzlich darauf, dass sich die Funktion der Auslegungsmethoden zwar auf die Interpretation der unbestimmten Rechtsbegriffe erstreckt. Gleichwohl können die Auslegungsmethoden auch gewinnbringend für eine richtige Ermessensentscheidung eingesetzt werden. Darüber hinaus finden sich auch auf der Rechtsfolgeseite unbestimmte Rechtsbegriffe. Insofern betrifft die Auslegung die gesamte Rechtsanwendung.

II. Wortlautauslegung

182 Wie der Name dieser Auslegungsmethode bereits nahe legt, wird im ersten Schritt versucht, die juristische Wortbedeutung zu ermitteln. Legaldefinitionen helfen hierbei, weil sie den Bedeutungsinhalt einkreisen.

---

[87] BVerfG, 19.03.2013 – 2 BvR 2628/10, 2 BvR 2883/10, 2 BvR 2155/11, BVerfGE 133, 168-241 (Rn. 66).

[88] *Rüthers/Fischer/Birk*, Rechtstheorie mit juristischer Methodenlehre, 7. Aufl. (2013), § 22 Rn. 731; *Schmalz*, Methodenlehre für das juristische Studium, 4. Aufl. (1998), S. 88 Rn. 230; S. 105 Rn. 303; *Beaucamp/Treder*, Methoden und Technik der Rechtsanwendung, 2. Aufl. (2011), Rn. 175 mwN.

II. Wortlautauslegung

183 Zumindest in Klausuren liefert das eigene Verständnis des Wortes erste Anhaltspunkte. Zu beachten ist allerdings, dass die Wortbedeutung zu suchen ist, die dem Gesetz und der Rechtsnorm gerecht wird und die diesem am ehesten entspricht. So kann die Wortbedeutung im allgemeinen Sprachgebrauch eine andere sein als das rechtliche Verständnis des Wortes. Beispielsweise werden die Wörter „Besitz" (vgl. § 854 BGB) und „Eigentum" (§ 903 BGB) in der Alltagssprache häufig gleichgesetzt, während die Begriffe in der Rechtsanwendung eine unterschiedliche Bedeutung besitzen.

Hilfestellungen bieten auch Wörterbücher oder Nachschlagewerke (z. B. Thesaurus von „Word").

184 Einerseits ist die Wortlautauslegung zunächst nur Anhalts- und Ausgangspunkt für die weitere Auslegung. Andererseits soll die äußerste Grenze des Wortsinns auch die Grenze der Auslegung sein.[89] Eine Überschreitung ist nur zulässig, wenn eine Rechtsfortbildung (z. B. Analogie, verfassungskonforme Auslegung in Form der teleologischen Reduktion) vorgenommen wird, die ihrerseits bestimmten „Spielregeln" unterliegt.

Beispiele
- Interpretation des Tatbestandsmerkmals „Wohnung" in § 41 PolG NRW
Die Vorschrift räumt der Polizei die Befugnis ein, eine Wohnung auch ohne Einwilligung des Inhabers zu betreten und zu durchsuchen, sofern bestimmte Voraussetzungen vorliegen. Gilt dies auch für **Zelte**? Der Begriff „Wohnung" erfasst das Wohnen, welches auch vorübergehend erfolgen kann. Da ein Zelt ebenfalls bewohnbar ist, kann dieses ebenfalls als „Wohnung" interpretiert werden.[90]

- Interpretation des Tatbestandsmerkmals „Erstbeschaffung" in § 24 Abs. 3 S. 1 Nr. 1 SGB II
Zuweilen ist es hilfreich, eine Negativabgrenzung (einen Fallvergleich) vorzunehmen. Nach § 24 Abs. 3 S. 1 Nr. 1 SGB II können „Erstbeschaffungen" als Einmalleistungen übernommen werden. Grundsätzlich erlaubt es der Wortlaut nicht, dass Ersatzbeschaffungen oder Zweitbeschaffungen als Leistungen bewilligt werden.

- Anzahl der zulässigen Kraftfahrzeuge pro leistungsberechtigte Person (SGB II)
Leistungsberechtigter L erhält laufende SGB II-Leistungen. Er ist im Besitz (genauer: Eigentümer) eines Kraftfahrzeugs und eines Motorrades. Hilfeleistungen nach dem SGB II gibt es u. a. nur, wenn vorhandenes Vermögen leistungsrechtlich „geschützt" ist, d. h. nicht zur Bedarfsdeckung berücksichtigt werden muss. Wie würden sie den Fall in Anwendung des § 12 Abs. 3 Nr. 2 SGB II lösen?
§ 12 Abs. 3 Nr. 2 SGB II lautet:
„Als Vermögen sind nicht zu berücksichtigen
1. ... ,
2. ein angemessenes Kraftfahrzeug für jede in der Bedarfsgemeinschaft lebende erwerbsfähige Person,
Nach dem klaren Wortlaut ist nach § 12 Abs. 3 Nr. 2 SGB II nur „**ein**" Kraftfahrzeug geschützt. L hat daher ein Fahrzeug zu viel und muss daher grds. ein Fahrzeug verkaufen."

Beispiel - Erweiterung:
Im vorhergehenden Beispiel haben die zwei Kraftfahrzeuge jeweils nur noch einen Restwert von 3.500,00 €. Würde sich das oben ermittelte Ergebnis in Anwendung des § 12 Abs. 3 Nr. 2 SGB II anders darstellen, wenn die Rechtsprechung ein Kraftfahrzeug für eine erwerbsfähige leistungsberechtigte Person im Wert von 7.500,00 € toleriert?
Nach dem klaren Wortlaut ist nach § 12 Abs. 3 Nr. 2 SGB II nur „**ein**" Kraftfahrzeug geschützt. Eine Auslegung über die äußerste Grenze des Wortlauts ist nicht erlaubt.

---

89 *Schmalz*, Methodenlehre für das juristische Studium, 4. Aufl. (1998), S. 89 Rn. 236, *Zippelius*, Juristische Methodenlehre, 11. Aufl. (2012), S. 47; *Beaucamp/Treder*, Methoden und Technik der Rechtsanwendung, 2. Aufl. (2011), Rn. 179 mwN.
90 Vgl. *Tegtmeyer/Vahle*, Polizeigesetz Nordrhein-Westfalen, 11. Aufl. (2014), § 41 Rn. 6.

Das Ergebnis wird durch eine Auslegung nach dem Sinn und Zweck der Norm bestätigt: Das Kraftfahrzeug soll der leistungsberechtigten Person die notwendige Flexibilität auf dem Arbeitsmarkt ermöglichen. Dazu reicht ein Kraftfahrzeug aus. Außerdem soll der leistungsberechtigten Person durch den Schutz bestimmter Vermögensgegenstände nur ein Lebenshaltungsniveau in bescheidenen Verhältnissen gesichert werden. Dazu reicht ein Kraftfahrzeug aus.

Begriff der Krankheit in § 43 Abs. 2 SchulG NRW[91]

Die muslimische Schülerin M der 10. Klasse möchte aus religiösen Gründen nicht an der Klassenfahrt teilnehmen. Ihr Glaube würde es ihr verbieten, ohne Begleitung eines "Mahram", eines nahen männlichen Verwandten, an einer Klassenfahrt mit Übernachtung außerhalb des Elternhauses teilzunehmen.

§ 43 Abs. 2 SchulG NRW (Schulversäumnis) lautet:

„Ist eine Schülerin oder ein Schüler durch Krankheit oder aus anderen nicht vorhersehbaren Gründen verhindert, die Schule zu besuchen, so benachrichtigen die Eltern unverzüglich die Schule und teilen schriftlich den Grund für das Schulversäumnis mit. Bei begründeten Zweifeln, ob Unterricht aus gesundheitlichen Gründen versäumt wird, kann die Schule von den Eltern ein ärztliches Attest verlangen und in besonderen Fällen ein schulärztliches oder amtsärztliches Gutachten einholen."

Es stellt sich die Frage, ob eine Krankheit i.S. der o. g. Norm vorliegt. Das OVG Münster stellt zur Vorgängernorm (§ 9 SchulO NRW) fest: „...ohne einen "Mahram" - wie Vater, Großvater, Bruder oder Onkel - über Nacht zu verreisen, also auch an der Klassenfahrt teilnehmen zu müssen ...

... bedeutet: eine durch „Zwänge und Ängste gekennzeichnete Situation", vergleichbar von Psychosen. „Es spricht Überwiegendes dafür, dass die geschilderten Zwänge und Ängste auch bei der M bereits Krankheitswert erreichen".

Das Urteil schießt wohl über das Ziel und vor allem den Wortlaut hinaus.

III. Systematische Auslegung

185 Bei dieser Auslegungsmethode wird versucht, sich den Bedeutungsinhalt einer Rechtsnorm bzw. des zu untersuchenden Rechtsbegriffs anhand der **Stellung im Gesetz und der Stellung in der Rechtsordnung** zu erschließen. Die im Rahmen der Wortlautauslegung gewonnenen Erkenntnisse sollen – bestenfalls – bestätigt werden.

Der Rechtsanwender soll Erkenntnisse dadurch gewinnen, indem er

- die thematische Verortung der fraglichen Rechtsnorm im Gesetz beleuchtet. Dazu hilft u. a. ein Blick auf die Nachbarvorschriften sowie die Kapitel- und Abschnittsüberschriften,

- das Zusammenspiel der Rechtsnormen des fraglichen Gesetzes betrachtet,

- die Beziehung der auszulegenden Rechtsnorm zu den Prinzipien des Gesetzes beleuchtet. Damit besteht eine inhaltliche Nähe zur teleologischen Auslegung,

- die Beziehung der auszulegenden Rechtsnorm zu anderen Gesetzen und zur Verfassung berücksichtigt. Insbesondere Grundrechte und Werte der Verfassung können auf die Auslegung der Rechtsnorm Einfluss nehmen. Von mehreren Ausle-

---

[91] OVG NRW, 17.01.2002 – 19 B 99/02, DVP 2003, S. 509 (2003) mit Anmerkung von *Vahle*.

III. Systematische Auslegung

gungsmethoden ist diejenige zu wählen, die den Werten der Verfassung am ehesten entspricht, weil die Rechtsordnung möglichst widerspruchsfrei miteinander im Einklang stehen soll.

Die systematische Auslegung erfordert Kenntnisse der Prinzipien des jeweiligen Gesetzes sowie des Regelungskontexts der auszulegenden Norm. Als Anfänger neigt man dazu, die Prinzipien des Gesetzes beim Lernen zu vernachlässigen, weil sie für die Lösung eines materiellen Problems scheinbar nicht von Bedeutung sind. Das ist ein Trugschluss, weil systematische Kenntnisse für Auslegungsfragen und damit Falllösungen sehr hilfreich sind.

Beispiel
Hat ein Adressat den Widerspruch entgegen § 70 Abs. 1 VwGO bzw. § 84 Abs. 1 SGG nicht oder verspätet (also nach einem Monat) eingelegt, ist der Widerspruch grds. als unzulässig, weil verfristet, zurückzuweisen. Kann die Behörde trotzdem noch den Widerspruch behandeln (vor allem, wenn angenommen wird, dass die Ausgangsbehörde einen rechtswidrigen Bescheid erlassen hat)?

Dagegen[92] spricht, dass bei einer Einlassung auf den verfristeten Widerspruch das Prinzip der formellen Bestandskraft (Unanfechtbarkeit) durchbrochen wird. § 77 SGG bestimmt beispielsweise, dass ein Verwaltungsakt für die Beteiligten bindend ist, wenn gegen einen Verwaltungsakt ein Rechtsbehelf nicht eingelegt wird.

§ 70 Abs. 2 VwGO sowie § 84 Abs. 2 SGG regeln bereits den Fall eines verfristeten Widerspruchs durch die Möglichkeit der Wiedereinsetzung in den vorigen Stand (§ 60 VwGO, § 67 SGG). Die Vorschriften wären weitestgehend überflüssig, wenn sich die Behörde im Rahmen einer eigenständigen Entscheidung auf einen verfristeten Widerspruch einlassen könnte. Außerdem müssen Widerspruchsbehörde und Ausgangsbehörde nicht identisch sein (vgl. § 73 VwGO, § 85 SGG). Disponibel kann eine Vorschrift aber nur für denjenigen sein, in dessen ausschließlichem Interesse sie erlassen worden ist.

Andererseits ist das Widerspruchsverfahren ein Verwaltungsverfahren und im Rahmen dieses Verwaltungsverfahrens ist die zuständige Behörde „Herrin des Verfahrens" (vgl. § 10 VwVfG, § 9 SGB X). Darüber hinaus ist die Behörde ohnehin nach § 48 VwVfG bzw. § 45 SGB X befugt, einen bereits bestandskräftigen Verwaltungsakt aufzuheben.

Deshalb wird vertreten, dass eine Behörde trotz verspäteten Widerspruch zu der Entscheidung kommen kann, in das Widerspruchsverfahren „einzusteigen".

Beispiel
Ein tragender Grundsatz der Sozialhilfegewährung ist die „Subsidiarität der Hilfegewährung", also der Nachrang der Sozialhilfe (§ 2 SGB XII). Selbst- und Fremdhilfemöglichkeiten sind damit vor dem Bezug von Sozialhilfe vorrangig einzusetzen. Das gilt insbesondere für den Einsatz von Einkommen. Die Anspruchsgrundlagen der §§ 19 Abs. 1 SGB XII (Hilfe zum Lebensunterhalt), § 19 Abs. 2 SGB XII (Grundsicherung im Alter und bei Erwerbsminderung) sowie des § 19 Abs. 3 SGB XII (Hilfen nach dem 5. bis 9. Kapitel SGB XII), die für die verschiedenen Hilfen des SGB XII gelten, greifen in ihren Tatbestandsmerkmalen dieses auch auf. Vergleicht man die verschiedenen Anspruchsgrundlagen sowie die Regelungen der §§ 82 ff. SGB XII können sowohl aus dem Wortlaut als auch aus der systematischen Stellung Schlussfolgerungen gezogen werden.

Vergleicht man bspw. den Wortlaut des § 19 Abs. 1, Abs. 2 SGB XII mit dem des § 19 Abs. 3 SGB XII, fällt auf, dass nach § 19 Abs. 3 SGB XII nur ein „zumutbarer" Einkommenseinsatz gefordert wird. Das lässt vom Wortlaut auf einen geringeren Einkommenseinsatz bei den Leistungsarten nach dem 5. bis 9. Kapitel SGB XII schließen.

Die systematische Auslegung bringt unter Betrachtung der **Überschriften** folgende Erkenntnisse: Das 11. Kapitel SGB XII (§§ 82 ff. SGB XII) ist mit „Einsatz des Einkommens und Vermögens" überschrieben. Damit gilt dieses Kapitel grundsätzlich für alle Hilfearten, die in § 8 SGB XII genannt werden, mithin für die Hilfen nach § 19 Abs. 1, § 19 Abs. 2 und § 19 Abs. 3 SGB XII.

---

92 In der juristischen Argumentation wird zweckmäßigerweise mit der Meinung begonnen, der man im Ergebnis nicht folgt.

Von den sechs Abschnitten des 11. Kapitels ist **aus den Überschriften** der ersten drei Abschnitten Folgendes zu entnehmen: Der erste Abschnitt beschäftigt sich mit der Anrechnung von Einkommen auf alle Hilfearten; der zweite Abschnitt beschäftigt sich mit der Anrechnung von Einkommen nur auf die Hilfen nach dem fünften bis neunten Kapitel. Damit gilt dieser zweite Abschnitt nicht für die Hilfen nach dem 3. und 4. Kapitel und den Anspruchsgrundlagen der §§ 19 Abs. 1 und 19 Abs. 2 SGB XII. Es handelt sich also um Sonderregelungen, um den „zumutbaren" Einkommenseinsatz zu ermitteln.

Der dritte Abschnitt beschäftigt sich mit dem Vermögen und gilt wieder, da – entgegen den vorhergehenden **Überschriften** – keine Einschränkung in der Überschrift vorgenommen worden ist, für alle Hilfen. Dies entspricht auch den Anspruchsgrundlagen, die zwar in § 19 Abs. 3 SGB XII von einem „zumutbaren Einkommenseinsatz", aber nicht von einem zumutbaren Vermögenseinsatz sprechen. Der Vermögenseinsatz ist also für alle Leistungs- und Hilfearten gleich.

Beispiel

Der Jura-Student Rainer B, der unter chronischer Geldnot leidet, bewirbt sich in NRW auf insgesamt zehn ausgeschriebene Stellen für die Position einer Gleichstellungsbeauftragten. Jedes Mal wird er mit dem Hinweis abgelehnt, auf die Stelle der Gleichstellungsbeauftragten könnten sich nur Frauen bewerben. Nachdem B jeweils das Ablehnungsschreiben erhalten hat, wendet er sich an das Arbeitsgericht und macht Schadensersatzansprüche in Höhe von drei Monatsgehältern geltend (vgl. § 15 AGG). Wird B Erfolg haben? B trägt vor, § 5 GO NRW und die §§ 6 und 7 AGG seien verletzt worden.[93]

§ 5 GO NRW lautet auszugsweise:

„(1) Die Verwirklichung des Verfassungsgebots der Gleichberechtigung von Frau und Mann ist auch eine Aufgabe der Gemeinden. Zur Wahrnehmung dieser Aufgabe können die Gemeinden Gleichstellungsbeauftragte bestellen.
(2) In kreisangehörigen Städten und Gemeinden mit mehr als 10 000 Einwohnern sowie in kreisfreien Städten sind hauptamtlich tätige Gleichstellungsbeauftragte zu bestellen.
(3) Die Gleichstellungsbeauftragte wirkt bei allen Vorhaben und Maßnahmen der Gemeinde mit, die die Belange von Frauen berühren oder Auswirkungen auf die Gleichberechtigung von Frau und Mann und die Anerkennung ihrer gleichberechtigten Stellung in der Gesellschaft haben.
(4) Die Gleichstellungsbeauftragte kann in Angelegenheiten ihres Aufgabenbereiches an den Sitzungen des Verwaltungsvorstands, des Rates und seiner Ausschüsse teilnehmen. Ihr ist auf Wunsch das Wort zu erteilen. Sie kann die Öffentlichkeit über Angelegenheiten ihres Aufgabenbereichs unterrichten.
(5) Die Gleichstellungsbeauftragte kann in Angelegenheiten, die ihren Aufgabenbereich berühren, den Beschlussvorlagen des Bürgermeisters widersprechen; in diesem Fall hat der Bürgermeister dem Rat zu Beginn der Beratung auf den Widerspruch und seine wesentlichen Gründe hinzuweisen."

Hinsichtlich der Frage, ob eine Gleichstellungsbeauftragte zwingend eine Frau sein muss, ergeben sich aus den verwendeten Begriffen **(Wortlautauslegung)** in § 5 Abs. 1 sowie § 5 Abs. 2 GO NRW keinerlei Erkenntnisse, weil der Begriff „Gleichstellungsbeauftragte" im Plural verwendet wird.

In § 5 Abs. 3, Abs. 4 und Abs. 5 GO NRW steht der Begriff der Gleichstellungsbeauftragten in der Einzahl und spricht von den Aufgaben einer (weiblichen) Gleichstellungsbeauftragten. Dies kann auf eine (weibliche) Gleichstellungsbeauftragte hindeuten. Allerdings befassen sich diese Normen allein mit den Aufgaben und den Funktionen der Gleichstellungsbeauftragten; eine Regelung der Bestellung und insbesondere der persönlichen Voraussetzungen einer Bestellung findet sich darin nicht. Damit folgt aus dem Wortlaut des Gesetzes zunächst kein Erkenntnisgewinn und auch keine Einschränkung hinsichtlich des Geschlechts.

Die systematische Auslegung fragt nach der Beziehung der Norm zu anderen Vorschriften. Nach § 12 GO NRW sind Funktionsbezeichnungen in weiblicher oder männlicher Form zu führen. Daraus folgt, dass in den Normen der Gemeindeordnung, in denen Funktionen geregelt sind, nur die geschlechtlich zutreffende sprachliche Fassung gemeint ist (z. B. „Der Bürgermeister"). § 5 GO NRW (ohne die entsprechende Regelung im Landesgleichstellungsgesetz) spricht also mit der gewählten weiblichen Fassung zugleich männliche Bewerber an.

---

[93] Fall nach BAG, 12. November 1998 – 8 AZR 365/97, BAGE 90, 170-181.

IV. Teleologische Auslegung

Eine Schadensersatzforderung nach § 15 AGG verlangt allerdings eine Benachteiligung wegen des Geschlechts. Eine teleologische Betrachtung des § 15 AGG verlangt daher, dass B ein objektiv geeigneter Bewerber sein muss. Objektiv ungeeignete Bewerber können gar nicht "wegen" ihres Geschlechts benachteiligt werden. Da B sich nicht „ernsthaft" beworben hat, sondern von vornherein die Zahlung einer Entschädigung angestrebt hat, liegt eine Benachteiligung „wegen" seines Geschlechts nicht vor.
Nach dem später in Kraft getretenen Landesgleichstellungsgesetz ist als Beauftragte eine Frau zu bestellen (§ 15 Abs. 2 LGG NRW).

IV. Teleologische Auslegung

Die teleologische Auslegung sammelt Erkenntnisse, indem sie insbesondere **186**
- nach dem Sinn und Zweck einer Rechtsnorm fragt,
- nach dem Sinn und Zweck des anzuwendenden Gesetzes fragt.

Ziele und Prinzipien des Gesetzes stehen häufig an dessen Anfang. Manchmal verfolgen Gesetze nicht nur ein Ziel, sondern mehrere. Das SGB II soll z. B. leistungsberechtigten Personen ermöglichen, ein Leben zu führen, das der Würde des Menschen entspricht (§ 1 SGB II). Gleichzeitig beinhaltet es das Nachrangprinzip (§ 2, § 3 Abs. 3, § 9 SGB II), welches wiederum eng mit dem Grundsatz des Forderns (§ 2 SGB II, § 14 SGB II) verknüpft ist. Weiterhin bestehen Grundsätze des Förderns (§ 1 Abs. 2 SGB II, §§ 15 ff. SGB II). Ein Blick in diese Rechtsnormen lassen Rückschlüsse darauf zu, was mit der konkret problematischen Norm gemeint sein könnte. **187**

Damit liegt es auf der Hand, dass zwischen systematischer Auslegung und teleologischer Auslegung ein enger inhaltlicher Zusammenhang besteht. Es ist nicht immer möglich, die Auslegungsmethoden voneinander zu trennen und die jeweiligen Sachargumente den jeweiligen Auslegungsmethoden genau zuzuordnen. Es kann aber zweckmäßig sein, dem Leser durch die Formulierung deutlich zu machen, welches methodische Instrument er gerade anwendet.

Das Wesen der Auslegung nach dem Normzweck besteht darin, den der Norm zugrunde liegenden Sinn und Zweck zu ermitteln und zu überprüfen, ob dieser im konkreten Fall zutrifft. Die Methode ist also zweistufig: **188**
- Ermittlung des Normzwecks: welche Interessenslage liegt der Vorschrift zugrunde und welche Bewertung hat der Gesetzgeber vorgenommen und
- Ausdehnung des Normzwecks auf eine weitere Fallgruppe: Rechtfertigt der Normzweck im zu entscheidenden Fall dieselbe Bewertung?

Im weiter oben genannten Beispiel wurde der Frage nachgegangen, ob ein Zelt eine „Wohnung" i.S. des § 41 PolG NRW sein kann (vgl. Seite 93). Dabei wurde auf der Basis einer Wortlautauslegung vertreten, dass ein Zelt auch dem „Wohnen" dienen kann. Das Ergebnis wird durch eine teleologische Auslegung bestätigt: § 41 PolG NRW dient der Gefahrenabwehr (vgl. § 1 Abs. 1 S. 1 PolG NRW) in besonderen Fällen. So muss es der Polizei möglich sein, z. B. eine Wohnung, aus der Gas ausströmt, zu betreten, bevor das Haus in die Luft gesprengt wird. Der Sinn und Zweck der Vorschrift geht also dahin, der Polizei nur unter engen Voraussetzungen das Betreten von Behausungen auch ohne Einwilligung des Inhabers zu gestatten und in dessen Sphäre einzudringen. Für diesen Normzweck macht es aber keinen Unterschied, ob das Hausrecht des Inhabers in einem „normalen" Steinhaus oder einem Zelt ausgeübt wird. Die teleologische Auslegung gestattet es demnach, ein Zelt als Wohnung i.S. des § 41 PolG NRW anzusehen. **189**

190 Die teleologische Methode gestattet Erwägungen hinsichtlich
- rechtspolitischer Zielsetzungen des Gesetzes,
- Effizienz und Praktikabilität der Entscheidung,
- Kontrollmöglichkeiten,
- Folgenbetrachtung.[94]

191 Damit wird klar, dass die teleologische Auslegung – ausgehend vom konkreten Normzweck – eine vergleichsweise umfassende Betrachtung vieler Umstände in den Abwägungsprozess einbeziehen kann. Damit handelt es sich um die Auslegungsmethode, die in der Regel die überzeugendsten Argumente hervorbringt.

Beispiel

Der antragstellende A möchte eine Gewerbeerlaubnis erhalten. Die zuständige Behörde lehnt den Antrag des A ab. Es stellt sich in diesem Fall die Frage, ob A vor Erlass des ablehnenden Bescheids nach § 28 Abs. 1 VwVfG NRW angehört werden muss.

Die Vorschrift lautet:

„Bevor ein Verwaltungsakt erlassen wird, der in Rechte eines Beteiligten eingreift, ist diesem Gelegenheit zu geben, sich zu den für die Entscheidung erheblichen Tatsachen zu äußern."

Problematisch ist das Tatbestandsmerkmal „eingreifender" Verwaltungsakt. Bei **wörtlicher Auslegung** des § 28 Abs. 1 VwVfG NRW beschränkt sich die behördliche Auslegung auf die Fälle, in denen in bestehende Rechtspositionen eingegriffen wird. In eine Rechtsposition wird eingegriffen, wenn sich ein status quo in einen status quo minus verwandelt, sich also eine vorhandene Rechtsposition verschlechtert. Nicht erfasst ist demnach der Fall, in denen – wie hier – eine Erweiterung der Rechtsposition ganz oder teilweise verweigert wird. Nach der Wortlautauslegung muss also eine Anhörung vor Ablehnung eines nicht begünstigenden Verwaltungsaktes nicht erfolgen.

Die **systematische Auslegung** fragt u. a. danach, ob das gefundene Ergebnis auch mit den tragenden Verfassungswerten im Einklang steht. Zwar sind Grundrechte in erster Linie Abwehransprüche des Bürgers gegen den Staat, aber auch Teilhabeansprüche. Daraus folgt, dass der Bürger bei staatlichen Entscheidungen nicht nur bloßes Objekt sein soll, sondern er in einem transparenten Verfahren beteiligt werden soll. Der Grundsatz des „rechtlichen Gehörs" hat Verfassungsrang. Dies spricht dafür, dass auch bei rechtspositionserweiterten Anträgen eine Anhörung entgegen den Wortlaut durchzuführen ist.

Es ist ebenfalls zu beachten, dass es Art. 12 GG grundsätzlich jedem Bürger erlaubt, einen Beruf seiner Wahl auszuüben. Bei Ablehnung einer Gewerbeerlaubnis wird somit in die Berufsfreiheit eingegriffen. Unter diesem Blickwinkel liegt ein „Eingriff" in eine vorhandene Rechtsposition vor.

Sinn und Zweck des § 28 VwVfG NRW besteht u. a. darin, den Bürger vor Überraschungsentscheidungen der Verwaltung zu schützen.

Umgekehrt soll die entscheidungsbefugte Behörde alle relevanten Tatsachen sammeln und einen vollständigen Sachverhalt der Entscheidung zu Grunde zu legen. Die **Zielsetzung** des Verwaltungsverfahrensgesetzes besteht darin, durch Einhaltung von Verfahrensvorschriften zu einem materiell richtigen Ergebnis zu gelangen. Der Bürger muss also noch die Möglichkeit haben, auf das Verfahren Einfluss zu nehmen. Das gilt auch für die Leistungsverwaltung.

Die **teleologische Auslegung** führt daher dazu, auch im Bereich der Leistungsverwaltung bei ablehnenden Entscheidungen eine Anhörung durchzuführen.

Bedenken zum gefundenen Ergebnis können darin bestehen, dass dieses mit der äußersten Grenze des Wortlauts nicht mehr im Einklang steht. Jedoch hat der Bürger grundsätzlich einen verfassungsverbürgten Anspruch auf Berufsfreiheit und damit grundsätzlich einen Anspruch auf Erteilung einer Gewerbeerlaubnis. In dieses Recht würde bei einer Ablehnungsentscheidung „eingegriffen". Eine extensive Wortlautauslegung erlaubt daher eine Interpretation der Vorschrift zugunsten einer Anhörung auch in der Leistungsverwaltung.

---

94 Vgl. *Kohler-Gehrig*, Einführung in das Recht, 2010, S. 61; *Schmalz*, Methodenlehre für das juristische Studium, 4. Aufl. (1998), S. 100 Rn. 285 ff.

IV. Teleologische Auslegung

Je nach Gewichtung der Auslegung können verschiedene Meinungen vertreten werden. Praktikabilitätsgesichtspunkte rechtfertigen es bspw., im Bereich der sozialen Massenverwaltung (SGB II und SGB XII) von einer Anhörung abzusehen, wenn ein begünstigender Leistungsbescheid erlassen wird.

Beispiel[95]
Die sich seit fünf Jahren im SGB II - Leistungsbezug befindliche leistungsberechtigte Person H ist infolge unangemessener Unterkunftskosten in eine neue Wohnung umgezogen. Während des Umzugs stellte sich heraus, dass das Bett nicht zerlegbar war und durch den Umzug unbrauchbar (auch nicht reparierbar) geworden ist. H begehrt Leistungen vom zuständigen Träger nach § 24 Abs. 3 S. 1 SGB II in Höhe von 200,00 €. Kann die Leistung übernommen werden?

§ 24 Abs. 3 Nr. 1 SGB II lautet:
„Nicht vom Regelbedarf nach § 20 umfasst sind Bedarfe für
1. Erstausstattungen für die Wohnung einschließlich Haushaltsgeräten, ..."
Vgl. auch: § 24 Abs. 1 SGB II, § 12 Abs. 2 Nr. 4 SGB II, § 20 Abs. 1 SGB II.
Fraglich ist, ob es sich bei der Anschaffung für das Bett um eine „Erstausstattung" i.S. des § 24 Abs. 3 S. 1 Nr. 1 SGB II handelt.

Bereits bei einer an **Wortlaut und Grammatik** (insbesondere der Verwendung des Plurals) orientierten Interpretation liegt es nahe, hierunter eine Sachgesamtheit i.S. eines „Startpakets" zu verstehen, wie sie üblicherweise in engem zeitlichem und kausalem Zusammenhang mit dem erstmaligen Bezug einer Wohnung bzw. der Gründung eines neuen Hausstands angeschafft wird. Da aber hier nicht erstmalig eine Wohnung bezogen wird und H ihre Ausstattungsgegenstände mitnehmen konnte, ist ein „Startparket" grundsätzlich nicht notwendig. Aus dieser Betrachtungsweise handelt es sich nicht um eine Erstausstattung, sondern vielmehr um eine Ersatzbeschaffung.

Betrachtet man im Rahmen einer **systematischen Auslegung** angrenzende Normen, wird durch § 12 Abs. 2 Nr. 4 SGB II (Vermögensfreibetrag für notwendige Anschaffungen) und § 20 Abs. 1 S. 4 SGB II (Aufgabe einer leistungsberechtigten Person, Rücklagenbildung aus dem Regelsatz zu bilden) deutlich, dass H unregelmäßig anfallende Bedarfe durch Ansparungen finanzieren soll, denn auch ohne Umzug werden Einrichtungsgegenstände funktionsunfähig. Insbesondere sind Kosten für die Anschaffung und Reparatur von Möbeln im Regelsatz enthalten.

Das geltende Anspar**prinzip** wird durch das Subsidiaritäts**prinzip** (§§ 2, 3 SGB II) gestützt, wonach jede leistungsberechtigte Person entsprechende Selbsthilfeobliegenheiten hat. Besteht eine solche Selbsthilfemöglichkeit aufgrund fehlender Rücklagenbildung nicht und ist der Bedarf besonders dringend bzw. unabweisbar, hält der Gesetzgeber mit der Regelung des § 24 Abs. 1 SGB II die Möglichkeit bereit, ein ergänzendes Darlehen für solche dringenden Bedarfsfälle zur Verfügung zu stellen.

Unter Berücksichtigung der Wortlaut- und systematischen Auslegung kommt daher eine Übernahme der angefallenen Kosten nicht in Frage.

Andererseits verlangt sowohl das Gesetz (§ 1 SGB II) als auch die Verfassung (vgl. Art. 1 Abs. 1 i. V. m. Art. 20 Abs. 1 GG), dass leistungsberechtigte Personen ein menschenwürdiges Leben führen können. Es ist daher anerkannt, dass Kosten auch bei einem Wohnungsbrand oder eines Neubezugs nach einer Inhaftierung übernommen werden können, obwohl es sich dann bei restriktiver Auslegung um eine Ersatzbeschaffung handelt. Die Vorschrift ist daher als Öffnungsklausel für Härtefälle zu interpretieren, in denen die Bedarfsdeckung aus der Regelleistung unmöglich erscheint **(teleologische Auslegung)**.

Wenngleich vertreten werden kann, dass man auch ohne ein Bettgestell auskommen kann, indem auf einer Matratze geschlafen wird, sind Betten essentielle Bestandteile des menschenwürdigen Lebens, um auch einfachen und grundlegenden Bedürfnissen gerecht zu werden.

Daher ist nach teleologisch-systematischer Auslegung vertretbar, die Übernahme der Kosten für ein neues Bettgestell als Beihilfe gemäß § 24 Abs. 3 S. 1 Nr. 1 SGB II zu ermöglichen.

Sofern man sich aufgrund der teleologische Auslegung **für** die Übernahme ausspricht, ist die Auslegung mit der **äußersten Grenze des Wortlauts** noch vereinbar: Denn nach dem Umzug sind die Gegenstände nicht vorhanden, so dass es sich bei dem Bezug der neuen Wohnung um eine „Erstausstattung" (Neuausstattung) handelt.

---

95 Fall nach BSG, 01.07.2009 – B 4 AS 77/08 R, SozR 4-4200 § 23 Nr. 4.

V. Historische Auslegung

192 Bei der historischen Auslegung wird die Entstehungsgeschichte einer Norm oder eines Gesetzes in den Blick genommen. Dadurch kann der ursprüngliche Wille des Gesetzgebers erforscht werden. Um diesen zu ermitteln, können insbesondere folgende Unterlagen herangezogen werden

- Referentenentwürfe
- Sitzungsprotokolle
- Bundestags- und Bundesratsdrucksachen
- Protokolle der Bundestags- und/oder Bundesratsdebatten

Die historische Auslegung ist deshalb die schwächste Auslegungsmethode, weil Gesetze einem zeitlichen Wandel unterworfen sind und die heutige Bedeutung einer Norm maßgebend ist und nicht die historische. Insbesondere bei älteren Gesetzen ist es daher möglich, dass die historische Auslegung keine entscheidenden Argumente mehr liefert. Insoweit kommt es auf den objektiven Willen des Gesetzgebers an. Der dazugehörige Leitsatz lautet: „Das Gesetz kann klüger sein als die Väter des Gesetzes". Immerhin kann die Entstehungsgeschichte eines Gesetzes ein nach anderen Auslegungsmethoden gefundenes Ergebnis stützen.

193 In Klausuren kann kaum jemals der historische Wille des Gesetzgebers ermittelt werden. Insofern spielt diese Auslegungsmethode hauptsächlich für Seminar- und Hausarbeiten eine Rolle, wenn ausreichend Zeit für Recherchen besteht.

C. Rechtsfortbildung

I. Teleologische Reduktion

Die teleologische Reduktion wird überwiegend dem Bereich der Rechtsfortbildung zugeordnet[96]. Sie kann aber auch als ein Sonderfall der teleologischen und systematischen Auslegung gesehen werden und bildet zugleich eine Nähe zur verfassungskonformen Auslegung[97].

194

Will man die verfassungskonforme Auslegung und die teleologische Reduktion unterscheiden, dann kann dazu Folgendes festgestellt werden: Die verfassungskonforme Auslegung ist eine Auslegungsmethode und damit eine Methode der Rechtsgewinnung. Sie versucht, eine Norm im Einklang mit der Landesverfassung oder dem Grundgesetz auszulegen, weil sie ansonsten dazu in Widerspruch stünde. Dabei ist die Auslegung zu wählen, die der Verfassung am ehesten entspricht. Eine Rechtsnorm wird also quasi an die Verfassung „angepasst".

Das Bundesverwaltungsgericht[98] führt zur verfassungskonformen Auslegung wie folgt aus:

„Das Gebot verfassungskonformer Gesetzesauslegung verlangt, von mehreren möglichen Normdeutungen, die teils zu einem verfassungswidrigen, teils zu einem verfassungsmäßigen Ergebnis führen, diejenige vorzuziehen, die mit dem Grundgesetz in Einklang steht [...]. Eine Norm ist daher nur dann verfassungswidrig, wenn keine nach anerkannten Auslegungsgrundsätzen zulässige und mit der Verfassung zu vereinbarende Auslegung möglich ist. Auch im Wege der verfassungskonformen Interpretation darf aber der normative Gehalt einer Regelung nicht neu bestimmt werden [...]. Die zur Vermeidung eines Verfassungsverstoßes gefundene Interpretation muss daher eine nach anerkannten Auslegungsgrundsätzen zulässige Auslegung sein [...]. Die Grenzen verfassungskonformer Auslegung ergeben sich damit grundsätzlich aus dem ordnungsgemäßen Gebrauch der anerkannten Auslegungsmethoden. Der Respekt vor der gesetzgebenden Gewalt (Art. 20 Abs. 2 GG) gebietet es dabei, in den Grenzen der Verfassung das Maximum dessen aufrechtzuerhalten, was der Gesetzgeber gewollt hat. Er fordert eine verfassungskonforme Auslegung der Norm, die durch den Wortlaut des Gesetzes gedeckt ist und die prinzipielle Zielsetzung des Gesetzgebers wahrt [...]. Die Deutung darf nicht dazu führen, dass das gesetzgeberische Ziel in einem wesentlichen Punkt verfehlt oder verfälscht wird [...]. Die verfassungskonforme Auslegung findet ihre Grenzen mithin dort, wo sie zum Wortlaut der Norm und zum klar erkennbaren Willen des Gesetzgebers in Widerspruch treten würde [...]."

Der Schritt von einer verfassungskonformen Auslegung zu einer **teleologischen Reduktion** und damit von einer Methode der Rechtsgewinnung zur Rechtsfortbildung ist gering. Bei der teleologischen Reduktion geht die Norm „eindeutig" zu weit. Der Wortlaut erlaubt keine verfassungskonforme Auslegung mehr. Ziel der teleologischen Reduktion besteht darin,

195

- eine Norm zu „retten", obwohl sie gegen höherrangiges Recht bzw. die Verfassung verstößt,
- eine vom Gesetzgeber und eine von der Werteordnung unserer Verfassung vorgegebene und gewollte Rechtslage herbeizuführen.

Das Bundesverwaltungsgericht[99] führt zur teleologischen Reduktion wie folgt aus:

---

96 *Schmalz*, Methodenlehre für das juristische Studium, 4. Aufl. (1998), S. 131 Rn. 402 ff.; *Kohler-Gehrig*, Einführung in das Recht, 2010, S. 89 ff.
97 Vgl. BVerwG, 26.06.2013 – 6 C 1/12, juris (Rn. 33).
98 BVerwG, 20.03.2014 – 4 C 11/13, BVerwGE 149, 211-224 (Rn. 21).
99 BVerwG, 07.05.2014 – 4 CN 5/13, juris (Rn. 14).

„Wenn eine Vorschrift nach ihrem Wortsinn Sachverhalte erfasst, die sie nach dem erkennbaren Willen des Gesetzgebers nicht erfassen soll, sind Gerichte befugt, **den Wortlaut der Vorschrift zu korrigieren**, und ist eine **überschießende Regelung** im Wege der teleologischen Reduktion auf den ihr nach Sinn und Zweck zugedachten Anwendungsbereich zurückzuführen [...]. Die teleologische Reduktion gehört zu den anerkannten Auslegungsgrundsätzen (BVerfG, Beschluss vom 30. März 1993 - 1 BvR 1045/89 u. a. - BVerfGE 88, 145 <167>). Sie kann dazu dienen, eine Vorschrift **entgegen ihrem Wortlaut** einschränkend auszulegen, wenn ihr Sinn und Zweck, ihre Entstehungsgeschichte und der Gesamtzusammenhang der einschlägigen Regelungen gegen eine uneingeschränkte Anwendung sprechen (BVerfG, Kammerbeschluss vom 7. April 1997 - 1 BvL 11/96 - NJW 1997, 2230 <2231>). Sie ist nicht auf Fälle beschränkt, in denen sich eine solche auf Ausführungen in den Gesetzesmaterialien stützen lässt, sondern erfasst auch solche wie den vorliegenden, in welchen die Gesetzesbegründung keinen Hinweis darauf enthält, dass sich der Gesetzgeber der in Rede stehenden besonderen Problematik bewusst gewesen ist."

196 Zentraler Aspekt der teleologischen Reduktion ist es, dass ein **zu weit gefasster Normbereich** durch die teleologische Reduktion eingeengt wird. Verwaltung und Gerichte sind als Rechtsanwender ausnahmsweise befugt, den Wortlaut einer Vorschrift zu korrigieren, wenn die gesetzliche Regelung nach ihrem Wortsinn Sachverhalte erfasst, die sie nach dem erkennbaren Willen des Gesetzgebers nicht erfassen soll[100]. In einem solchen Fall ist eine zu weit gefasste Regelung im Wege der teleologischen Reduktion auf den ihr nach Sinn und Zweck zugedachten Anwendungsbereich zurückzuführen.

197 Die teleologische Reduktion stellt gewissermaßen das Gegenstück zur Analogie dar, weil bei der Analogie der Normbereich erweitert wird, obwohl die fragliche Norm den Sachverhalt nicht erfasst.

Beispiel

Der Stadtrat einer Gemeinde besteht aus 51 Ratsmitgliedern. Zur turnusmäßigen Sitzung erscheinen nur zehn Ratsmitglieder. Der Bürgermeister als Leiter der Sitzung stellt die ordnungsgemäße Einberufung fest. Sodann werden die Tagesordnungspunkte abgehandelt und die dazugehörigen Beschlüsse gefasst.

Prüfen Sie die Rechtmäßigkeit der Beschlüsse unter dem Gesichtspunkt der Beschlussfähigkeit (§ 49 GO)!

§ 49 Abs. 1 GO NRW lautet:

„Der Rat ist beschlußfähig, wenn mehr als die Hälfte der gesetzlichen Mitgliederzahl anwesend ist. Er gilt als beschlußfähig, solange seine Beschlußunfähigkeit nicht festgestellt ist."

Zunächst ist festzustellen, dass der Rat nicht beschlussfähig ist (§ 49 Abs. 1 S. 1 GO NRW im Umkehrschluss). Allerdings gilt der Rat nach der Fiktionsregelung des § 49 Abs. 1 S. 2 GO NRW als beschlussfähig, solange seine Beschlussunfähigkeit nicht festgestellt ist. Danach würde der Rat in concreto als nicht beschlussfähig gelten. Es ist die Eigenart einer Fiktionsregelung („gilt"), dass etwas Unwahres als Wahr vom Gesetzgeber unterstellt wird.

Das Ergebnis wird auch durch Anwendung der teleologischen Auslegung getragen. Die Norm will sicherstellen, dass die Wirksamkeit von Beschlüssen nicht im Nachhinein angezweifelt wird. Auf diese Weise soll die Arbeitsfähigkeit des Rates gewährleistet werden.

Dennoch bestehen Bedenken gegen dieses Ergebnis. Das Demokratieprinzip verlangt, dass Entscheidungen des Staates entsprechend legitimiert sind, d. h. auf eine Mehrheitsmeinung des Volkes zurückzuführen sind. Das ist nicht gewahrt, wenn lediglich zehn von 51 Ratsmitgliedern anwesend sind. Dann basieren die Ratsbeschlüsse nicht auf der Mehrheit der Bürger der jeweiligen Stadt, weil bei zehn Ratsmitgliedern eine Abbildung des Bürgerwillens im Rat nicht mehr vorhanden ist.

Das Demokratieprinzip ist ein wichtiges Struktur- und Verfassungsprinzip, welches in alle Rechtsbereiche hineinstrahlt und bei der Rechtsanwendung nicht außer Acht gelassen werden kann. Bei strenger Betrachtung verstößt § 49 Abs. 1 S. 2 GO gegen die Verfassung, damit gegen höherrangiges Recht und wäre damit rechtswidrig und nichtig.

---

100 Vgl. BVerwG, 01.03.2012 – 5 C 11/11, juris (Rn. 30) = BVerwGE 142, 107-115.

I. Teleologische Reduktion

Bevor eine Rechtsnorm aber verworfen wird, hat der Gesetzesanwender und hat jedes Gericht die Aufgabe, zu prüfen, ob die Norm durch eine verfassungskonforme Auslegung „zu retten" ist. Die verfassungskonforme Auslegung ist also eine Methode der gesetzeserhaltenden Auslegung.

An diesem Punkt setzt die teleologische Reduktion an. Der Anwendungsbereich der Norm wird reduziert, indem der Norm Fallgruppen entzogen werden, auf die die Norm normalerweise vom Wortlaut anwendbar ist. Der Gesetzgeber hat es in diesen Fällen versäumt, eine Ausnahmeregel ergänzend zu § 49 Abs. 1 S. 2 GO NRW aufzunehmen.

Danach gilt: Bei offensichtlicher Beschlussunfähigkeit gilt die Fiktionsregelung des § 49 Abs. 1 S. 2 GO NRW nicht. Die Norm ist insoweit verfassungskonform auszulegen.

Das Beispiel zeigt, dass die verfassungskonforme Auslegung bzw. teleologische Reduktion eine gesetzeserhaltende Auslegung ist. Zwar lässt sich der Sachverhalt unter eine Rechtsnorm subsumieren. Dennoch wird der Norm die konkrete Fallgruppe entzogen, so dass die teleologische Reduktion eine Einschränkung des Normbereichs darstellt. Die insoweit zu weit gefasste Norm wird eingeschränkt. Dies ist notwendig, weil der Gesetzgeber den Regelungsbereich der Norm zu weit ausgestaltet hat oder es **versäumt** hat, **eine zusätzliche Ausnahmebestimmung aufzunehmen**. **198**

Beispiel

Ein Ehepaar verfügt nur über eine geringe Altersrente des Mannes. Diese genügt (nur) zur sozialalleistungsrechtlichen Bedarfsdeckung des Mannes (nicht aber der Ehefrau), so dass der Ehemann nicht auf Grundsicherungsleistungen nach dem 4. Kapitel SGB XII angewiesen ist. Da die Ehefrau eine erwerbsfähige Leistungsberechtigte Person ist (§ 7 Abs. 1 S. 1 SGB II), erhält sie im Falle der Hilfebedürftigkeit Leistungen vom Jobcenter (§ 6d SGB II) nach dem SGB II. Beide Personen bilden eine Bedarfsgemeinschaft (§ 7 Abs. 3 SGB II) und eine Einsatzgemeinschaft (Einkommens- und Vermögensgemeinschaft), so dass der Ehemann Einkommen an seine Ehefrau abgeben müsste. Dies geschieht im SGB II nach der sog. Bedarfsanteilsmethode (§ 9 Abs. 2 S. 3 SGB II). Diese Einkommensverteilungsmethode führt dazu, dass der Ehemann nur einen Teil seines Einkommens zugeordnet bekommt, so dass er formal selbst hilfebedürftig wird und auf Leistungen angewiesen wäre.

Aufgrund von § 7 Abs. 4 SGB II gilt für Altersrentner aber ein Leistungsausschluss, so dass dieser tatsächlich keine Leistungen erhalten kann. Dies führt zu einer Unterdeckung bei der Sicherung der Existenzgrundlage.

Leistung	Frau A (ALG II)	Herr A (Sozialgeld)	Bemerkung
ALG II / Sozialgeld	368,00 €	368,00 €	§ 19 I, § 20 IV SGB II § 19 I 2, § 20 IV SGB II
KDU / KDH	150,00 €	150,00 €	§ 22 I 1 SGB II
Bedarf	**518,00 €**	**518,00 €**	§ 19 I 3 SGB II
Bedarfsanteile	**50%**	**50%**	§ 9 II 3 SGB II
Einkommen	- €	- 700,00 €	§ 11 SGB II, ALG II-V
EK-Verteilung	- 350,00 €	- 350,00 €	
Leistung	168,00 €	~~168,00 €~~	kein Leistungsanspruch von Herrn A wegen § 7 Abs. 4

Die diese Unterdeckung legitimierende Norm des § 9 Abs. 2 S. 3 SGB II muss verfassungskonform so ausgelegt werden, dass sie in der oben beschriebenen Fallkonstellation nicht gilt. Der Norm wird also diese Fallgruppe entzogen. Unterbliebe dies, stünde die Norm in Widerspruch zu Art. 1 GG (Würde des Menschen) und dem Sozialstaatsprinzip (Art. 20 Abs. 1 GG), weil das Ehepaar als Bedarfs- und Einsatzgemeinschaft so geringe Leistungen erhalten würde, dass dies zur Existenzsicherung nicht ausreichen würde.

Gleichwohl hat § 9 Abs. 2 S. 3 SGB II für die ganz überwiegende Zahl der Fälle im Leistungsrecht des SGB II ihre Berechtigung und führt nicht zu Verfassungsverstößen. Die Norm ist lediglich zu weit gefasst; ihr Manko besteht in der fehlenden Berücksichtigung des geschilderten Ausnahmefalles.

Beispiel[101]

Die Firma „Connect GmbH" betreibt Funktürme, Antennenträger und ähnliche Anlagen der Funkinfrastruktur, die sie an Mobilfunkanbieter, Rundfunk- und Fernsehsender sowie andere Nutzer wie bspw. Feuerwehrbehörden und Polizeibehörden vermietet. Einer dieser Funktürme steht im Gebiet des Kreises G. Auf ihm ist u. a. eine Gleichwellenfunkanlage für den Feuerschutz und den Rettungsdienst installiert, die die Firma „Connect GmbH" betreibt.

Rechtliche Grundlage für diese Nutzung des Funkturms war ursprünglich ein zivilrechtlicher Vertrag, mit dem der Kreis G die Anlage gegen Zahlung eines jährlichen Entgelts in Höhe von 3.000,00 € betreibt.

Am 01.10. des Jahres kündigt der Kreis G den Vertrag und verpflichtet die Connect GmbH, die Errichtung der Gleichwellenfunkanlage ohne Entschädigung zu dulden. Zur Begründung berief er sich auf § 28 Abs. 1 FSHG NRW (Feuerschutz- und Hilfeleistungsgesetz; die Rechtsnorm wurde mit Wirkung zum 01.01.2016 durch § 44 BHKG ersetzt), nach der Eigentümer und Besitzer von Gebäuden und Grundstücken verpflichtet sind, die Anbringung von Feuermelde- und Alarmeinrichtungen ohne Entschädigung zu dulden.

Wie ist die Rechtslage, wenn angenommen wird, dass die Voraussetzungen von § 28 Abs. 1 FSHG NRW erfüllt sind?

§ 28 FSHG NRW: Pflichten der Grundstückseigentümer und -besitzer

„(1) Eigentümer und Besitzer von Gebäuden und Grundstücken sind verpflichtet, die Brandschau und die Anbringung von Feuermelde- und Alarmeinrichtungen sowie von Hinweisschildern zur Gefahrenbekämpfung ohne Entschädigung zu dulden."

Bei § 28 Abs. 1 FSHG NRW handelt es sich um eine verfassungsgemäße Ermächtigungsgrundlage. Zwar greift die Vorschrift in die der Connect GmbH zustehenden Grundrechte der Berufsausübungs- und Eigentumsfreiheit ein. Diese Eingriffe sind jedoch durch vernünftige Erwägungen des Gemeinwohls gerechtfertigt. Die Vorschrift sichert die Einsatzfähigkeit der Feuerwehr und dient damit einem Gemeinwohlgut von überragendem Rang.

Der Wortlaut der Norm muss jedoch einschränkend **verfassungskonform ausgelegt werden**. Unter Eigentümer und Besitzer von Grundstücken und Gebäuden i.S. des § 28 Abs. 1 FSHG NRW fallen nicht Eigentümer und Besitzer **gewerblich** errichteter und betriebener Antennenträger. Eine entschädigungslose Inanspruchnahme ihres Eigentums und ihrer beruflichen Leistung greift unverhältnismäßig in das verfassungsrechtlich geschützte Eigentum und die Berufsfreiheit ein.

Die Vermietung und Nutzung des Funkturms gehört zum Kernbereich des Geschäftsfelds. Die entschädigungslose Inanspruchnahme der Einrichtungen der Connect GmbH würde zu einem massiven geschäftlichen Einbruch führen, weil sie sich dann entsprechenden - entschädigungslosen - Inanspruchnahmen durch eine Vielzahl von Feuerwehren, Polizeidienststellen usw. ausgesetzt sehen würde. Deshalb handelt es sich bei dem Ausmaß des ihr drohenden Eingriffs - in der zu erwartenden Summe - auch nicht um vernachlässigungsfähige Geringwertigkeiten, sondern um beachtliche Beeinträchtigungen ihrer Eigentümerposition, die unverhältnismäßig und damit unzumutbar ist.

§ 28 Abs. 1 FSHG NRW ist jedoch nicht als verfassungswidrig anzusehen. Sie lässt sich **verfassungskonform dahin gehend auslegen**, dass sie auf solche Sachverhalte nicht angewandt wird, in denen ein Eigentümer oder sonst dinglich Berechtigter das fragliche Grundstück oder Gebäude gewerblich zur Vermietung von Kommunikationsflächen nutzt. Unter diesen Umständen bleibt es den Brandschutzbehörden unbenommen, eine vertragliche Vereinbarung wegen der Überlassung eines für notwendig gehaltenen Standplatzes zu schließen.

Diese Rechtsprechung wurde nunmehr in § 44 Abs. 1 BHKG berücksichtigt, in dem dort eine entsprechende Entschädigungsregelung aufgenommen wurde.

---

101 Vgl. BVerwG, 26.06.2013 – 6 C 1/12.

II. Gesetzesanalogie

§ 44 Abs. 1 BHKG lautet:
"**Pflichten der Grundstückseigentümerinnen und -eigentümer, Grundstücksbesitzerinnen und –besitzer**
Eigentümerinnen und Eigentümer sowie Besitzerinnen und Besitzer von Gebäuden und Grundstücken sind verpflichtet, die Brandverhütungsschau und die Anbringung von Feuermelde- und Alarmeinrichtungen, Kommunikationseinrichtungen für Zwecke des Brandschutzes, der Hilfeleistung und des Katastrophenschutzes sowie von Hinweisschildern zur Gefahrenbekämpfung ohne Entschädigung zu dulden. **Eine Entschädigung ist nur dann zu leisten**, wenn die Eigentümerin oder der Eigentümer, die Besitzerin oder der Besitzer das Gebäude oder Grundstück **gewerblich** zur Vermietung von Kommunikationsflächen nutzt."

II. Gesetzesanalogie

Bei der verfassungskonformen Auslegung in der Variante der teleologischen Reduktion liefert die fragliche Norm zwar eine Antwort auf die Fallfrage, jedoch stellt sich bei Anwendung der Norm heraus, dass diese – gemessen an der Werteordnung des Grundgesetzes und den Verfassungswerten – zu weit gefasst ist, so dass der Anwendungsbereich entgegen dem Wortlaut **reduziert** werden muss. Der Gesetzgeber hat hier vergessen, eine Ausnahme beizufügen. **199**

Beim Analogieschluss findet der Rechtsanwender keine Norm, die die Fallfrage beantworten könnte. Der Rechtsanwender sucht dann nach einer ähnlichen oder thematisch vergleichbaren Norm, die die Fallfrage bzw. den Sachverhalt in ähnlicher, verwandtschaftlicher und/oder wesensgleicher Art regelt. Dann versucht er diese Norm über den Wortlaut hinaus zu **erweitern**. Das Wesen der Analogie besteht darin, eine Lücke im Rechtssystem zu schließen. Die Frage nach einer Analogie stellt sich erst, wenn eine Auslegung nicht mehr möglich ist. **200**

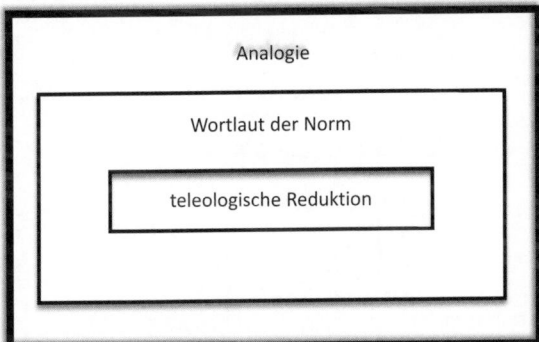

Die Unterschiede und Gemeinsamkeiten zwischen teleologischer Reduktion und Analogie können wie folgt gegenübergestellt werden: **201**

Teleologische Reduktion	Analogie
Wortlaut der fraglichen Norm trifft auf den Sachverhalt zu	Wortlaut der fraglichen Norm trifft auf den Sachverhalt **nicht** zu
Das Ergebnis der Rechtsanwendung ist unangemessen und verstößt gegen Verfassungswerte	Der Sachverhalt findet im Gesetz keinerlei Regelung. Das Ergebnis ist ungerecht und verstößt möglicherweise gegen Art. 3 GG
Entgegen dem klaren Wortlaut wird der Norm eine Fallgruppe **entzogen**. In der Regel handelt es sich um eine Ausnahme-Fallgruppe	Der Anwendungsbereich der Norm wird entgegen dem Wortlaut **erweitert**. In der Regel handelt es sich um eine Ausnahme-Fallgruppe
Reduzierung des Anwendungsbereichs als Gebot der Gerechtigkeit (Art. 3 GG)	**Erweiterung** des Anwendungsbereichs als Gebot der Gerechtigkeit (Art. 3 GG)
Im Ergebnis Auslegung entgegen dem Wortlaut und damit Rechtsfortbildung	Im Ergebnis Auslegung entgegen dem Wortlaut und damit Rechtsfortbildung

Eine analoge Anwendung einer Rechtsnorm kommt in Frage, wenn sich zwei Sachverhalte ähneln, jedoch der eine Sachverhalt vom Tatbestand einer Norm erfasst wird, während dies beim anderen Sachverhalt nicht der Fall ist. Eine Analogie ist also die Übertragung der für einen Tatbestand im Gesetz vorgesehenen Rechtsfolge auf einen anderen, vom Wortlaut der Norm nicht erfassten, aber **rechtsähnlichen** Tatbestand. Der Analogieschluss **überträgt lediglich die Rechtsfolge** auf einen **nicht vom Tatbestand** erfassten Fall, weil dieser wertungsmäßig den erfassten Fällen ähnelt[102].

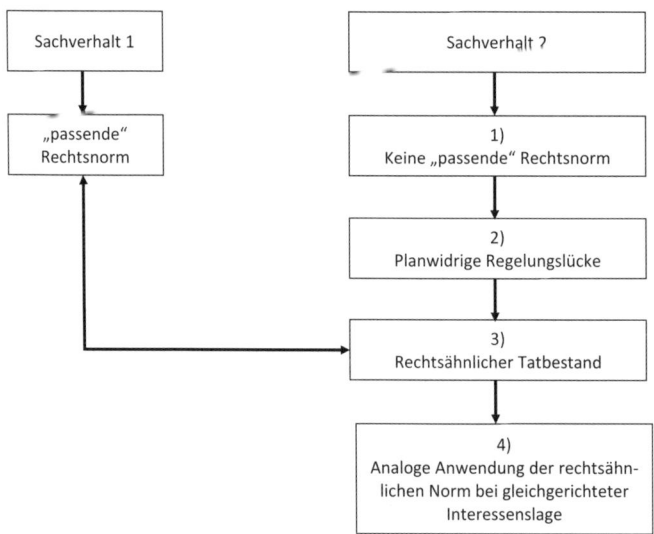

202 Probleme können insbesondere in der **Wertungsfrage** liegen, also in der Klärung, ob erstens ein rechtsähnlicher Fall vorliegt (Prüfungsschritt 3) und zweitens die frag-

---

102 *Beaucamp/Treder*, Methoden und Technik der Rechtsanwendung, 2. Aufl. (2011), Rn. 261 mwN; vgl. auch *Schmalz*, Methodenlehre für das juristische Studium, 4. Aufl. (1998), Rn. 380; *Zippelius*, Juristische Methodenlehre, 11. Aufl. (2012), S. 68.

II. Gesetzesanalogie

liche Norm auf den rechtsähnlichen Fall überhaupt angewandt werden darf (Prüfungsschritt 4). Prüfungsschritt 3 betrifft die Frage, ob die Norm die Rechtsfrage wesensgleich oder verwandtschaftlich erfasst und deshalb eine analoge Anwendung möglich ist. Beim Prüfungsschritt 4 geht es um die Frage, ob der Grundsatz der Gleichbehandlung die analoge Übertragung des Normbereichs auf den nicht geregelten Fall rechtfertigt. Es ist also der Wertungsfrage nachzugehen, ob ausreichend Anhaltspunkte für eine Gleichbehandlung bestehen oder solch ein wesensmäßiger Unterschied besteht, dass sich eine Gleichbehandlung verbietet[103].

Analogieschlüsse ergeben sich häufig in den Fällen, in denen das Ergebnis der Falllösung ungerecht erscheint und sich deshalb die Frage einer Gleichbehandlung von geregeltem und ungeregeltem Sachverhalt aufdrängt. Es handelt sich also um Sachverhalte, in denen über eine analoge Anwendung einer Norm zugunsten einer Person in Betracht kommt. Analogieschlüsse zu Lasten des Bürgers sind demgegenüber problematisch. Sie dürften sich auf wenige Ausnahmefälle beschränken, da eine Analogie mit dem Grundsatz vom Vorbehalt des Gesetzes und der Wesentlichkeitstheorie nur schwer in Einklang zu bringen ist.[104]

Folgende Voraussetzungen müssen vorliegen, damit eine Norm bzw. die Rechtsfolge einer Norm auf den nicht vom Tatbestand der Norm erfassten Sachverhalt angewandt werden kann:
1. Regelungslücke
2. Planwidrigkeit der Regelungslücke
3. Gleichartigkeit / Ähnlichkeit der analog anzuwendenden Norm
4. Lückenschluss als Gebot der Gerechtigkeit

Eine Regelungslücke liegt vor, wenn vom Gesetzgeber keine Rechtsnorm vorgesehen ist, die den Sachverhalt und die dazugehörige Fallfrage beantwortet. Diese Lücke muss der Gesetzgeber versehentlich und damit „planwidrig" hinterlassen haben. Das kann bspw. angenommen werden, wenn der Rechtsanwender feststellt, dass sich der Gesetzgeber in Widerspruch zu grundsätzlichen Wertungen begeben hat. Ein Indiz für eine planwidrige Regelungslücke liegt auch vor, wenn es aus Sicht des Betroffenen vom Zufall abhängt, ob eine einschlägige Norm vorhanden ist oder nicht (z. B. der Zeitpunkt der Erledigung eines Verwaltungsaktes bei der Fortsetzungsfeststellungsklage: § 113 Abs. 1 S. 4 VwGO **analog** bei Erledigung nach dem Widerspruchsverfahren aber noch **vor** Klageerhebung).

Der geregelte und der nicht geregelte Fall müssen so ähnlich oder vergleichbar sein, dass bei der Anwendung der Norm eine **gleichgerichtete Interessenlage** zu bejahen ist. Diese Prüfungsstufe verlangt eine **Bewertung** und Einschätzung, ob der geregelte Normbereich auf den nicht geregelten Normbereich übertragbar ist, weil ein vergleichbarer, ähnlicher, inhaltsgleicher und/oder bedeutungsgleicher Regelungsgegenstand bei der analog anzuwendenden Norm vorhanden ist.

Schließlich ist festzustellen, dass der Analogieschluss ein **Anwendungsfall des Gleichbehandlungsgrundsatzes** ist. Voraussetzung der Analogie ist, dass der vom Gesetz nicht erfasste Sachverhalt dem vom Gesetz geregelten Fall so sehr ähnelt, dass die Analogie ein **Gebot der Gerechtigkeit / Gleichbehandlung** ist. Hierbei spielt der Zweck der analogiefähigen Norm eine bedeutende Rolle.

---
103 *Kohler-Gehrig*, Einführung in das Recht, 2010, S. 82.
104 *Beaucamp/Treder*, Methoden und Technik der Rechtsanwendung, 2. Aufl. (2011), Rn. 270 ff. mwN; *Beaucamp*, AÖR 2009 (2009), S. 83 - 105.

Beispiel

Der erwerbsfähige Anton Anders wohnt mit seiner Frau Elfriede Anders zusammen und bildet eine Bedarfsgemeinschaft i.S. des § 7 Abs. 3 SGB II. Beide Personen beziehen SGB II-Leistungen.

Elfriede bezieht aber nur SGB II-Leistungen, weil Sie mit Anton zusammenlebt (§ 7 Abs. 2, Abs. 3 SGB II). Ansonsten käme für sie Hilfe zum Lebensunterhalt nach dem 3. Kapitel SGB XII in Frage, weil sie zeitlich befristet voll erwerbsgemindert ist.

Elfriede bezieht durch eine berufliche Tätigkeit monatlich 400,00 €. Allein an Fahrtkosten entstehen aber Aufwendungen von 50,00 €/Monat.

Kann sie den Grundfreibetrag nach § 11b Abs. 2 SGB II sowie den Erwerbstätigenfreibetrag nach § 11b Abs. 3 SGB II geltend machen? Vgl. auch § 82 Abs. 3 SGB XII: danach können nichterwerbsfähige Hilfebedürftige, die Leistungen nach dem 3. Kapitel SGB XII beziehen, einen Erwerbstätigenfreibetrag geltend machen.

§ 11b Abs. 2 SGB II (Grundfreibetrag) lautet:

„Bei erwerbsfähigen Leistungsberechtigten, die erwerbstätig sind, ist anstelle der Beträge nach Absatz 1 Satz 1 Nummer 3 bis 5 ein Betrag von insgesamt 100 Euro monatlich von dem Einkommen aus Erwerbstätigkeit abzusetzen. Beträgt das monatliche Einkommen aus Erwerbstätigkeit mehr als 400 Euro, ..."

§ 11b Abs. 3 SGB II (Erwerbstätigenfreibetrag) lautet:

„Bei erwerbsfähigen Leistungsberechtigten, die erwerbstätig sind, ist von dem monatlichen Einkommen aus Erwerbstätigkeit ein weiterer Betrag abzusetzen.

Dieser beläuft sich
1. für den Teil des monatlichen Einkommens, das 100 Euro übersteigt und nicht mehr als 1 000 Euro beträgt, auf 20 Prozent und
2. für den Teil des monatlichen Einkommens, das 1 000 Euro übersteigt und nicht mehr als 1 200 Euro beträgt, auf 10 Prozent. ..."

§ 11b Abs. 3 SGB II ermöglicht als Absetzbetrag vom Einkommen einen **Erwerbstätigenfreibetrag**. Voraussetzung hierfür ist, dass es sich um einen erwerbsfähigen Leistungsberechtigten handelt. Die Norm ist mithin nach dem Wortlaut für Nichterwerbsfähige nicht anwendbar. Somit kann für Elfriede ein Erwerbstätigenfreibetrag nicht anerkannt werden.

Der juristische Laie wird an dieser Stelle in der Rechtsanwendung stehen bleiben und eine weitere Prüfung unterlassen, sondern das ermittelte Ergebnis feststellen.

Das Ergebnis erzeugt jedoch ein gewisses „Unwohlsein", weil es nicht dem Gerechtigkeitsempfinden entspricht. In dieser Situation sollte sich der Rechtsanwender hinsichtlich seines Ergebnisses hinterfragen. Es erscheint ungerecht, dass der Erwerbsfähige einen Erwerbstätigenfreibetrag erhalten kann, während der Nichterwerbsfähige trotz Erwerbstätigkeit keinen „Anerkennungsbetrag" erhält, obwohl er durch seine Arbeitstätigkeit die Sozialleistungssysteme ebenso entlastet und er sogar trotz verminderter Leistungsfähigkeit einer Erwerbstätigkeit nachgeht. Ein Gefühl der Ungerechtigkeit oder Ungleichbehandlung sollte die Prüfung einer Analogie auf den Plan rufen.

Zunächst muss für eine analoge Anwendung eine **Regelungslücke** vorhanden sein. Dies ist zu bejahen, da es für nichterwerbsfähige Sozialgeldempfänger trotz Einkommen aus Erwerbstätigkeit keinerlei Anerkennungs- oder Absetzbeträge, die einem Erwerbstätigenfreibetrag in ihrer Funktion ähneln, gibt.

Weiterhin muss die **Lücke planwidrig** sein. Möglicherweise hat der Gesetzgeber absichtlich nur den erwerbsfähigen Leistungsberechtigten einen Erwerbstätigenfreibetrag zugestanden, denn nur dieser Personenkreis kann langfristig in den allgemeinen Arbeitsmarkt wirksam integriert werden. Danach ist davon auszugehen, dass bewusst darauf verzichtet wurde, Erwerbsunfähigen eine „Förderung" zukommen zu lassen.

Dagegen spricht aber, dass erwerbsgeminderte Personen, die Leistungen nach dem Zwölften Buch Sozialgesetzbuch erhalten, ebenfalls nach § 82 Abs. 3 SGB XII mit einem Erwerbstätigenfreibetrag gefördert werden können.

II. Gesetzesanalogie

Damit wäre es von einem Zufall abhängig, ob man als hilfebedürftige Person einen Erwerbstätigenfreibetrag bekommen würde: je nachdem, ob man als befristet voll erwerbsgeminderte Person Leistungen nach dem SGB XII erhält (dann Erwerbstätigenfreibetrag) oder Leistungen nach dem SGB II bezieht (dann kein Erwerbstätigenfreibetrag), kommt man in den Genuss von entsprechenden Absetz- bzw. Anerkennungsbeträgen.

Damit begibt sich der Gesetzgeber also in Widerspruch zu grundsätzlichen Wertungen in anderen Gesetzen. Durch § 11b Abs. 3 SGB II und § 82 Abs. 3 SGB XII hat der Gesetzgeber gleich an zwei Stellen deutlich gemacht, dass im Existenzsicherungssystem Erwerbstätigkeit belohnt werden soll, und zwar unabhängig von der Frage der Erwerbsfähigkeit.

Es ist daher überzeugender, auch nicht erwerbsfähigen Personen einen Erwerbstätigenfreibetrag zu gewähren, um auch hier die Erwerbstätigkeit zu fördern und anzuerkennen und sie nicht gegenüber anderen Erwerbstätigen (insbesondere gegenüber den SGB XII-Leistungsberechtigten) schlechter zu stellen.

Vor dem beschriebenen Hintergrund ist eine **gleichgerichtete Interessenlage** zwischen dem geregelten Fall (Erwerbstätigenfreibetrag für erwerbsfähige Leistungsberechtigte nach § 11b Abs. 3 SGB II) und dem nicht geregelten Fall zu bejahen, denn jeder Erwerbstätige soll von seinem Einsatz profitieren.

Der Lückenschluss ist ein **Gebot der Gerechtigkeit**, denn ohne ihn würde ein vergleichbarer Personenkreis unterschiedlich behandelt.

Es bleibt die Frage zu klären, welche Norm analog angewandt werden soll. In Frage kommt eine analoge Anwendung von § 11b Abs. 3 SGB II oder § 82 Abs. 3 SGB XII. Grundsätzlich gilt, dass die Norm analog angewandt wird, die zwischen dem geregelten und dem nicht geregelten Fall die größte Rechtsähnlichkeit aufweist. Für nichterwerbsfähige bzw. voll erwerbsgeminderte Personen wird in den Fällen der Erwerbstätigkeit ein Freibetrag nach § 82 Abs. 3 SGB XII gewährt. Diese Rechtsnorm ist also analog anzuwenden.

Weiterhin ist der Frage nachzugehen, ob für Elfriede Anders der **Grundfreibetrag nach § 11b Abs. 2 SGB II** gewährt werden kann. Nach dem Wortlaut ist die Norm ebenfalls nicht anwendbar. Die Vorschrift des § 11b Abs. 2 SGB II (Grundfreibetrag) erfasst ebenfalls nur erwerbsfähige leistungsberechtigte Personen und ist auf erwerbsunfähige Sozialgeldempfänger, die einer Erwerbstätigkeit nachgehen, nicht anwendbar.

Eine **Regelungslücke** kann insoweit bejaht werden, weil es keinen Grundfreibetrag für nichterwerbsfähige leistungsberechtigte Personen gibt. Der Grundfreibetrag ist aber im Gegensatz zum Erwerbstätigenfreibetrag kein „Anerkennungsbetrag", sondern dient in erster Linie der Verwaltungsvereinfachung, weil der Betrag die Absetzbeträge nach § 11b Abs. 1 S. 1 Nr. 3 bis Nr. 5 SGB II ersetzen will. Soweit der Grundfreibetrag bei nicht erwerbsfähigen Personen nicht anerkannt wird, können diese die Absetzbeträge nach § 11b Abs. 1 S. 1 Nr. 3 bis Nr. 5 SGB II erhalten. Damit ist eine **Regelungslücke bereits nicht vorhanden**.

Es existiert auch keine Gerechtigkeitslücke, weil Berufsaufwendungen abgesetzt werden können, wenn die einzelnen Aufwendungen nach § 11b Abs. 1 SGB II nachgewiesen werden.[105]

Schließlich hat eine etwaige **Ungleichbehandlung nur geringes Gewicht** (nicht jede Gerechtigkeitslücke muss mit einer analogen Anwendung geschlossen werden). Die Einschränkung für Sozialgeldempfänger besteht lediglich darin, dass die Nichterwerbsfähigen die Aufwendungen nach § 11b Abs. 1 S. 1 Nr. 3 bis Nr. 5 SGB II nachweisen müssen, also eine Pauschalierung von Absetzbeträgen nicht stattfindet. Im Gegensatz zu den erwerbsfähigen leistungsberechtigten Personen kann der nicht erwerbsfähige Leistungsberechtigte sogar bei einem Einkommen von unter 400,00 € Aufwendungen i.S. der Beträge nach § 11b Abs. 1 S. 1 Nr. 3 bis Nr. 5 SGB II von über 100,00 € geltend machen, was ein Erwerbsfähiger nicht kann (§ 11b Abs. 2 S. 2 SGB II im Umkehrschluss).

Beispiel

Die politische Partei P beantragte im Juni bei der zuständigen Behörde anlässlich einer am 30. September stattfindenden Wahl die gemäß § 18 StrWG NRW erforderliche Sondernutzungserlaubnis für einen Werbestand. Die Behörde lehnte dies ab. P erhob daraufhin im August beim zuständigen Verwaltungsgericht Klage. Wie sieht der Rechtsschutz der P aus, wenn erst im November des Jahres ein Urteil ergeht?

---

105 Es handelt sich um eine sog. Hilfsbegründung, vgl. auch D.II.6 Haupt- und Hilfsbegründung.

Infolge des Zeitablaufs kann das eigentliche Ziel, die Erlangung einer Sondernutzungserlaubnis, nicht mehr erreicht werden. Die Erteilung einer Sondernutzungserlaubnis ist ein Verwaltungsakt. Für die Fälle, in denen sich ein Verwaltungsakt vor dem Erlass eines Urteils "erledigt" hat, gibt es in der Verwaltungsgerichtsordnung die Möglichkeit, wenigstens gerichtlich feststellen zu lassen, dass die Verwaltung rechtswidrig gehandelt hat: den § 113 Abs. 1 S. 4 VwGO. Dann müsste hier ein Fall des § 113 Abs. 1 S. 4 VwGO vorliegen. Die Vorschrift gilt jedoch direkt nur für die Anfechtungsklage gemäß § 42 Abs. 1 Alt. 1 VwGO, also nur für den Fall, dass ein Verwaltungsakt angefochten wird. Sofern jemand – wie hier – den Erlass eines (begünstigenden) Verwaltungsakts anstrebt, ist gemäß § 42 Abs. 1 Alt. 2 VwGO die richtige Klageart die Verpflichtungsklage.

§ 113 Abs. 1 S. 4 VwGO kann aber analog anzuwenden sein. Dann muss eine Regelungslücke bestehen. Selbst bei sorgfältigem Durchblättern der Verwaltungsgerichtsordnung wird keine Norm zu finden sein, die den Fall regelt, dass sich der Erlass eines begehrten Verwaltungsaktes im Laufe eines Prozesses erledigt hat. Diesen Fall hat der Gesetzgeber nicht bedacht. Eine ungewollte und damit planwidrige Regelungslücke besteht demnach.

Ferner müssen der Zweck des § 113 Abs. 1 S. 4 VwGO und die dort geregelte Interessenlage eine entsprechende Anwendung rechtfertigen (rechtsähnlicher Tatbestand). Zweck der Vorschrift ist es, einen Kläger nicht rechtsschutzlos zu lassen, nur weil Umstände eingetreten sind, auf die er u. U. - wie hier z. B. beim Zeitablauf - gar keinen Einfluss hat. An der Feststellung, dass die Behörde rechtswidrig gehandelt hat, kann er aber sehr wohl noch ein Interesse haben, z. B. weil die Gefahr der Wiederholung besteht. Dann kann es aber letztlich auch keinen Unterschied machen, ob ein Verwaltungsakt abgewehrt wird oder ob ein Verwaltungsakt erstrebt wird. Denn auch hier wäre ein Kläger rechtsschutzlos, obwohl er ein Interesse daran haben kann, die Rechtswidrigkeit des Verwaltungshandelns gerichtlich festgestellt zu bekommen. Es gibt also keinen Grund, den Verpflichtungskläger schlechter zu stellen als den Anfechtungskläger. Es ist sogar ein Gebot der Gerechtigkeit, die vorhandene Lücke zu schließen. § 113 Abs. 1 S. 4 VwGO kann demnach bei Verpflichtungsklagen analog angewandt werden.

208 Es ist darauf hinzuweisen, dass es in Klausuren nicht notwendig ist, jede Norm, die analog anzuwenden ist, in der oben geschilderten Weise ausführlich zu prüfen. Eine solche Prüfung ist nur erforderlich, wenn ein zu erörterndes Problem vorliegt. Beispielsweise wird die Vorschrift für die Klagebefugnis (§ 42 Abs. 2 VwGO, § 54 Abs. 1 S. 2 SGG) im Widerspruchsverfahren analog angewandt. Dies stellt aber regelmäßig nicht den problematischen und für eine Klausur maßgebenden lösungsrelevanten Aspekt dar. Die Vorschrift wird daher lediglich mit dem Zusatz „analog" zitiert. Weitere Ausführungen sind nicht notwendig.

209 Erklärt eine Norm eine andere für „entsprechend" anwendbar (z. B. § 49 Abs. 2 S. 2 VwVfG NRW: „§ 48 Abs. 4 gilt entsprechend."), liegt mangels Regelungslücke keine „Analogie" vor. Die Begriffe „entsprechend" und „analog" sind daher zu trennen.

III. Erst-Recht-Schluss

210 Das Wesen des **Erst-Recht-Schlusses (argumentum a maiore ad minus)** besteht darin vom Größeren auf das Kleinere, vom Allgemeinen auf das Einzelne, vom Mehr auf ein Weniger oder von einer weitergehenden Regelung auf einen weniger Voraussetzungen erfordernden Fall zu schließen.

Der Erst-Recht-Schluss hat eine inhaltliche Nähe zur Analogie, da auch bei diesem juristischen Schluss Normen oder Regelungsinhalte miteinander verglichen werden. Teilweise werden Rechtsnormen „analog" angewandt, obwohl bei genauer Betrachtung ein Erst-Recht-Schluss praktiziert wird.

Beispiel

Nehmen Sie an, in einem Gesetz sei geregelt, dass der Betreiber einer Industrieanlage auch für solche Schäden haftet, die beim Betrieb der Anlage ungewollt auftreten (sog. Gefährdungshaf-

III. Erst-Recht-Schluss

tung). Dann haftet er erst recht, wenn er diesen Schaden schuldhaft, etwa sogar vorsätzlich, herbeigeführt hat.

Beispiel
§ 49 VwVfG NRW regelt den Widerruf rechtmäßiger Verwaltungsakte. Die Aufhebung rechtswidriger Verwaltungsakte ist in § 48 VwVfG NRW normiert. Grundsätzlich hat die Verwaltung die Aufgabe, rechtswidrige Zustände zu beseitigen und rechtmäßige Zustände herzustellen (Art. 20 Abs. 3 GG). Deshalb ist die Aufhebung von rechtswidrigen Verwaltungsakten einfacher als die Aufhebung von rechtmäßigen Verwaltungsakten. Daraus folgt: Kann ein rechtmäßiger Verwaltungsakt nach § 49 VwVfG aufgehoben werden, dann erst recht nach derselben Norm, wenn es sich um einen rechtswidrigen Verwaltungsakt handelt.

Beispiel
Wenn eine förmliche Zustellung eines Verwaltungsaktes nach § 8 LZG NRW geheilt werden kann, dann erst recht eine nicht förmliche Zustellung.

Zum Erst-Recht-Schluss gehört ebenfalls der Schluss vom Kleineren auf das Größere (**argumentum a minore ad maius**). Wenn schon „leichtere" Voraussetzungen genügen, um eine Norm anzuwenden, dann müssen erst recht schwerer wiegende Voraussetzungen zum Eintritt der normierten Rechtsfolge führen.

Beispiel:[106]
In Art. 14 Abs. 3 GG heißt es: „Eine Enteignung ist nur zum Wohle der Allgemeinheit zulässig. Sie darf nur durch Gesetz oder aufgrund eines Gesetzes erfolgen, das Art und Ausmaß der Entschädigung regelt". Wenn der Staat also gemäß Art. 14 Abs. 3 GG schon bei einem rechtmäßigen enteignenden Eingriff Entschädigung leisten muss, so ergibt sich diese Verpflichtung erst recht bei einem rechtswidrigen enteignenden Eingriff.

Bereits bei der Methode der Analogie wurde darauf hingewiesen, dass eine Rechtsnorm nur dann analog angewandt werden darf, wenn ein rechtsähnlicher Fall vorliegt, was wiederum eine Frage der Wertung darstellt. Geregelter und nicht geregelter Fall müssen von der fraglichen Norm in einer zweckgleichen Art erfasst werden. Deshalb sollte nicht zu schnell zum Erst-Recht-Schluss gegriffen werden.

Beispiel
Sind auch nichtdeutsche Unionsbürger berechtigt, ihre Unterschrift bzw. ihre Stimme auf einem Bürgerbegehren und Bürgerentscheid (§ 26 GO NRW) abzugeben?
§ 7 KWahlG NRW lautet:
„Wahlberechtigt für die Wahl in einem Wahlgebiet ist, wer am Wahltag Deutscher im Sinne von Artikel 116 Abs. 1 des Grundgesetzes ist oder die Staatsangehörigkeit eines Mitgliedstaates der Europäischen Gemeinschaft besitzt, das sechzehnte Lebensjahr vollendet hat und mindestens seit dem 16. Tag vor der Wahl in dem Wahlgebiet seine Wohnung, bei mehreren Wohnungen seine Hauptwohnung hat oder sich sonst gewöhnlich aufhält und keine Wohnung außerhalb des Wahlgebiets hat."
Bürger ist, wer zu den Gemeindewahlen wahlberechtigt ist (§ 21 Abs. 2 GO NRW), d. h. gemäß § 7 KWahlG NRW das aktive Wahlrecht besitzt, also neben Deutschen i.S.v. Art. 116 Abs. 1 GG auch Staatsangehörige eines Mitgliedsstaates der europäischen Union ist (in Art. 20 Abs. 1 AEUV Unionsbürger genannt).
§ 26 GO NRW ermächtigt Bürger zur Stimmabgabe bei Bürgerbegehren und Bürgerentscheid. Soweit in Zweifel gezogen wird, ob auch Unionsbürger zur Stimmabgabe berechtigt sind, kann mit Hilfe eines Erst-Recht-Schlusses wie folgt argumentiert werden: Wenn Unionsbürger sogar zu Wahlen zugelassen werden (vgl. Art. 28 Abs. 1 S. 3 GG), dann muss dies für einen Bürgerentscheid als qualitatives Minus der Ausübung von Staatsgewalt erst recht gelten.

---

[106] Beispiel nach *Beaucamp/Treder*, Methoden und Technik der Rechtsanwendung, 2. Aufl. (2011), Rn. 305.

Gegen dieses zunächst einleuchtende Ergebnis kann wie folgt argumentiert werden:
Nach dem Grundgesetz steht die Ausübung der Staatsgewalt (Art. 20 Abs. 2 GG, Art. 116 Abs. 1 GG) durch Abstimmung nur dem Volke zu, worunter nur Deutsche i.S.v. Art. 116 Abs. 1 GG fallen. Die Ausübung von Staatsgewalt ist jedes amtliche Handeln mit Entscheidungscharakter. Darunter fallen auch Bürgerentscheide und –begehren; ersterer, da er die Wirkung eines Ratsbeschlusses hat (§ 26 Abs. 8 GO NRW), letzterer als untrennbare Vorstufe dazu (§ 26 Abs. 1 und Abs. 6 GO NRW). Diese Rechte stehen insoweit nur Deutschen zu.

Soweit § 26 Abs. 1 GO NRW und § 26 Abs. 8 GO NRW das Bürgerbegehren und den Bürgerentscheid auch nichtdeutschen Unionsbürgern einräumt, ist dieses Recht also nicht mit der Homogenitätsklausel des Art. 28 Abs. 1 S. 1 GG und Art. 20 Abs. 2 GG vereinbar und missachtet den Verfassungsvorrang aus Art. 20 Abs. 3 GG.

Den nichtdeutschen Unionsbürgern ist eine Mitwirkung an der Ausübung deutscher Staatsgewalt nur im Hinblick auf das Kommunal**wahlrecht** eingeräumt (Art. 28 Abs. 1 S. 3 GG, §§ 7, 12 KwahlG NRW), nicht aber bei der Ausübung von Staatsgewalt.

Das Argument, eine unterschiedliche Behandlung nichtdeutscher Unionsbürger bei Abstimmungen im Rat und beim Bürgerbegehren bzw. –entscheid sei nicht gerechtfertigt, vielmehr müssten sie erst Recht (**a maiore ad minus**) auch Staatsgewalt bei kommunalen Abstimmungen ausüben, ist mit Art. 20 Abs. 2 GG und der dortigen Vorgabe der „Ausübung der Staatsgewalt durch das Volk" nur schwer vereinbar. Eine derartige Rechtsfortbildung kann in Zweifel gezogen werden, weil die dafür erforderliche planwidrige Gesetzesunvollständigkeit (Lücke) in Art. 20 Abs. 2 GG und Art. 28 GG fehlt. Außerdem sind die Interessenlagen nicht vergleichbar, weil nichtdeutsche Unionsbürger im Rat nur abstimmen können, wenn sie maßgeblich von Deutschen legitimiert sind, während Sie beim Bürgerentscheid ohne deutsche Legitimation abstimmen können.

IV. Umkehrschluss

214 Beim Umkehrschluss (**argumentum e contrari**) trifft die maßgebende Rechtsnorm eine klare Aussage. Insofern verbietet sich eine weitere Auslegung oder Rechtsfortbildung in der Sache.

Beispiel
Aus § 43 Abs. 3 VwVfG i.V.m. § 44 Abs. 2 Nr. 1 und Nr. 2 VwVfG ergibt sich, dass die Einhaltung der Formvorgaben des § 37 Abs. 2 bis 5 VwVfG für sich allein genommen keine Wirksamkeitsvoraussetzung ist. Das Fehlen einer Unterschrift unter einen schriftlichen Verwaltungsakt macht diesen somit nicht nichtig, sondern nur rechtswidrig (§ 43 Abs. 3 VwVfG NRW i. U.).

215 Im Gegensatz zu den vorhergehenden Fällen der „teleologischen Reduktion", der „Analogie" und auch des „Erst-Recht-Schlusses" liegt keine Lücke im Gesetz vor. Vielmehr hat der Gesetzgeber eine weitere Aussage in der Rechtsnorm vermieden, weil sich die „verdeckte" Aussage von selbst ergibt, und zwar durch einen Umkehrschluss. Im obigen Beispiel würde dieser lauten: Ein **nicht** nichtiger Verwaltungsakt ist **wirksam**.

216 Da eine solche Feststellung naheliegend ist, spricht man auch vom „beredten Schweigen" des Gesetzgebers. Streng genommen zählt der Umkehrschluss damit auch nicht zur Rechtsfortbildung, weil nichts Neues hergeleitet wird.[107]

Beispiel
§ 1601 BGB sieht eine Unterhaltspflicht nur unter Verwandten in gerader Linie vor. Daraus kann im Umkehrschluss hergeleitet werden, dass Verwandte in der Seitenlinie gerade nicht zum Unterhalt verpflichtet sind

---

107 *Kohler-Gehrig*, Einführung in das Recht, 2010, S. 86.

V. Rechtsfortbildung contra legem

Beispiel

§ 9 Abs. 2 Satz 2 SGB II sieht eine Einsatzverpflichtung der Eltern für ihre Kinder vor. Daraus folgt: Die Kinder sind nicht für die Eltern einsatzverpflichtet.

Beispiel

§ 11b Abs. 2 SGB II lautet:

„¹Bei erwerbsfähigen Leistungsberechtigten, die erwerbstätig sind, ist anstelle der Beträge nach Absatz 1 Satz 1 Nummer 3 bis 5 ein Betrag von insgesamt 100 Euro monatlich abzusetzen. ²Beträgt das monatliche Einkommen mehr als 400 Euro, gilt Satz 1 nicht, wenn die oder der erwerbsfähige Leistungsberechtigte nachweist, dass die Summe der Beträge nach Absatz 1 Satz 1 Nummer 3 bis 5 den Betrag von 100 Euro übersteigt."

Aus § 11b Abs. 2 S. 2 SGB II im Umkehrschluss folgt: Beträgt das Einkommen weniger als 400,00 €, kann auch bei größeren Aufwendungen **kein** Betrag oberhalb von 100,00 € vom Einkommen abgesetzt werden

Ein Umkehrschluss ist tendenziell gerechtfertigt, wenn in eine Rechtsvorschrift ein „nur" hineingelesen werden kann. Denn dies indiziert, dass die Vorschrift abschließend sein könnte.

217

Beispiel

§ 46 VwVfG NRW lautet:

„Die Aufhebung eines Verwaltungsaktes, der nicht nach § 44 nichtig ist, kann nicht allein deshalb beansprucht werden, weil er unter Verletzung von Vorschriften über das Verfahren, die Form oder die örtliche Zuständigkeit zustande gekommen ist, wenn offensichtlich ist, dass die Verletzung die Entscheidung in der Sache nicht beeinflusst hat."

Eine Aufhebung des Verwaltungsaktes kommt „nur" bei Verletzung der örtlichen Zuständigkeit nicht in Frage. Im Umkehrschluss bedeutet dies: bei Verletzung der sachlichen oder instanziellen Zuständigkeit kann der Beteiligte eine Aufhebung des Verwaltungsaktes verlangen.

Häufig legen Rechtsnormen einen Umkehrschluss nahe, wenn dort eine „**soweit**"-Regelung vorhanden ist.

218

Beispiel

§ 11 Abs. 1 S. 4, S. 5 SGB II lautet:

„Der Kinderzuschlag nach § 6a des Bundeskindergeldgesetzes ist als Einkommen dem jeweiligen Kind zuzurechnen. Dies gilt auch für das Kindergeld für zur Bedarfsgemeinschaft gehörende Kinder, **soweit** es bei dem jeweiligen Kind zur Sicherung des Lebensunterhalts, mit Ausnahme der Bedarfe nach § 28, benötigt wird."

Nach der normativen Zuordnungsbestimmung des § 11 Abs. 1 S. 4, S. 5 SGB II wird Kindergeld dem jeweiligen Kind zugerechnet, soweit das Kindergeld zur Bedarfsdeckung beim Kind benötigt wird. Daraus folgt im Umkehrschluss: soweit das Kindergeld nicht zur Bedarfsdeckung benötigt wird, wird es nicht beim Kind angerechnet.

„Soweit"-Regelungen erlauben also eine teilweise Anrechnung des Kindergeldes. Sie sind von „wenn" und „sofern"-Rechtsnormen zu unterscheiden.

Im Ergebnis gilt beim Umkehrschluss also genau das Gegenteil dessen, was der Gesetzgeber in der fraglichen Norm geregelt hat.

219

V. Rechtsfortbildung contra legem

Aus Gründen der Vollständigkeit soll hier noch diese Rechtsfortbildungsmethode erwähnt werden. Der Name deutet bereits an, dass bei dieser Methode eine Korrektor einer Rechtsnorm stattfindet, und zwar über den eindeutigen Wortlaut hinaus.

220

Eine Rechtsfortbildung contra legem ist deshalb nur anerkannt, wenn eine andere rechtliche Lösung nicht vorhanden ist und die Werte- und Rechtsordnung insgesamt eine Abweichung vom Gesetz notwendig macht, der Rechtsanwender also bei

Rechtsanwendung in offenem Widerspruch zu einem vom Gesetzgeber gewollten Handeln steht. In diesen Fällen versagt der Rechtsanwender dem Gesetz sein Gefolge, weil das Gesetz als „unrichtiges Recht" der Gerechtigkeit zu weichen hat (z. B. Unrecht in Gesetzesform der NS-Zeit)[108].

---

108   Vgl. *Schmalz*, Methodenlehre für das juristische Studium, 4. Aufl. (1998), Rn. 448.

D. Technik der Fallbearbeitung

I. Klausurtext und Fragestellung

Nachdem der Klausurtext ausgeteilt wurde, besteht Ihre Aufgabe darin, den Sachverhalt vollständig zu erfassen. Sie sollten in der Lage sein, die wesentlichen Aspekte des Sachverhalts einmal gedanklich wiederzugeben. Deshalb sollten Sie den Sachverhalt gründlich – ggf. mehrmals – lesen. Nehmen Sie sich hierfür ausreichend Zeit. Die hier investierte Zeit wird Ihnen am Ende der Klausur zugutekommen, wenn Sie unter Zeitdruck geraten sollten. Dann brauchen Sie den Sachverhalt nicht noch einmal lesen. 221

Nutzen Sie die ausgeteilten Klausurzettel, um sich im abgedruckten Sachverhalt erste Notizen und Lösungsideen zu vermerken. In einer Klausur sind die Aufgabentexte Ihre Arbeitsmittel, die Sie nicht unbefleckt wieder abgeben müssen.

Ein unübersichtlicher Sachverhalt lässt sich durch Notizen auf dem Aufgabenzettel oder einem Hilfszettel durch Tabellen oder Schaubilder veranschaulichen. Auf diese Weise kann bspw. die Beziehung zwischen Personen grafisch dargestellt werden oder eine Zeittafel den chronologischen Ablauf des Geschehens wiedergeben.

Grundsätzlich ist von der objektiven Richtigkeit der tatsächlichen Angaben im Sachverhalt auszugehen. 222

Argumente, **Rechtsansichten oder Behauptungen** der Beteiligten oder Behördenmitarbeiter **müssen** dagegen **nicht zutreffen**. Sofern rechtliche Aussagen oder Bewertungen vorgenommen werden – unabhängig davon, ob diese von der Behörde oder von einem anderen Beteiligten (Bürger) erklärt werden –, sind unverbindlich. Es ist gerade die Aufgabe eines Rechtsgutachtens zu klären, wie sich die Rechtslage darstellt.

Wenn beispielsweise in einer Klausur von einem Rücknahmebescheid die Rede ist, darf nicht unterstellt werden, dass sich die Rücknahme zwangsläufig nach § 45 SGB X oder § 48 VwVfG richtet. Es ist die Aufgabe des Klausurverfassers zu klären, Rechtsausführungen in Frage zu stellen und sie auf die Richtigkeit hin zu überprüfen. Insbesondere kann aus der Bezeichnung eines Bescheides nicht sicher geschlossen werden, ob eine Rücknahme (§ 48 VwVfG) oder ein Widerruf (§ 49 VwVfG) vorliegt.

Regelmäßig dienen entsprechende Meinungsäußerungen dazu, sich hiermit auseinanderzusetzen. Dagegen sind **Tatsachenangaben** der Beteiligten als richtig zu unterstellen, es sei denn, die Angaben werden bestritten und/oder angegriffen. Dieser Grundsatz folgt aus dem Prozessrecht, der in § 138 Abs. 3 ZPO verankert ist. Danach gilt: **Tatsachen**, die nicht ausdrücklich bestritten werden, sind als zugestanden anzusehen, wenn nicht die Absicht, sie bestreiten zu wollen, aus den übrigen Erklärungen der Partei hervorgeht. 223

Tatsachen dürfen nicht verfälscht oder hinzuerfunden werden. Soweit der Klausurverfasser spekuliert und Tatsachen unterstellt, die sich nicht aus dem Sachverhalt ergeben, dient dies häufig dazu, dem eigentlichen Problem auszuweichen oder Ersatzthemen aufzubauen, zu denen der Klausurverfasser etwas sagen kann. Dies stellt dann die berüchtigte „Sachverhaltsquetsche" dar.

Fehlen im Sachverhalt Angaben, dürfen diese lebensnah ergänzt werden. Ansonsten ist davon auszugehen, dass nicht erwähnte Tatsachen unproblematisch sind und in 224 der Prüfung vorliegen (z. B. dass Form und Frist eingehalten sind, wenn sich im Sachverhalt hierzu keine Angaben befinden).

225 Beim Erfassen des Sachverhalts besteht die Kunst darin, die Probleme zu erkennen, die für die Beantwortung der Fallfrage von Relevanz sind. Zum einen gelingt dies nur, wenn Sie über ausreichende Grundlagenkenntnisse verfügen und deshalb eine „Antenne" dafür entwickelt haben, wo die Probleme liegen könnten. Andererseits deuten widerstreitende Interessen oder im Sachverhalt mitgeteilte Ansichten der Beteiligten darauf hin, welchen Fragen Sie als Bearbeiter der Klausur nachgehen sollen und wo Problemschwerpunkte liegen könnten. Von Beginn an sind die Hauptprobleme zu suchen und von Neben- oder Randproblemen zu trennen. Davon abhängig sind im Übrigen auch unterschiedliche Ausführlichkeitsstufen in der späteren gutachtlichen Darstellung (vgl. Ausführungen zu A.V.2: Umfang der Ausführungen, Seite 42).

226 Nehmen Sie des Weiteren auch die **Bearbeitungshinweise** sorgfältig zur Kenntnis. Hier erhalten Sie häufig Hilfestellungen für die Bearbeitung der Klausuraufgabe. Solche Hinweise können beispielsweise darin bestehen, dass Sie bestimmte Prüfungsschritte nicht vornehmen müssen oder bestimmte Gesetze nicht anwenden müssen.

227 Lesen Sie ebenso sorgfältig die **Fragestellung**. Beachten Sie, dass Sie nur die Frage – und sonst nichts – beantworten müssen. Vor allem sollen Sie keinen Wissensaufsatz schreiben und sich ebenfalls nicht in allgemeinen Ausführungen verlieren, die die Frage nicht beantworten. Es bietet sich deshalb an, die Frage entweder gleich am Anfang noch vor dem Sachverhalt durchzulesen oder den Sachverhalt im Hinblick auf die konkrete Fragestellung noch einmal durchzulesen. Hinsichtlich der materiellen Rechtmäßigkeitsprüfung müssen Sie eine Rechtsnorm finden, die auf der Rechtsfolgeseite eine Antwort auf die Fallfrage liefert (vgl. Ausführungen A.V.1: Finden und Anwenden der richtigen Rechtsnorm, Seite 40).

228 Empfohlen wird immer wieder, sich eine **Lösungsskizze** zu erarbeiten oder sich die Lösung stichpunktmäßig aufzuschreiben. Regelmäßig ist diese Vorgehensweise auch sinnvoll, weil Sie sich auf diese Weise die Lösung der Klausur Schritt für Schritt erarbeiten können. Vor einer zu umfangreichen Lösungsskizze sei an dieser Stelle aber ausdrücklich gewarnt. Teilweise verfassen einige Studierende Lösungsskizzen, die einer vollständigen Klausurlösung „gefährlich" nahe kommen. Dann fehlt die Zeit für die spätere „Reinschrift". Teilweise decken sich die in Klausuren vorfindbaren Lösungsskizzen mit bekannten Aufbauschemata, die nur auswendig noch einmal wiedergegeben werden. Wenn sich z. B. in der Zulässigkeitsprüfung keine Probleme befinden und der Klausurverfasser die Zulässigkeitsprüfung nicht noch erarbeiten muss, ist eine Lösungsskizze an dieser Stelle auch nicht angezeigt. Eine reine Reproduktion von bekanntem Wissen in einer Lösungsskizze, die der Korrektor seiner Bewertung nicht zugrunde legen wird, ist generell überflüssig.

II. Die Klausurlösung

1. Der Einstieg in die Falllösung

229 Für einen gelungenen Einstieg in eine Falllösung ist es grundsätzlich wichtig, dass man unmittelbar an die Fallfrage mit der passenden Rechtsgrundlage anknüpft.

Einstiegsantwortnormen sind Rechtsvorschriften, die auf ihrer Rechtsfolgeseite die gestellte Frage unmittelbar beantworten. Der richtige Einstieg in die Lösung ist dann

II. Die Klausurlösung

nicht einfach, wenn mehrere mögliche Einstiegsantwortnormen zur Verfügung stehen. Es ist ggf. nicht verfehlt, einen Falleinstieg mit einer Antwortnorm zu wählen, die sich im Verlauf der Prüfung als unrichtig erweist. Hier gilt die „Falsifizierungs-/Verifizierungs-Technik". Sie beginnen immer mit den Ausführungen, den Sie im Ergebnis nicht folgen. Diese „Technik" gilt sowohl für die argumentativen Ausführungen innerhalb Ihres Gutachtens, also auch für den Einstieg in eine Klausurlösung. Beispielsweise könnte sich § 49 VwVfG NRW als untaugliche Ermächtigungsgrundlage erweisen und Sie würden im Folgenden dann § 48 VwVfG NRW näher untersuchen.

Da eine juristische Lösung – jedenfalls im materiellen Teil – immer mit der Einstiegsantwortnorm beginnt, sollten „allgemeine Ausführungen", „Abgrenzungsfragen" oder „Vorüberlegungen" nicht vorgenommen werden und auch nicht an den Anfang der Ausführungen gestellt werden. **230**

Es ist allerdings ratsam, die Falllösung soweit durchdacht zu haben, dass Sie nicht einen Großteil ihrer Zeit auf die „unzutreffende" Einstiegsantwortnorm verwenden. Denn regelmäßig wird von Ihnen erwartet, dass Sie die passende Rechtsgrundlage näher untersuchen.

Rechtsvorschriften, die zwar von der Rechtsfolge her passen, deren Tatbestandsvoraussetzungen aber **offensichtlich nicht gegeben sind**, bleiben unberücksichtigt. Wie deutlich oder offensichtlich ein Tatbestand neben dem Sachverhalt liegen muss, damit die Norm im Gutachten nicht behandelt wird, lässt sich nicht allgemeingültig sagen. Das ist eine Frage der Erfahrung, des gesunden Menschenverstandes und des persönlichen Gespürs. Wenn also die Tatbestandsvoraussetzungen einer Norm schon auf den ersten Blick nicht gegeben sind, dürfen Sie allenfalls ganz kurz auf die nicht zutreffende Einstiegsantwortnorm eingehen. Besser ist es in diesem Fall, sie unerwähnt zu lassen und sofort mit der richtigen Antwortnorm zu beginnen. **231**

2. Gliederung

Für eine gelungene Klausur ist es wichtig, dass Sie Ihre Lösung überzeugend und folgerichtig begründen ("den Leser an die Leine nehmen"). **232**

Grundsätzlich ist zu beachten, dass ein Gutachten aus einer Reihe von Einzelgutachten (Unterfragen) besteht, die sich aus der zentralen Fallfrage ableiten lassen. Bei gleichstufigen Unterfragen werden die Einzelgutachten **nebeneinander** gereiht, bei den Tatbestandsmerkmalen einer Norm, die ihrerseits von weiteren Voraussetzungen abhängig sind, werden die Einzelgutachten **untereinander** gereiht (vgl. auch Ausführungen zu A.III.1.c) Schwierig aufgebaute Antwortnormen, Seite 18). Oder anders gewendet: Von der zentralen Einstiegsantwortnorm aus findet der Zugriff auf weitere Normen statt. Dadurch ergibt sich ein hierarchisches Gliederungssystem. **233**

Beispiel

Der Antragsteller W (66) möchte Leistungen der Grundsicherung im Alter erhalten. Gegen den Ablehnungsbescheid des Sozialhilfeträgers erhebt er Widerspruch. Die Fallfrage lautet: Hat der Widerspruch Aussicht auf Erfolg. Der Aufbau könnte bspw. so aussehen:

A. Zulässigkeit	B. Begründetheit
A.1 …	Anspruchsgrundlage § 19 Abs. 2 i.V.m. § 41 SGB XII
A.2 …	B.1 Formelle Rechtmäßigkeit
A.3 …	…
…	B.2 Materielle Rechtmäßigkeit / Voraussetzungen der Anspruchsnorm
	B.2.1 Altersvoraussetzungen
	…
	B.2.4 Hilfebedürftigkeit
	B.2.4.1 Bedarf/notwendiger Lebensunterhalt
	…
	B.2.4.2 Einkommen

234 Natürlich ist es Geschmacksache, in welcher Tiefe Sie eine Gliederung vornehmen. Von großer Bedeutung ist es allerdings, dass sich ein Ergebnis auf der jeweils höheren Ebene erst dann feststellen lässt, wenn die Unterfragen mit Hilfe der passenden Normen und einer ordnungsgemäßen Subsumtion beantwortet sind. Sie müssen also den Weg, den Sie bis in die unterste Gliederungsebene gegangen sind, wieder Schritt für Schritt zurückgehen, ehe Sie das „Oberergebnis" feststellen.

235 Angesichts dieser verzweigten Fallprüfung wird möglicherweise deutlich, das auf jeder Ebene neben der Gesamtfallfrage weitere Einzelfragen bzw. Probleme zu lösen und zu bearbeiten sind. Neben der zentralen Einstiegsantwortnorm hat man es im Verlaufe einer Klausur somit mit einer Kette von weiteren Antwortnormen zu tun. Hilfreich sind diesbezüglich die gängigen Aufbauschemata. Die einzelnen im Aufbauschema aufgelisteten Prüfungsaspekte und –normen sind aber nur zu prüfen, soweit der konkrete Sachverhalt hierzu Anlass gibt. Vor allem dürfen nicht alle Prüfungspunkte mit ihren Normen gleichgewichtig „heruntergeleiert" werden. Stattdessen sind Schwerpunkte entsprechend der Problemlagen zu setzen.[109]

---

109 An dieser Stelle ist vor einem falsch verstandenen Gebrauch von Schemata, wie sie insbesondere im öffentlichen Recht verbreitet sind, zu warnen. Schemata sind Checklisten und kein Evangelium. Sämtliche Schemata haben nur den Zweck, Ihnen bei der Überprüfung eines Falles zu helfen und Sie davor zu bewahren, einen Punkt zu übersehen.
Es ist also nicht zu beanstanden, wenn man etwa zu Übungszwecken zu dieser "Krücke" - die auch Vorrangfragen berücksichtigt - greift. Sie müssen aber wissen, dass es auch Fälle gibt, die sich gar nicht oder nur schwer in ein Schema pressen lassen. Dann muss der Bearbeiter ein eigenes Konzept erarbeiten.
Wenn Sie feststellen, dass Ihre Dozenten Schemata verwenden, die sich im Detail widersprechen, akzeptieren Sie das. Es gibt - glücklicherweise - kein allgemein verbindliches Schema. Arbeiten Sie mit dem Schema, welches Ihnen am verständlichsten erscheint und/oder Ihnen vom jeweiligen Fachdozenten nahegelegt wird. Oft sind die Unterschiede ohnehin nur Geschmacksache (was der eine unter

II. Die Klausurlösung

Insgesamt ist eine folgerichtige und logische Ordnung der Gedanken geboten. Die **Notwendigkeit** jeder Ausführung muss für den Leser ersichtlich sein. Das ist dann der Fall, wenn jede Ausführung aus dem Vorrangegangenem folgt. Ausgangspunkt für diese logische Kette sind der Sachverhalt und die sich daraus ergebende Fallfrage. Darauf folgt die Einstiegsantwortnorm usw. Damit ist jede Ausführung eine notwendige Folge der Fragestellung[110]. Da nur das erörtert werden darf, wonach gefragt ist, bewegen sich die Ausführungen gleichzeitig in Richtung auf den Endpunkt. Endpunkt ist das durch die Fallfrage gesuchte Ergebnis.

236

3. Überzeugende Argumentation

Es ist leider immer wieder festzustellen, dass ein Bearbeiter nicht alles aus einem Fall "herausholt" oder seine Gedanken nicht angemessen zu Papier bringen kann. Vermutlich ist das kein Darstellungsproblem. Vielmehr hängt die überzeugende Argumentation auch damit zusammen, wie man einen Fall angeht.

237

Hilfreich ist folgende Überlegung: Stellen Sie sich vor, dass Sie weder für einen absoluten Laien schreiben noch für einen Experten, sondern für einen Leser, der sich eher in der Mitte zwischen diesen beiden Polen bewegt, also für jemand, der sich etwas mit der Materie auskennt und der von ihrem Ergebnis in logischen Schritten überzeugt werden will. Würden Sie für einen Laien schreiben, müssten Sie sogar Selbstverständlichkeiten erklären. Ihre Klausurlösung wäre viel zu umfangreich und im Übrigen auch langweilig zu lesen. Würden Sie für einen lupenreinen Experten schreiben, müssten Sie die Probleme nicht wirklich aufbereiten und verständlich erklären. Sie würden sich dann sozusagen in ihrer Lösung auf Augenhöhe bewegen und ein Gespräch „unter Experten" führen, was zu fehlenden Schritten in der Argumentation führen würde. Manche Studierende neigen zu einer oberflächlichen Argumentationsdarstellung, weil sie unterstellen, dass ihr Korrektor das richtige Ergebnis ohnehin kennt.

238

Vergegenwärtigen Sie sich, dass Sie sich in der Position eines **neutralen Gutachters** befinden. Wer pauschal und ggf. subjektiv feststellt, die Verwaltung (oder der Bürger) hätte schon Recht hat, wird nie überzeugen. Ohnehin sind Rechtsansichten (s.o., Rn. 222) auf ihre Richtigkeit hin zu überprüfen.

Greifen Sie die Sachverhaltsangaben auf und verwerten Sie die dort gemachten Angaben. Vermeiden Sie eine reine Wiedergabe der im Sachverhalt genannten Tatsachen. Nacherzählungen des Sachverhalts sind Ausdruck der Verlegenheit, etwas Substanzielles nicht bieten zu können. Vielmehr müssen Sie aus den Angaben Schlussfolgerungen ziehen.

239

Beispiel
Es wird in einer Klausur lapidar festgestellt: "Autofahrer A hat Verkehrsverstöße begangen und ist deshalb ungeeignet zum Führen von Kraftfahrzeugen".
Der durchschnittlich-kundige Leser wird sich fragen: Na und? Hat er nur mal falsch geparkt oder Unfälle verursacht? Interessant ist hier nur eine **Wertung**. Dies gelingt

---

Punkt 2 prüft, prüft der andere unter Punkt 3). So verstanden, ist gegen die Arbeit mit einem Schema nichts einzuwenden.
Meist wird sich aus einem allgemeinen Schema im Zuge der Bearbeitung eine Lösungsskizze des Falles entwickeln. Solche Skizzen sollten sie auf keinen Fall bis in Kleinigkeiten ausformulieren. Vielmehr darf dort nur das Wesentliche stichwortartig stehen.

110 *Schmalz*, Methodenlehre für das juristische Studium, 4. Aufl. (1998), Rn. 210 ff.

durch eine überzeugende fallbezogene Subsumtion und damit Begründung ihres Ergebnisses. Sie müssen darlegen, dass A, wenn er das Rotlicht nicht beachtet, die Allgemeinheit stärker gefährdet als jemand, der es z. B. vergessen hat, eine Parkmünze nachzuwerfen.

Sie können auch aus dem Umstand, dass es kein einmaliger "Ausrutscher" war, Schlüsse ziehen. Ähnliches gilt für andere Delikte: Wer z. B. im selbigen Sachverhalt mit 75 km/h durch Ortschaften fährt, handelt gefährlich. Eine ausführliche Darstellung zu § 3 Abs. 1 S. 1 StVG („Erweist sich jemand als ungeeignet oder nicht befähigt zum Führen von Kraftfahrzeugen, so hat ihm die Fahrerlaubnisbehörde die Fahrerlaubnis zu entziehen.") kann etwa so aussehen:

"A kann ungeeignet zum Führen von Kraftfahrzeugen sein. Gemäß § 2 Abs. 4 StVG ist geeignet zum Führen von Kraftfahrzeugen, wer die notwendigen körperlichen und geistigen Anforderungen erfüllt und nicht erheblich oder nicht wiederholt gegen verkehrsrechtliche Vorschriften oder gegen Strafgesetze verstoßen hat." Aus dem Umkehrschluss folgt danach, dass jemand unter anderem ungeeignet ist, wer gegen verkehrsrechtliche Vorschriften erheblich verstoßen hat.

Bereits der Umstand, dass A schon siebenmal wegen Verkehrsverstößen belangt werden musste, weckt Zweifel an seiner Kraftfahrtauglichkeit. Hinzukommt, dass er diese Verstöße innerhalb von nur zwei Jahren begangen hat. Dies zeigt, dass A entweder nicht willens oder in der Lage ist, Verkehrsregeln einzuhalten. Hierfür spricht auch die Art der Verkehrsverstöße. Es handelt sich nämlich keineswegs nur um Bagatellverstöße, sondern um erhebliche Verkehrsverfehlungen. Derjenige, der wie A die Höchstgeschwindigkeit nicht nur geringfügig überschreitet und auch falsch überholt, stellt eine große Gefahr für die übrigen Verkehrsteilnehmer dar. Nichts anderes gilt für das Nichtbeachten des Rotlichts, wobei A sogar zweimal wegen dieser Verfehlung belangt werden musste....

Insgesamt ergeben die Art, die Schwere und die Häufigkeit der von A begangenen verkehrsrechtlichen Verstöße, dass er ungeeignet zum Führen von Kraftfahrzeugen ist."

240 Eine gelungene Klausurlösung enthält ein ausgewogenes – problemabhängiges – Verhältnis der Gutachtentechnik einerseits und des Ergebnisstils andererseits.

Folgt man dem Konzept des Gutachtenstils strikt, muss für jede genannte Norm eine eigene Hypothese aufgestellt werden, prinzipiell sogar für jedes einzelne Tatbestandsmerkmal. Ein solcher Gutachtenstil kann und darf nicht konsequent durchgehalten werden und ist im Übrigen auch nur den problematischen Stellen vorbehalten. Wer die simpelsten Dinge in Frage stellt, irritiert den Leser, verliert viel Zeit und macht sich vielleicht sogar lächerlich.

241 Deshalb ist für viele Fragen der Urteils- bzw. Ergebnisstil zu verwenden, dessen Ergebnis aber in der Regel zumindest knapp zu begründen ist. Der Urteilsstil hat modellhaft drei Denkschritte:

1. Das Ergebnis der Fragestellung wird zu Beginn genannt.
2. Es wird behauptet, dass die Voraussetzungen des Tatbestandsmerkmals / der Norm vorliegen (Weil-Teil)
3. Kurzbegründung der Behauptung (Denn-Teil)

Beispiel

Der Bescheid wird zurückgenommen, **weil** der Begünstigte sich wegen grob fahrlässiger Unkenntnis über die Rechtswidrigkeit nicht auf Vertrauen berufen kann (vgl. § 48 Abs. 2 S. 3 Nr. 3 VwVfG), **denn** die Abweichung von dem an sich zustehenden Betrag betrug 200 Prozent, so dass ihm der Fehler ohne Weiteres auffallen musste.

242 Demgegenüber wird beim Gutachten die Entscheidung vorbereitet, also das Ergebnis schrittweise erarbeitet und das „Wenn" und „Aber" ist durchzuprüfen. Dabei hat der Bearbeiter, über die Gründe hinausgehend, die sein späteres Ergebnis tragen, auch Gedanken, Argumente und Lösungsmöglichkeiten (auch Anspruchs- und Ermächtigungsgrundlagen, vgl. Falsifizierungs- und Verifizierungstechnik) zu erörtern, denen er letztlich nicht folgt.

4. Überzeugende Problemdarstellung

Es kann in Klausuren vorkommen, dass es zu einem Problem mehrere denkbare Lösungen gibt. Ihre Aufgabe besteht dann darin, **eine** – vertretbare - Lösung herauszuarbeiten. Das Ergebnis darf aufgrund eigener Unschlüssigkeit weder offen bleiben, noch darf der Klausurverfasser zwei oder mehrerer Lösungen vertreten. 243

Die richtige Argumentationstechnik spielt insbesondere eine Rolle bei unterschiedliche Auffassungen 244
- hinsichtlich der Auslegung des Rechtsbegriffs
- bei der Subsumtion
- hinsichtlich Ermessensfragen

Ihre Aufgabe besteht dann darin, eine rechtliche Pro- und Contra-Argumentation aufzubauen. Argumente finden Sie übrigens häufig, indem Sie die Auslegungsmethoden (vgl. Seite 91) zu Rate ziehen. 245

Die Darstellung ihrer Argumentation erfolgt dann nach der Falsifizierungs- und Verifizierungstechnik, d. h
- erstens Darstellung der Meinung, die abgelehnt wird (Falsifizierungsstufe),
- zweitens Darstellung der Meinung, die übernommen wird (Verifizierungsstufe).

Grafisch lässt sich die Argumentationstechnik wie folgt darstellen

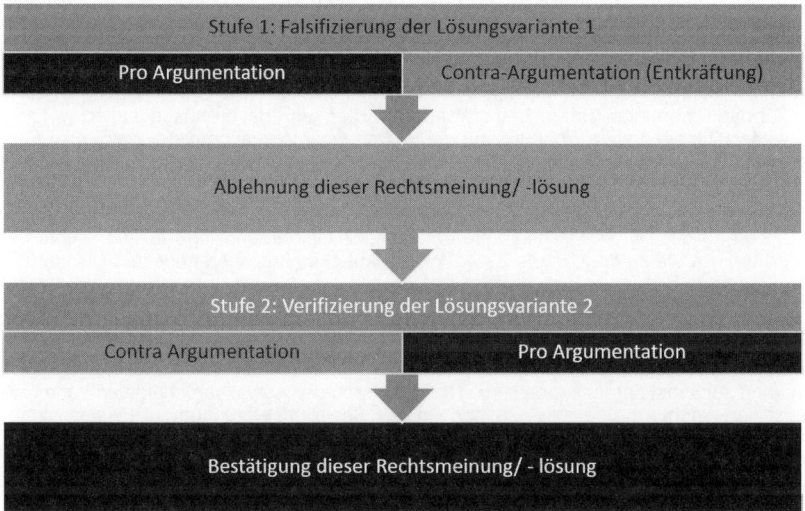

Innerhalb der jeweiligen Stufe kann es ebenfalls zu einer Pro- und Contra-Argumentation kommen. Es wird also mit der Darstellung der Meinungsgruppe begonnen, der im Ergebnis nicht gefolgt werden soll. Es folgt sogleich die Auseinandersetzung mit dieser Meinung und Widerlegung derselben. So wird mit den anderen Meinungsgruppen ebenfalls verfahren. Zuletzt folgt die Meinungsgruppe, der man sich an- 246 schließen will. Die gegen diese Meinung vorgebrachten Argumente werden entkräftet und schließlich die entscheidenden Pro-Argumente aufgeführt.

Beispiel

A (60) ist durch einen selbstverschuldeten Unfall (grob fahrlässiges Handeln: Rotlichtverstoß) zeitweise erwerbsgemindert. Er verliert seine Arbeitsstelle. Seine Erwerbsminderungsrente ist so gering, dass er seine Tilgungsleistungen für seine sozialleistungsrechtlich angemessene Eigentumswohnung nicht mehr aufbringen kann. Es sind bereits Zahlungsrückstände von 600,00 € entstanden.

Er wendet sich zum ersten Mal in seinem Leben an das Sozialamt des zuständigen Kreises mit der Bitte um Übernahme der Tilgungsraten gemäß § 36 SGB XII (neben laufender Zahlung von Sozialhilfe). In 10 Monaten wird er wieder erwerbsfähig und kann in einer neuen Firma arbeiten. Der Lohn liegt (dann) 200,00 € über dem Sozialleistungsniveau. Die Bank ist nicht bereit, die Tilgungsleistungen in Höhe von 180,00 € / Monat vorübergehend auszusetzen. Sie hat schriftlich angekündigt, mit Vollstreckungsmaßnahmen für den Fall des Ausbleibens der Darlehensrückzahlung zu beginnen, wenn keine Lösung für die Rückzahlung des Darlehens aufgezeigt wird. Das Darlehen wäre mit Eintritt in das Rentenalter bei normalem Tilgungsverlauf abbezahlt.

A macht geltend, dass er gezwungen wäre, seine Eigentumswohnung zu verkaufen, obwohl sie wegen Eigennutzung geschütztes Vermögen darstelle. Außerdem stelle sie für ihn eine Alterssicherung dar. Da er seine Schulden bis auf einen Betrag von noch 12.000,00 € bereits zurückgezahlt habe, wäre es mehr als unwirtschaftlich, die Wohnung jetzt zu verkaufen.

Können die Tilgungsleistungen nach § 36 Abs. 1 SGB XII übernommen werden?

§ 36 Abs. 1 SGB XII lautet:

„Schulden können nur übernommen werden, wenn dies zur Sicherung der Unterkunft oder zur Behebung einer vergleichbaren Notlage gerechtfertigt ist. Sie sollen übernommen werden, wenn dies gerechtfertigt und notwendig ist und sonst Wohnungslosigkeit einzutreten droht. Geldleistungen können als Beihilfe oder als Darlehen erbracht werden."

Die Tilgungsleistungen könnten nach § 36 Abs. 1 S. 2 SGB XII übernommen werden. Danach sollen Schulden übernommen werden, wenn dies gerechtfertigt und notwendig ist und sonst Wohnungslosigkeit einzutreten droht. Eine Voraussetzung für die Übernahme der Tilgungsleistungen als Schulden ist der drohende Eintritt der Wohnungslosigkeit. Wohnungslosigkeit droht einzutreten, wenn die bisher bewohnte Unterkunft gefährdet ist und eine andere Wohnung auf dem Wohnungsmarkt nicht angemietet werden kann und deshalb nur eine Unterbringung in einer Not- oder Obdachlosenunterkunft in Betracht kommt. Hier kann davon ausgegangen werden, dass im Zweifel eine alternative Wohnung auf dem Wohnungsmarkt angemietet werden könnte. Die Voraussetzungen für eine Schuldenübernahme nach (der speziellen Norm des) § 36 Abs. 1 S. 2 SGB XII liegen also nicht vor.

Die Tilgungsleistungen können aber nach § 36 Abs. 1 S. 1 SGB XII übernommen werden, wenn dies zur Sicherung der Unterkunft gerechtfertigt ist. Eine Gefährdungslage für die Unterkunft besteht insofern, da die kreditgebende Bank Vollstreckungsmaßnahmen angekündigt hat. Damit ist die Sicherung des Grundbedürfnisses des Wohnens gefährdet, wenigstens aber beeinträchtigt, weil ein Ausbleiben weiterer Tilgungsleistungen zur Kreditkündigung und zur Zwangsvollstreckung in die Wohnung, die den Kredit regelmäßig absichert, führen kann.

Fraglich ist, ob die Übernahme von Tilgungsleistungen **gerechtfertigt ist**.

Dagegen kann zunächst sprechen, dass die Notlage durch den selbst verschuldeten Verkehrsunfall selbst verursacht worden ist. Allerdings werden Sozialhilfeleistungen zur Existenzsicherung grundsätzlich unabhängig von den Gründen der Notlage erbracht. § 36 Abs. 1 SGB XII stellt insofern auch nicht auf die Gründe der Notlage ab, sondern soll das Grundbedürfnis „Wohnen" sichern. Insofern ist auf das schuldhafte Handeln des A nicht abzustellen. Dies kann allenfalls auf der Rechtsfolgeseite im Rahmen einer Ermessensentscheidung eine Rolle spielen.

Das Bedarfsdeckungsprinzip will außerdem nur eine gegenwärtige Notlage verhindern. Die Übernahme von Tilgungsraten führen aber zu einer Vermögensbildung bei der leistungsberechtigten Person. Es ist insofern nicht die Aufgabe der aus Mitteln der Allgemeinheit steuerfinanzierten Sozialhilfe, zur Vermögensbildung von Hilfesuchenden beizutragen. Allerdings wird dieser Grundsatz vom Gesetzgeber in § 36 Abs. 1 SGB XII selbst durchbrochen, in dem er in Ausnahmesituationen die Schuldenübernahme erlaubt. Insofern bleibt es bei der Frage, ob die Übernahme von Tilgungsbeträgen gerechtfertigt ist.

II. Die Klausurlösung

Durch die Übernahme der Tilgungsleistungen werden Vollstreckungsmaßnahmen ausbleiben und A kann seinen Lebensunterhalt wieder aus eigener Kraft sicherstellen. Ein etwaiger Verlust der eigenen Wohnung würde abgewendet. Der Gesetzgeber hat in § 90 Abs. 2 Nr. 8 SGB XII Immobilienvermögen als nicht zur Bedarfsdeckung einzusetzendes Vermögen ausdrücklich von der Verwertung ausgenommen und somit unter einem besonderen Schutz gestellt. Hieraus kann der Schluss gezogen werden, dass vorhandenes Vermögen, welches der Sicherung des Grundbedürfnisses „Wohnen" in angemessener Weise dient, keinen leistungsrechtlichen Gefährdungen ausgesetzt sein soll.

Sollte deshalb durch die Übernahme von Tilgungsleistungen die Eigentumswohnung erhalten bleiben und die Anmietung einer Wohnung verhindert werden, entstehen später geringere Kosten, weil Eigentumswohnungen im Unterhalt regelmäßig günstiger sind als Mietwohnungen. Damit ließe sich die Übernahme von Tilgungsraten als wirtschaftlich vernünftige Lösung rechtfertigen, wenn bei geringem Einkommen oder einer geringen Rente der Sozialleistungsträger später für diese Kosten des A aufkommen müsste. Insofern ist das Argument von A, die Eigentumswohnung diene der Alterssicherung, ebenfalls **für die Übernahme der Tilgungsbeträge** in Erwägung zu ziehen.

Dagegen lässt sich wiederum einwenden, dass A im Gegensatz zu anderen leistungsberechtigten Personen, die z. B. lediglich in einer Mietwohnung leben, bevorzugt wird. Insofern liegt ein Verstoß gegen den Gleichheitsgrundsatz vor. Allerdings wirkt sich dieser Verstoß im vorliegenden Fall nur geringfügig aus. Voraussichtlich muss nur ein Tilgungsbetrag von 1.800,00 € übernommen werden. Dabei handelt es sich um einen Betrag, der in nicht gravierendem Maße im Widerspruch zu sozialhilferechtlichen Leistungsgrundsätzen und einer nicht zu rechtfertigenden Vermögensbildung zu Lasten der Allgemeinheit steht. Die zu überbrückende Notlage besteht zudem nur für einen geringen Zeitraum von zehn Monaten. Anschließend ist davon auszugehen, dass A durch die avisierte Berufsausübung seinen Zahlungsverpflichtungen wieder nachkommen kann.

Vor dem beschriebenen Hintergrund **ist es im konkreten Einzelfall gerechtfertigt**, die ausstehenden Tilgungsbeträge des A für die nächsten zehn Monate zu übernehmen.

Auf der Rechtsfolgeseite besteht **Ermessen**. Allerdings handelt es sich um eine **Koppelungsvorschrift**[111], bei der sich die Erwägungen zum unbestimmten Rechtsbegriff „gerechtfertigt" mit der Frage von Ermessenserwägungen weitestgehend decken. Es ist diesbezüglich zwar anzuführen, dass die Notlage selbst verschuldet ist. Andererseits bezieht A zum ersten Mal Sozialhilfeleistungen. Die Notlage ist auch nur von vorübergehender Dauer. Danach ist es ermessensgerecht, die Tilgungsleistungen zu übernehmen.

Hinsichtlich der Art und Weise der Übernahme der Tilgungsleistungen besteht ein **Auswahlermessen** zwischen der Erbringung einer nicht rückzahlbaren Beihilfe und der Gewährung eines Darlehens (§ 36 Abs. 1 S. 3 SGB XII).

Für die Übernahme der Schulden in Höhe von 2.400,00 € in Form einer nicht rückzahlbaren Beihilfe spricht, dass A nach Abzug der laufenden Tilgungsleistungen in Höhe von 180,00 € in der Lage ist, lediglich 20,00 € pro Monat an den vorfinanzierenden Sozialhilfeträger zurückzuzahlen. Dazu brauchte er 120 Monate bzw. 10 Jahre.

Allerdings ist ungeklärt, wie sich die zukünftige Einkommenslage des A gestaltet. Der sorgsame Umgang mit Steuergeldern spricht dafür, „lediglich" ein Darlehen einzuräumen. Damit wird auch den oben vorgetragenen unterschiedlichen Aspekten und den widerstreitenden Interessen der Allgemeinheit einerseits und des Hilfebedürftigen andererseits Rechnung getragen, da die Übernahme der Tilgungsleistungen als Darlehen zum einen den Erhalt der Unterkunft sichert, zum anderen eine nicht gerechtfertigte Vermögensbildung verhindert.

Berufen Sie sich während ihrer Argumentation nicht auf die sog. „herrschende Meinung". Die „herrschende Meinung" ist kein Argument und ersetzt auch nicht die eigene Begründung. **247**

---

111 Alternativ kann von sog. intendiertem Ermessen gesprochen werden (vgl. BVerwG, Urteil vom 25.9.1992, 8 C 68 und 70.90). Im Fall des intendierten Ermessens hat der Gesetzgeber ein bestimmtes Ergebnis der Ermessensbetätigung vorgezeichnet. Die „Vorzeichnung" ergibt sich bereits aus dem Vorliegen der Voraussetzungen.

248 Vergleichsweise einfach haben Sie es, wenn sich die verschiedenen Meinungen in dem zu begutachtenden Fall im Ergebnis nicht auswirken. Dann skizzieren Sie nur kurz den Meinungsstand und lösen „dann durch".

Beispiel

Der falsch geparkte Pkw des X ist ohne dessen vorherige Anhörung abgeschleppt worden. Es ist umstritten, ob das Abschleppen ein Verwaltungsakt ist mit der Folge, dass § 28 VwVfG NRW möglicherweise Anwendung findet.

Die Problembehandlung könnte so aussehen:

Fraglich ist, ob im Abschleppvorgang ein Verwaltungsakt zu sehen ist, mit der Folge, dass § 28 VwVfG NRW gilt. Nach einer Meinung liegt ein Verwaltungsakt vor, weil... Nach der Gegenmeinung trifft dies nicht zu, denn ... Letztlich kann dahinstehen, welcher Meinung der Vorzug zu geben ist, da sich der Streit im Ergebnis nicht auswirkt. Verneint man die Verwaltungsaktsqualität, so gilt § 28 VwVfG NRW ohnehin nicht, eine Anhörung war also nicht erforderlich. Sieht man in dem Abschleppen jedoch einen Verwaltungsakt, so könnte eine an sich gemäß § 28 Abs. 1 VwVfG NRW erforderliche Anhörung jedenfalls nach § 28 Abs. 2 Nr. 1 oder Nr. 5 VwVfG NRW unterbleiben.

In diesem Fall war also ein Eingehen auf das eigentliche Problem nicht erforderlich.

5. Offenlassen eines Tatbestandsmerkmals

249 Ebenso wie Sie letztlich dahinstehen lassen können, welcher Meinung Sie sich anschließen wollen, kann es angebracht sein, ein Tatbestandsmerkmal offenzulassen.

Es geht hier nicht um eine Problemverdrängungstechnik mit dem Ziele einer oberflächlichen Argumentation! Im Gegenteil ist das Offenlassen ausnahmsweise statthaft, damit überzeugender begründet werden kann.

Beispiel

Gemäß § 22 Abs. 1 Nr. 1 BImSchG sind nicht genehmigungsbedürftige Anlagen so zu errichten und zu betreiben, dass schädliche Umwelteinwirkungen verhindert werden, die nach dem Stand der Technik vermeidbar sind.

§ 3 Abs. 1 BImSchG lautet:

„Schädliche Umwelteinwirkungen im Sinne dieses Gesetzes sind Immissionen, die nach Art, Ausmaß oder Dauer geeignet sind, Gefahren, erhebliche Nachteile oder erhebliche Belästigungen für die Allgemeinheit oder die Nachbarschaft herbeizuführen."

Nach Lage des Falles ist es zweifelhaft, ob überhaupt eine Anlage (Tatbestandsmerkmal „1") i.S. des Gesetzes vorliegt (vgl. § 3 Abs. 5 BImSchG). Allerdings steht fest, dass von ihr keine schädliche Umwelteinwirkungen ausgehen (vgl. § 3 Abs. 1 BImSchG).

Sie werden zugeben, dass hier eine lange Erörterung des Anlagenbegriffs letztlich ohne Bedeutung wäre, da jedenfalls die Betreiberpflicht des § 22 BImSchG mangels erheblicher Umwelteinwirkungen eingehalten wird. Andererseits ist die Prüfung des Merkmals "Anlage" logisch vorrangig. Hier gilt:

Das Offenlassen eines an sich vorrangig zu prüfenden Tatbestandsmerkmals ist in **Ausnahmefällen** dann zulässig, wenn

- die Entscheidung über das Vorliegen eines vorrangigen Merkmals schwierig ist (z. B. aufgrund eines lückenhaften Sachverhalts nicht feststellbar ist oder der Rechtsbegriff sehr umstritten ist),
- sich ein nachrangiges Merkmal aber leicht und überzeugend verneinen lässt.

Diese Darstellungsart setzt eine gewisse Routine voraus. Anfänger sollten sie möglichst vermeiden.

6. Haupt- und Hilfsbegründung

Anders als bei der gerade geschilderten Argumentation, die durch Verkürzung überzeugt (indem ein vorrangig zu prüfendes Tatbestandsmerkmal nicht geprüft wird), kann es umgekehrt angebracht sein, auf einer breiteren Grundlage zu arbeiten. Nach Lage des Falles kann es sinnvoll sein, die Argumentation auf eine Haupt- **und** Hilfsbegründung zu stützen. **250**

Beispiel
Eine Ermessensvorschrift bestimmt, dass beim Vorliegen eines besonderen Grundes eine Ausnahmeerlaubnis erteilt werden kann. Ob ein „besonderer Grund" vorliegt, ist fraglich. Eine Ermessensbindung oder gar Ermessensschrumpfung ist nicht ersichtlich.

Wenn Sie die Ablehnung allein auf das Fehlen eines besonderen Grundes (Auslegung eines unbestimmten Rechtsbegriffs) stützen, wird Ihnen vielleicht nicht jeder Leser folgen wollen.

Überzeugender ist es deshalb diesem "schwachen" Hauptargument noch ein weiteres Argument in Bezug auf die Rechtsfolgeseite hinzuzufügen (Hilfsbegründung), um so das Ergebnis "auf zwei Beine zu stellen". Da das behördliche Ermessen auf der Rechtsfolgeseite nicht eingeschränkt (auf Null reduziert) ist, besteht auch beim Vorliegen eines besonderen Grundes kein Anspruch auf Erteilung der Ausnahmeerlaubnis.

Auch diese Art der Begründung ist eher für Fortgeschrittene geeignet. Haupt- und Hilfsbegründung dürfen sich nicht widersprechen. Um im Bild zu bleiben: Beide "Beine" müssen in die gleiche Richtung laufen.

Die Hilfsbegründung muss nicht zwangsläufig die Rechtsfolgeseite umfassen. Sie kann sich auch auf ein zweites Tatbestandsmerkmal erstrecken. Danach läge die Hauptbegründung darin, dass das erste Tatbestandsmerkmal verneint wird. Zwar könnte die Prüfung nun abgebrochen werden, weil das Prüfungsergebnis bereits feststeht. Zur verstärkten Argumentation kann aber – hilfsweise – auch das zweite Tatbestandsmerkmal geprüft und ebenfalls verneint werden. Damit ist für den Leser klar, dass unter keinen Umständen ein Anspruch in Frage kommt.

Beispiel: Sie verneinen eine Regelung bei der Prüfung, ob ein Verwaltungsakt vorliegt. Hilfsweise gehen Sie darauf ein, dass es auch an der Außenwirkung mangelt.

7. Hilfsgutachten

Vom **prozessualen Vorrang** spricht man, wenn das (Gerichts- oder Verwaltungs-) **Verfahrensrecht** bestimmt, dass eine bestimmte Verfahrensfrage erst bejaht worden sein muss, ehe ein weiteres Problem geprüft werden darf. **251**

Beispiel
Dem Gewerbetreibenden G wird am 12.09. die weitere selbständige Ausübung seines Gewerbes gemäß § 35 GewO untersagt. Die mit zutreffender Rechtsbehelfsbelehrung versehene, aber rechtlich fehlerhafte Verfügung wurde ihm bereits am 13.09. zugestellt. Am 13.12. legt er Klage ein. Mit Erfolg?

Die Frage nach den Erfolgsaussichten einer Klage ist eine der üblichen Fragen im Verwaltungsrecht. Bei der **Zulässigkeitsprüfung** sind verfahrensrechtliche Vorfragen zu untersuchen, bei der **Begründetheit** geht es um die Rechtmäßigkeit der Maßnahme, die angegriffen wird (um die "Sache selbst").

Aus den Vorlesungen wird Ihnen geläufig sein, dass man erst die Zulässigkeit prüfen muss. Das ist aber nicht logisch zwingend der Fall, sondern beruht auf dem Gedanken, dass ein Widerspruchs- oder Klageverfahren verfahrensökonomisch durchge- **252** führt werden muss. Es kann nicht sinnvoll sein, schwierige Rechtsfragen ausgiebig zu erörtern, die nach dem Verfahrensrecht gar nicht geprüft werden dürfen.

253 Im obigen Beispiel werden Sie erkannt haben, dass die Klagefrist von einem Monat (nicht: vier Wochen!) gemäß § 74 Abs. 1 VwGO abgelaufen ist. Das bedeutet, dass die Klage nicht zulässig ist und dass es dann nicht mehr darauf ankommt, ob die angefochtene Verfügung rechtmäßig war oder nicht. Die Begründetheitsprüfung entfällt somit.

Ein Gericht oder eine Behörde soll sich nicht unnötigerweise mit schwierigen Problemen herumschlagen müssen, auf die es nicht mehr ankommt. Es ist also erst die Zulässigkeit zu prüfen und erst wenn diese gegeben ist, darf die Begründetheit untersucht werden. Im Ergebnis würde man also feststellen: Die Klage hat keine Aussicht auf Erfolg, weil sie (bereits) unzulässig ist.

254 Allerdings sollte der Bearbeiter einer **Klausur** nicht erwarten, dass ein öffentlich-rechtlicher Fall schon an der Zulässigkeit scheitert. Kein Klausurersteller beabsichtigt z. B. eine dreistündige Bearbeitungszeit auf zehn Minuten zu verkürzen.

Andererseits sind auch die Möglichkeiten in Betracht zu ziehen, dass Klausuren fehlerhaft gestellt worden sind und der Klausurverfasser dennoch oder gerade deshalb zu einem richtigen Ergebnis kommt.

255 Ausgehend von dem Gedanken, dass ein juristisches Gutachten einen Fall unter **allen** denkbaren rechtlichen Gesichtspunkten würdigen soll, **erstellen Sie im Zweifel deshalb ein („echtes") Hilfsgutachten** und prüfen weiter!

Beispiel
IV. Also ist die Klage unzulässig.
HILFSGUTACHTEN:
V. ... (weiter im Schema)

Die Möglichkeit eines Hilfsgutachtens wird häufig in Fragestellungen und Bearbeitungshinweisen aufgenommen, ohne dass dies zwingend notwendig wäre. Das Erstellen eines Hilfsgutachtens gehört zu den juristischen Methodenregeln und soll auch ohne ausdrücklichen Hinweis verwendet werden, wenn hierzu Anlass besteht.

Das Einsatzgebiet des Hilfsgutachtens beschränkt sich auf **Verfahrensfragen** (z. B. Unzuständigkeit der Behörde) und die Zulässigkeitsprüfung eines Widerspruchs oder eine Klage. Ausführungen zur materiellen Rechtmäßigkeit müssen grundsätzlich beendet werden, wenn Voraussetzungen einer Rechtsnorm nicht vorliegen. Wenn z. B. in einer ordnungsrechtlichen Klausur eine Gefahr i.S. des § 14 Abs. 1 OBG verneint wird, können weitere Ausführungen zur Störereigenschaft oder zur Verhältnismäßigkeitsprüfung unterbleiben.

Insofern darf das Instrument des Hilfsgutachtens nicht missbraucht werden, um zusätzliche Rechtsfragen zu erörtern oder gar alternative Lösungen darzustellen.

256 Etwas anderes gilt, wenn die Aufgabenstellung hierzu auffordert. Soll ein Fall „umfassend" oder „unter allen denkbaren rechtlichen Gesichtspunkten" geprüft werden, so ist die Prüfung auch dann fortzusetzen, wenn das Ergebnis – aus Sicht des Klausurverfassers – bereits „klar" ist. In dem unter Rn. 255 genannten Beispiel müsste die Verantwortlichkeit (z. B. gemäß den §§ 17 ff. OBG) daher dann erörtert werden, wenn es bereits an einer konkreten Gefahr fehlt.

Im Übrigen kann eine solche Prüfung auch ohne entsprechenden Bearbeitungshinweis sinnvoll sein, wenn sie die Überzeugungskraft der Lösung stärkt. Die Annahme des Verfassers, eine Gefahr fehle, überzeugt den Korrektor möglicherweise nicht, wohl aber folgt er dem (Zusatz-) Argument, der Betroffene habe die Gefahr (zumindest) nicht verursacht.

8. Hilfsgutachten bei verunglücktem Sachverhalt

Sollte **ausnahmsweise** der **Sachverhalt lückenhaft, unklar formuliert oder verunglückt sein** (streitiger Sachverhalt) und ist deshalb eine eindeutige Antwort im konkreten Kontext nicht möglich, können Sie ebenfalls zum Stilmittel eines Hilfsgutachtens greifen, allerdings in abgewandelter Form. Da das Ergebnis von dem offenen, unklaren oder streitigen Sachverhalt abhängig ist, nennen Sie die möglichen Ergebnisse in Abhängigkeit der Frage, wie der Sachverhalt zu verstehen ist. Hier helfen dann **„soweit"-Formulierungen**: „Soweit man davon ausgeht, dass die Voraussetzung 1 erfüllt ist, weil ..., kommt man zu dem Ergebnis ... Soweit unterstellt wird, dass dies mangels .... nicht gegeben ist, liegt die Voraussetzung 1 nicht vor und es besteht ....".

Beispiel

In einer Sozialrechtsklausur sollte die Leistungsberechtigung einer dauerhaft voll erwerbsgeminderten Person untersucht werden. Dazu ist auf die sachlichen Leistungsvoraussetzungen nach dem 4. Kapitel SGB XII einzugehen. Diese sehen in § 43 Abs. 5 SGB XII vor, dass ein Leistungsanspruch entfällt, wenn ein Unterhaltspflichtiger über ein Bruttoeinkommen i.S. des § 16 SGB IV von mehr als 100.000,00 € verfügt. Laut Sachverhalt lag der Bruttoverdienst des Sohnes bei 110.000,00 €.
Der Klausurverfasser konnte also feststellen, dass ein Leistungsanspruch nach dem 4. Kapitel SGB XII gemäß § 43 Abs. 5 S. 3 SGB XII nicht besteht. Der Klausurersteller erwartete nunmehr Ausführungen zu einem Leistungsanspruch nach dem 3. Kapitel SGB XII (Hilfe zum Lebensunterhalt). Allerdings fehlte im Sachverhalt der Hinweis, dass der Sohn seinen Unterhaltsverpflichtungen nicht nachkam oder nicht nachkommen wollte. Nur unter dieser Voraussetzung, also bei ausbleibenden Unterhaltszahlungen, ist ein Anspruch auf Hilfe zum Lebensunterhalt zu prüfen. Den Klausurverfassern ist in einer solchen Situation zu empfehlen, die Klausur nicht nach wenigen Minuten abzubrechen, sondern zu formulieren: „Es ergibt sich aus dem Sachverhalt nicht, dass der Sohn seinen Unterhaltsverpflichtungen nicht nachkommt. Soweit der Sohn seinen Unterhaltsverpflichtungen nicht nachkommen sollte, kommt ein Anspruch auf Leistungen zum Lebensunterhalt nach dem 3. Kapitel SGB XII in Frage."

Im Normalfall ist davon auszugehen, dass ein Sachverhalt alle notwendigen Informationen zur Lösungsentwicklung enthält. Deshalb ist nur **zurückhaltend** von dieser Variante des Hilfsgutachtens Gebrauch zu machen. Sie kann auch im materiellen Prüfungsteil angewandt werden.

9. Die Niederschrift der Arbeit – richtige Schwerpunktbildung

Nachdem Sie nun einiges darüber erfahren haben, wie man einen rechtlichen Fall bearbeitet, stellt sich für Sie das Problem einer gelungenen Niederschrift. Unterschätzen Sie diesen Punkt nicht! Denn folgende Aspekte spielen für die Bewertung einer Klausur eine zentrale Rolle:
- Art und Folgerichtigkeit der Begründung[112]

---

112 Der richtige Lösungsweg und die schlüssige Gedankenführung sind für die Bewertung der Arbeit maßgeblich. Ein richtiges Ergebnis ohne erkennbaren Lösungsweg oder ohne überzeugende Begründung hat keinen großen Wert. Wichtig ist eine vertretbare, möglichst ausgewogene und widerspruchsfreie Begründung, die das Für und Wider der Argumente berücksichtigt. Die einzig richtige Begründung und

- Aufbau und Gliederung der Darstellung
- Form und sprachliche Darstellung (Ausdrucksweise)

Daneben sind auch die Aspekte

- der Problemerfassung
- der Kenntnisse

bedeutsam.

260 Vor der Reinschrift muss der Bearbeiter entscheiden, was er aus der vorbereitenden Lösungsskizze übernehmen will und was nicht, welche Punkte ausführlich dargestellt werden und was gekürzt werden soll.

Zunächst sollte eines klar sein: Eine Aufgabe kann auf gar keinen Fall so gelagert sein, dass alle Punkte eines Schemas mit gleichem Gewicht darin vorkommen. Das zwingt Sie nun zu der Entscheidung, Unwichtiges und Wichtiges zu trennen.

Hilfreich ist die Rückbesinnung auf die Anfangsphase der Bearbeitung. Dort hatte ich Ihnen empfohlen, die Probleme des ersten Anscheins festzuhalten. Sind Sie auch nach eingehendem Durchdenken des Falles immer noch der Meinung, dass hier ein Problem liegt, spricht vieles dafür, dass dies auch zutrifft. Dann sollten Sie es aber auch als Schwerpunkt des Falles eingehend darstellen.

Umgekehrt gilt: Unproblematisches darf - allenfalls - nur kurz dargestellt werden (vermeiden Sie die sog. Angstschreibe).

Erfahrungsgemäß werden leider z. B. in verwaltungsrechtlichen Arbeiten die Punkte Verwaltungsakt oder die gesamte Zulässigkeit eines Rechtsbehelfs (Klage, Widerspruch) oft unangemessen lang behandelt.

Bedenken Sie auch, dass Problempunkte im Klausurtext häufig schon als Rechtsansichten der Beteiligten ausgedrückt werden.

(Nicht nur) Anfänger haben Schwierigkeiten mit der richtigen Prioritätensetzung. Hier hilft oft nur etwas Vertrauen in die eigene Leistung und Entscheidungsfreude.

10. Das äußere Erscheinungsbild

261 Nun zu den Formalitäten. Die vermutlich wichtigste Form eines Leistungsnachweises, die Klausur, wird oft anonym geschrieben. Dann halten Sie sich aber auch bitte daran. Es ist also z. B. verfehlt, dann einen Bescheidentwurf aus Gedankenlosigkeit mit seinem Namen zu unterzeichnen.

Lassen Sie bei der Niederschrift einen Korrekturrand von mindestens 1/3 der Seite. Das hat für Sie den Vorteil, dass Sie weniger schreiben müssen, wenn Sie eine Seite noch einmal neu anfangen wollen. Auch können so Korrekturbemerkungen an der richtigen Stelle angebracht werden.

Niemand wird Ihnen Gliederungspunkte vorschreiben. Dennoch sind Gliederungen äußerst empfehlenswert, weil die Arbeit dadurch an Übersichtlichkeit gewinnt.

Ein juristisches Gutachten ist kein Werbeprospekt und auch kein Lehrmaterial. Vermeiden Sie es deshalb, im Gutachten zu unterstreichen. Wer z. B. schreibt:

Lösung gibt es oft nicht. Daraus folgt: Für die Falllösung ist nicht entscheidend, was der Klausurverfasser im Allgemeinen an Fachwissen besitzt, maßgeblich ist vielmehr, was er mit seinem Wissen zur Falllösung beitragen kann. Methodik und Fachwissen müssen also zusammenwirken und ein harmonisches einheitliches Ganzes ergeben.

II. Die Klausurlösung

"Also ist der Widerspruch zulässig!"
erweckt den Eindruck, er wolle eine schwache Argumentation künstlich aufwerten.

Selbstverständlich sollen Sie auch Abkürzungen verwenden. So erwartet niemand, dass Sie z. B. jedes Mal schreiben: „Zehntes Buch Sozialgesetzbuch". Da Sie eine geistige und keine Schreibleistung vollbringen sollen, können Sie die übliche juristische Abkürzung verwenden, also: SGB X. Welche Bezeichnung üblich ist, entnehmen Sie Ihren Gesetzessammlungen (z. B. DVP).

Verwechseln Sie Abkürzungen aber nicht mit Ungenauigkeit! Zitieren Sie die Vorschriften vielmehr so genau wie möglich. Wer z. B. schreibt: "Gemäß § 48 VwVfG gilt..." gibt keinen sehr brauchbaren Hinweis, weil die Vorschriften fünf Absätze hat, wovon z. B. Absatz 2 vier Sätze enthält.

Denken Sie daran, dass es üblich ist, von Absatz (Abs.), Satz (S.) und Nr. zu sprechen (siehe schon oben A.II.: Zitieren von Rechtsvorschriften; schreiben Sie also z. B. § 49 Abs. 2 S. 1 Nr. 3 VwVfG. Üblich ist auch § 49 II 1 Nr. 3, **nicht** hingegen „§ 49 (2) 1, 3 VwVfG" oder „Lt. § 48 / 2 VwVfG".

Schließlich kann es auch sinnvoll sein, eigene Abkürzungen zu verwenden. Man muss dies jedoch am Anfang klarstellen.

Weiterhin sind Höflichkeitsformeln in juristischen Gutachten nicht angebracht. So sehr es zu schätzen ist, wenn Beamte im Publikumsverkehr freundlich auftreten und z. B. nicht von "dem alten X", sondern von "Herrn X" sprechen: Im Gutachten brauchen Sie nicht höflich zu sein. Es ist daher üblich und ausreichend, von X (also nicht: Herr oder Frau X) zu schreiben.

11. Stilistische Hinweise

Die nachfolgenden Ausführungen wenden sich insbesondere an diejenigen, die vor den ersten juristischen Klausuren stehen.

Wie man einen Fall gutachtlich durchdenkt, wissen Sie, weil sie jetzt über das notwendige Grundwissen verfügen. Dennoch können Sie die "Kraft nicht auf den Boden bringen", weil Sie schlechter formulieren als den Stoff gedanklich bewältigen können. Das ist normal.

Je eher Sie das erkennen, desto besser. Hier ist einige Arbeit zu leisten, die Ihnen nur zum Teil abgenommen werden kann. Nutzen Sie jede Gelegenheit, eine juristische Klausur selbst auszuformulieren. Sie werden sehen, dass es ein erheblicher Unterschied ist, ob Sie eine Lösung mündlich durchsprechen oder selbst niederschreiben.

Das Formulieren einer Klausur stellt am Anfang vielleicht ein frustrierendes und zeitintensives Erlebnis dar, aber mit der Zeit kommt die Routine.

Hinsichtlich der „richtigen" Ausdrucksweise versuchen Sie von Anfang an, sich
- einfach
- präzise und
- lebendig, aber
- verhalten

auszudrücken.

Das ist schwieriger, als Sie möglicherweise glauben. Der Schweizer Kabarettist Franz Hohler hat einmal in seiner Kurzgeschichte "Heißes Bratenfett" eine komplette

Story in einen, eineinhalb Druckseiten langen Satz gefasst. Das liest sich dort gut. Für die Niederschrift einer Arbeit aber gilt: Vermeiden Sie umständliche und lange Sätze. Ein Satzungeheuer, wie z. B.:

"Lässt sich dieses mit Rücksicht auf die Besonderheit des Falles nicht vermeiden, so ist zu prüfen, ob die Notwendigkeit des Eingriffs auf einem gesetzwidrigen Verhalten der zuständigen Ordnungsbehörde beruht - in diesem Falle kommt Absatz 1 zur Anwendung - oder ob das mit den gesetzlichen Vorschriften an sich nicht im Widerspruch stehende Verhalten der Ordnungsbehörde nur aus Zweckmäßigkeitsgründen zu beanstanden ist."

sollte in Klausuren besser nicht vorkommen.

Wenn man einen solchen Satz verstehen will, muss man ihn erst in seine Einzelteile zerlegen, und dann wieder zusammensetzen. Mag diese Ausdrucksweise bei Gesetzen mitunter unvermeidlich sein, in Klausuren ist sie unangebracht. Es verstimmt den Korrektor einer Klausur, wenn er einen Satz dreimal lesen muss, um ihn dann - vielleicht - zu verstehen!

265 Zu einer einfachen Ausdrucksweise zählt auch die Vermeidung unnötiger Fremdwörter (vgl. auch § 23 VwVfG!) in Gutachten und in Bescheiden. Es besteht z. B. kein Anlass, aus dem Ermessensmissbrauch ein "detournement de pouvoir" zu machen. Allzu oft führt der unnötige Gebrauch von Fremdwörtern in Klausuren dazu, dass man dem erstaunten Leser nur einen Brocken vor die Füße wirft, hinter dem letztlich wenig steckt (Pseudowissenschaftlichkeit).

Hinzu kommt, dass ein übermäßiger Gebrauch von Fremdwörtern in Bescheiden, die ja an den Bürger gerichtet sind, das Verständnis unnötig erschwert. Hier verärgern Sie den Bürger (bürgernahe Verwaltung?), riskieren, dass dieser - verständlicherweise - erst einmal einen Rechtsbehelf ergreift ("Angstbeißer") und machen sich letztlich nur Mehrarbeit.

266 Mit einfacher Ausdrucksweise ist kein naiver oder lächerlicher Stil gemeint. So wirkt die Formulierung:

"Welche Gefahr liegt vor? Gibt es überhaupt eine?"

auf den Leser doch etwas sehr einfach. Besser wäre es, etwa so zu formulieren:

"Es müsste eine konkrete Gefahr vorliegen. Das ist der Fall, wenn..."

Vermeiden Sie also direkte Fragesätze, sondern formulieren Sie im Gutachtenstil.

267 Es gibt Klausuren, in denen gefühlt jeder zweite Satz mit „Fraglich ist, ob ..." anfängt. Es soll an dieser Stelle darauf hingewiesen werden, dass es auch andere Formulierungen gibt, um eine Hypothese einzuleiten.

Beispiele:

Es ist zu prüfen, ob ..."; „es fragt sich, ob, ..."; es kommt darauf an, ob ..."; „es ist zu erwägen, ob..."; „es ist zu untersuchen, ob ..."; „zweifelhaft ist, ob ..."; „bedenklich ist, ob..."; „es ist der Frage nachzugehen, ob ..."; „möglicherweise ist ..."; ...

„Der Bescheid ist ein Verwaltungsakt, wenn ..."; „die Rücknahme ist zulässig, wenn ...". Die beiden letzten beiden Beispiele verwenden nicht eine hypothetische, sondern eine konditionale Form, die dem gleichen Zweck dient, nämlich ein Ergebnis als möglich anzukündigen. Sie sollten den Konjunktiv irrealis vermeiden („Also nicht: „Der Verwaltungsakt wäre rechtswidrig, wenn er gegen Grundrechte verstoßen würde." Sondern: Der Verwaltungsakt ist rechtswidrig, wenn er Grundrechte verletzt".) nicht verwenden. Der einfache Konjunktiv ist ausreichend.

268 Vermeiden Sie also ständige gleichartige Formulierungen, die den Leser ermüden. Auch eine übertriebene Verwendung von „hätte" und „wäre" ist nicht angezeigt.

Beispiel: A könnte keinen Vertrauensschutz genießen, wenn die Voraussetzungen des § 48 Abs. 2 S. 3 VwVfG vorlägen.

II. Die Klausurlösung

Gewöhnen Sie es sich nicht an, Ihre Vorgehensweise zu rechtfertigen oder Tätigkeitsbeschreibungen zu geben: **269**

"Eigentlich müsste man zuerst Punkt I prüfen. Davon wird abgesehen, weil..." "Nun ist zu prüfen, ob..."

Derartige Floskeln können Sie ersatzlos streichen.

Es besteht auch keine Notwendigkeit, in der Art eines Rundfunkmoderators eine gefällige Überleitung von einem Gliederungspunkt zum anderen zu schreiben.

Beispiel: "Nachdem die Zulässigkeit des Widerspruchs untersucht wurde, gilt es nun, die Probleme der Begründetheit zu überprüfen."

Wenn Ihnen das Gutachten dadurch etwas "kantig" erscheint, macht das gar nichts. Eine gute Gliederung spricht eben für sich selbst.

Schließlich noch ein weiterer Anfängerfehler: Es ist verfehlt, eine Klausur mit einem "besinnlichen Ausklang" abzuschließen. **270**

"Zusammenfassend kann man sagen, dass ..."

Wenn Sie die Gutachtentechnik ernst nehmen, dürfen nach dem gefundenen Ergebnis keine weiteren Ausführungen mehr kommen.

In juristischen Gutachten müssen Sie sich zurückhaltend ausdrücken. Es ist nicht Ihre Aufgabe, zu moralisieren oder zu verdammen. Vermeiden Sie deshalb von Anfang an Übertreibungen wie z. B.: **271**

"Die Klage hat 100% Erfolg."

"Das Verhalten des X ist einfach unverschämt."

wenn Sie meinen:

"Die Klage hat Erfolg" bzw. "X ist gewerberechtlich unzuverlässig".

Überhaupt ist jede Emotionalität fehl am Platze. Es ist z. B. überheblich, wenn Sie formulieren, das Bundesverfassungsgericht vertrete völlig rechtsirrig einen bestimmten Rechtsstandpunkt - im Gegensatz zu Ihnen. **272**

Hüten Sie sich auch vor "Bonmots". Das kann verhalten klingen wie z. B. **273**

"§ 9 des Feuerbestattungsgesetzes birgt drei Feinheiten"

und bis zu unangemessen lockerer Formulierung gehen:

"Es kann nicht in Abrede gestellt werden, dass B die Sau rausgelassen hat."

statt:

"B hat Widerspruch eingelegt."

Drücken Sie sich präzise und zutreffend aus. Ein juristisches Gutachten ist kein deutscher "Besinnungsaufsatz". Wer nicht hart am Fall und an der zu prüfenden Norm bleibt, verfällt schnell in den sog. Märchenstil. Das gilt insbesondere für staatsrechtliche Arbeiten, dabei ist auch dort ein sauberes methodisches Vorgehen angebracht. **274**

Vermeiden Sie auch die falsch verstandene Anwendung der Möglichkeitsform, vielleicht noch gepaart mit vornehmer Länge: **275**

z. B. nicht: "Mit der Entstehung eines nicht unerheblichen Schadens dürfte zu rechnen sein."

sondern:

"Der Schaden ist groß."

Gehen Sie davon aus, dass der Korrektor merkt, wenn ihm sprachliche Unsicherheit signalisiert wird.

Gleiches gilt für die Verwendung des Wortes "wohl".

Beispiel: "Der Widerspruch wird wohl Erfolg haben". Wer das schreibt, kann sich nicht entscheiden. Es gilt der Satz: "Wer wohl sagt, fühlt sich unwohl."

276 Vermeiden Sie auch sprachliche Ungenauigkeiten wie z. B.:

"Jedoch hat Frau A die Schlange frei herumlaufen lassen"

und falsche Beziehungen.

Beispiel: "Da A das Tier gern behalten möchte, handelt es sich um einen Anfechtungswiderspruch."

Den Satz kann man nur verstehen, wenn man die zugrundeliegende Klausur kennt und den Satz entsprechend auslegt.

277 Unzutreffend kann auch hier die Berufung auf die h.M. sein. Wer z. B. schreibt:

"Nach h.M. ist das Tier keine Sache"

irrt, das steht in § 90a S. 1 BGB.

278 Bedenken Sie bitte stets auch, dass sich der juristische Sprachgebrauch von der Alltagssprache unterscheidet. Sprechen Sie also z. B. nur dann von einer Behörde, wenn Sie sicher sind, dass nicht die Körperschaft gemeint ist. Das gleiche gilt für die Begriffe "Besitzer" und "Eigentümer" oder "Ermessen" und "Willkür".

279 Verwechseln Sie juristische Gutachten auch nicht mit Ihrer Privatkorrespondenz. Dazu zählt zunächst, dass Sie sich - in juristischen Gutachten - den "Ich-Stil"

Beispiel: "Ich komme also zu dem Ergebnis..."

abgewöhnen sollten.

Der "Ich-Stil" ist im Gutachten zumindest unüblich und kann gelegentlich auch etwas anmaßend wirken.

Beispiel: "Ich komme mit H.J. Wolff zu der Ansicht, dass ..."

Wenn Sie die erforderliche "Distanz zum Korrektor" halten wollen, sollten Sie auch die etwas vereinnahmende Formulierung "in unserem Fall" vermeiden.

280 Schließlich: Gewöhnen Sie es sich bitte erst gar nicht an, etwa in einem „P.S." dem Korrektor private Dinge mitzuteilen,

Beispiel: P.S.: "Heute bin ich nicht gut in Form, aber nächste Woche wieder".

281 Der sog. Kanzleistil sollte ebenfalls vermieden werden. In dem bekannten Rotkäppchenbeispiel (im Kanzleistil) heißt es:

"Da wolfseits Verknappung auf dem Ernährungssektor voherrschend war, fasste er den Beschluss, bei der Großmutter der R unter Vorlage falscher Papiere vorsprachig zu werden. Weil dieselbe wegen Augenleidens krankgeschrieben war, gelang dem in Freßvorbereitung befindlichen Untier die diesfallsige Täuschungsabsicht, worauf es unter Verschlingung der Bettlägerigen einen strafbaren Mundraub zur Durchführung brachte." Für eine veraltete, künstliche und für den Leser unverständliche Ausdrucksweise ist in Gutachten und Bescheiden kein Platz . Hier einige Tipps, wie man dem Kanzleistil entgehen kann."

Verwenden Sie einfache Zeitwörter und vermeiden Sie die häufige Verwendung von Hauptwörtern. Zu warnen ist vor den Hauptwörtern, die auf "-ung", "-heit" und "-keit" enden.

II. Die Klausurlösung

Ein Satz wie:

"Die Wiederholung der Forderung einer Beschlussfassung der Vereinigung hinsichtlich der Herabsetzung der Zahlungen kann eine Berechtigung nicht zuerkannt werden."

spricht gegen sich selbst.

Andererseits gibt es aber in der Rechtssprache feststehende technische Begriffe (z. B. Auflassung, Zulässigkeit, Begründetheit), um die Sie nicht herumkommen, selbst wenn Ihnen die "Geheimheit" der Wahl sprachlich nicht passt. Verwenden Sie solche Begriffe aber nur, wenn es sich um Fachausdrücke handelt, für ähnliche Neuschöpfungen besteht kein Bedürfnis.

282 Es ist in juristischen Klausuren nicht üblich, Literatur und/oder Rechtsprechung zu zitieren. Somit stellt sich das Problem des richtigen Zitierens dort nicht. Normalerweise sind bei juristischen Klausuren nur unkommentierte Gesetzessammlungen (DVP etc.) als Hilfsmittel zulässig.

283 Möglicherweise haben Sie sich aber während des Studiums eine besonders wesentliche Entscheidung oder Literaturstelle mit der entsprechenden Fundstelle gemerkt. Dennoch sollten Sie dann in der Klausur von dem Zitat absehen. Bringen Sie stattdessen die wesentlichen Gesichtspunkte der Fundstelle als Bestandteil Ihrer eigenen Argumentation. Dies ist nicht unehrlich, sondern in diesem Rahmen durchaus erlaubt.

E. Klausurübungen

I. Fall 1 (Vahle)

„Die „Honig-Falle" - eine verlockende Versuchung

- Fallbearbeitung aus dem Allgemeinen Verwaltungsrecht mit Bezügen zum Ordnungsrecht -

Sachverhalt (Aktenauszug)

Stadt Bad Hohnhausen
Amt für öffentliche Sicherheit

32.4/16   10.08.2016

Vermerk

<u>Vorgänge auf dem Grundstück der Nachtbar „Club Honey Trap", Schäfer-Heinrich-Straße 66, 33345 Bad Hohnhausen</u>

Nach Rücksprache mit der Kreispolizeibehörde Münden – Polizeiwache Bad Hohnhausen - werden ordnungsrechtliche Maßnahmen gegen Frau Brause zu treffen sein. Es ist einem glücklichen Zufall zu verdanken, dass es bei den drei dokumentierten Unfällen nicht zu schweren Schäden gekommen ist. Der Club Honey Trap ist möglicherweise auch nicht frei von Prostitution. Im Club ist die ehemalige Prostituierte Nadine Nowack (N) beschäftigt, die bis vor kurzem als „Model" in Aachen gemeldet war. Zwar ist bisher kein Beweis gegeben, dass Frau N – die im Club wohnt – auch jetzt noch in ihrem alten Beruf arbeitet. Dennoch sollte vorsorglich erwogen werden, Frau N die weitere Tätigkeit im Club zu untersagen.

Frau Brause habe ich mit Schreiben vom 28.07.2016 Gelegenheit zur Stellungnahme zu möglichen ordnungsrechtlichen Anordnungen gegeben. Sie hat mit Schreiben vom 04.08.2016 erklärt, ihren Anwalt einzuschalten, im Übrigen sei ihrer Erklärung anlässlich des Ortstermins nichts hinzuzufügen.

Breitenströther

(StOl´ in)

I. Fall 1 (Vahle)

Stadt Bad Hohnhausen
Der Bürgermeister

Amt für öffentliche Sicherheit Mein Zeichen: 32.4/16
Parkstraße 10
33345 Bad Hohnhausen 11.08.2016

Mit Zustellungsurkunde
An den Club „Honey Trap"
z. Hdn. Frau Bettina Brause
Schäfer-Heinrich-Straße 66
33345 Bad Hohnhausen

Ordnungsverfügung mit Zwangsandrohung

Sehr geehrte Frau Brause,
hiermit gebe ich Ihnen auf,
1. den Aufenthalt der in Ihrem Club „Honey Trap" angestellten Frauen auf dem Gartengrundstück in aufreizender, insbesondere sehr knapper (Bade-)Bekleidung sowie entsprechende Verhaltensweisen (z. B. lautes Lachen, aufreizende Gesten) zu unterbinden.
2. Hinsichtlich Ihrer Mitarbeiterin Frau Nadine Nowack drohe ich hiermit an, Ihnen zu verbieten, Frau Nowack weiterhin in Ihrem Club zu beschäftigen.
3. Die sofortige Vollziehung dieser Verfügung zu den Nummern 1 und 2 wird angeordnet.
4. Bei Nichtbeachtung der vorstehenden Anordnungen wird ein Zwangsgeld von 5.000 € fällig, das ggf. zwangsweise beigetrieben werden kann.

Begründung:

Zu 1:

Sie sind Betreiberin der Nachtbar „Club Honey Trap" in Bad Hohnhausen, Schäfer-Heinrich- Straße 66. Das Gelände der Bar wird durch einen 1, 20 Meter hohen Holzzaun („Jägerzaun") umgrenzt. Das Grundstück liegt innerhalb der geschlossenen Ortschaft circa 500 Meter nach dem Ortseingangsschild. Eigentümerin des Anwesens ist Frau Marta Möckelhoff, die seit 20 Jahren in Italien lebt. Frau Möckelhoff hat das Anwesen an Sie verpachtet.

Es wurde festgestellt, dass sich auf in dem von der Straße aus einsehbaren (Garten-)Grundstück mehrfach zwei Mitarbeiterinnen des Clubs in aufreizender Bekleidung (z. B. knappe Kostüme in den Farben gelb-schwarz, Aufdruck „Honey Bee") präsentiert haben. Am 22.05., am 20.06. und am 15.07.2016 ist es in unmittelbarer Nähe des Clubs zu Verkehrsunfällen gekommen. Im Falle des Kfz-Führers K. Klausen (Vorfall vom 22.05.) rutschte der von ihm gesteuerte VW Passat in den Straßengraben; Herr Klausen wurde nicht verletzt. Der Unfall vom 20.06. betrifft Herrn G. Grau, der mit seinem Audi A 4 an derselben Stelle verunglückte. Er zog sich eine Gehirnerschütterung zu. Der Vorfall vom 15.07. betrifft den nur wenige hundert Meter entfernt wohnenden Landwirt B. Bake. Herr Bake kam mit seinem Traktor von der Straße ab und kippte in den Graben. Die drei betroffenen Kraftfahrzeugfahrer gaben nach Angaben der Polizei zu Protokoll, sie seien durch „Vorgänge" auf dem Gartengrundstück des Clubs abgelenkt worden. Auf dem Gelände hätten sich zwei Frauen aufgehalten, die in knappen gelb-schwarzen Badeanzügen mit der Aufschrift „Honey Bee" herumgelaufen seien. Die Frauen hätten sich „aufreizend bewegt" und die Verkehrsteilnehmer – wie man vom Auto aus habe sehen können – provozierend „angelacht".

Bei einem Ortstermin am 20.07.2016 wurde folgender Vorgang auf dem Clubgrundstück festgestellt:

Zwei sehr auffällige Frauen in knappen, schwarz-gelben, mit Rückenflügeln versehenen „Bienen-Kostümen" liefen auf das Grundstück. Alsdann begannen sie (nur bekleidet mit Bikinis) ein Federballspiel. Nach unserem Eindruck ist der Vorgang sehr geeignet, die Aufmerksamkeit von Kfz-Führern zu beeinträchtigen. Anlässlich des Termins erklärten Sie, bei den beiden Damen handele es sich um Frau Nora Nowack und Frau Rowitha Reiter. Frau Nowack und Frau Reiter seien als Bardamen im Club angestellt und hätten dort auch ihre Wohnung genommen. Diese Angabe wurde durch Vorlage der Mietverträge bestätigt. Der Mietvertrag berechtige beide Frauen zur Gartennutzung. Das Sporttreiben, so Ihre Äußerung, werde von Ihnen begrüßt, weil sich Ihre Mitarbeiterinnen so fit hielten.

Eine Befragung von zwei Nachbarn am selben Tage ergab, dass es an der fraglichen Stelle auf der Schäfer-Heinrich-Straße (langgezogene Linkskurve) gelegentlich zu kritischen Verkehrssituationen gekommen ist. Eine Zeugin erklärte, auf dem Gartengelände des Clubs hätten sich an warmen Sommertagen öfters „zwei schamlose Frauenzimmer" aufgehalten. Zweimal habe eine Frau sogar kurz ihr Oberteil abgelegt und ihren unbekleideten Oberkörper gezeigt. Sie hätte ihren Mann mehrfach gebeten, sich beim Ordnungsamt darüber zu beschweren, was dieser leider bisher nicht getan habe.

Als Betreiberin des Clubs verursachen Sie eine konkrete Gefahr für Leib und Leben der betroffenen Verkehrsteilnehmer und damit eine Gefahr für die öffentliche Sicherheit und Ordnung. Zu deren Unterbindung ich gemäß § 14 Abs. 1 Ordnungsbehördengesetz (OBG) befugt.

Es liegt weiterhin ein Verstoß gegen § 33 Abs. 1 Nr. 3 Straßenverkehrs-Ordnung vor, wonach außerhalb geschlossener Ortschaften jede Werbung und Propaganda untersagt ist. Dieses Verbot gilt entsprechend für den innerörtlichen Bereich, wenn – wie hier - Verkehrsteilnehmer in einer den Verkehr gefährdenden Weise abgelenkt bzw. belästigt werden. Der Aufenthalt in dem Garten und die „sportlichen" Betätigungen sind als Werbemaßnahmen einzustufen und damit verboten. Des Weiteren liegt ein Verstoß gegen § 118 des Gesetzes über Ordnungswidrigkeiten vor. In einer Kurstadt im ländlichen Bereich sind stark sexualisierte Bekleidung und Gesten mit der allgemein anerkannten Sitte und damit der öffentlichen Ordnung unvereinbar. Das zeigt sich bereits an den Beschwerden aus der Bevölkerung.

Für die geschilderten Verhaltensweisen der beiden Damen sind Sie ordnungsrechtlich verantwortlich, weil Sie ihnen die Gartennutzung ermöglichen und Ihre Mitarbeiterinnen zudem Ihrem Weisungsrecht unterliegen (§ 17 Abs. 1 und 3 OBG). Zudem sind Sie als Besitzerin des Grundstücks für von diesem ausgehende Gefahren verantwortlich (§ 18 Abs. 2 OBG).

I. Fall 1 (Vahle)

Da Leib und Leben der Verkehrsteilnehmer unmittelbar bedroht sind, habe ich mich zu einem Eingreifen entschlossen. Ihre geschäftlichen Interessen müssen hinter den gefährdeten hochwertigen Schutzgütern zurücktreten, zumal der Eingriff keine erkennbaren wirtschaftlich negativen Folgen für Sie zur Folge haben dürfte.

Zu 2:

Es bestehen aus unserer Sicht Verdachtsgründe, dass Ihre Mitarbeiterin Frau Nadine Nowack sich zumindest gelegentlich als Prostituierte betätigt. Wer im Zusammenhang mit einem Gaststättenbetrieb der Prostitution nachgeht, verhält sich unsittlich und erfüllt den Tatbestand der Unzuverlässigkeit i.S. des § 4 Abs. 1 Nr. 1 Gaststättengesetz (GastG). Einer solchen Mitarbeiterin kann die Mitwirkung in einer Gaststätte untersagt werden (§ 21 GastG).

Zu 3:

Die Anordnung der sofortigen Vollziehung stütze ich auf § 80 Abs. 2 Nr. 4 Verwaltungsgerichtsordnung. Im öffentlichen Interesse ist es geboten, diese Ordnungsverfügung unverzüglich umzusetzen. Dies gilt insbesondere im Hinblick auf die erheblichen Gefahren für Leib und Leben der Verkehrsteilnehmer. Auch Belange der Sittlichkeit lassen es nicht hinnehmbar erscheinen, den Abschluss eines unter Umständen lang dauernden Rechtsmittelverfahrens abzuwarten. In Abwägung mit Ihren rein wirtschaftlichen Interessen überwiegen die von meiner Behörde wahrzunehmenden öffentlichen Belange.

Zu 4:

Die Androhung des Zwangsgeldes beruht auf den §§ 55, 60 und 63 Verwaltungsvollstreckungsgesetz Nordrhein-Westfalen. Die Höhe ist angemessen, aber auch geboten.

Rechtsmittelbelehrung

Gegen diese Verfügung können Sie innerhalb eines Monats nach Bekanntgabe Klage beim Verwaltungsgericht Münden einlegen.

Wolkig
(Bürgermeister)

Bettina Brause
Schäfer-Heinrich-Straße 66
333 45 Bad Hohnhausen, 14.08.2016

An die
Stadtverwaltung von Bad Hohnhausen
Postfach
z. Hd. Bürgermeister Wolkig

Aktenzeichen: 32.4/16

Sehr geehrter Herr Bürgermeister,

ich habe gestern Ihren Bescheid vom 11. August erhalten. Ich möchte keinen Streit mit der Stadt und schlage daher vor, die Angelegenheit persönlich zu besprechen. Mein Anwalt, Herr Dr. Pfeiffer, ist leider derzeit im Urlaub.

Mit den besten Grüßen und einen schönen Tag noch!

Bettina Brause

I. Fall 1 (Vahle)

Stadt Bad Hohnhausen
Amt für öffentliche Sicherheit

32.4/16   19.08.2016

Vermerk

Heute vormittags um 10.00 bis 11.30 Uhr fand ein von Frau Brause gewünschtes Gespräch statt. Teilgenommen haben Herr Amtsleiter Huchzemeyer und die Unterzeichnerin. Frau Brause wurde eindringlich dargelegt, dass gegen ihren Club so oder so Bedenken bestünden und sie u. U. mit einer kurzfristigen Schließung rechnen müsse. Auch wurde ihr mitgeteilt, dass aus unserer Sicht Frau Nadine Nowack nicht die erforderliche charakterliche Zuverlässigkeit habe, um in einem Barbetrieb tätig zu sein. Die Weiterbeschäftigung solle daher unverzüglich beendet werden. Nach ausführlicher Erörterung der Sach- und Rechtslage wurde Frau Brause eine „Verzichtserklärung" hinsichtlich etwaiger Rechtsbehelfe gegen die Ordnungsverfügung vom 11.08.2016 vorgelegt. Wenn sie unterschreibe, werde behördenseitig auf ein Beschäftigungsverbot bezüglich Frau Nowack verzichtet. Außerdem könne man über das „Aufenthaltsverbot" bezüglich des Gartengeländes verhandeln. Frau Brause erklärte, sie sei damit einverstanden, wolle aber ohne Rücksprache mit ihrem Anwalt noch nicht unterschreiben. Frau Brause rief gegen 15.00 Uhr an und erklärte der Unterzeichnerin, sie werde wohl doch Klage einreichen. An ihre Äußerungen vom Vormittag fühle sie sich nicht gebunden.

Breitenströther

Rechtsanwalt Dr. Peter Pfeiffer
Heinz-Rühmann-Straße 67
33345 Bad Hohnhausen, 24.08.2016

Verwaltungsgericht Münden
Justizzentrum Münden
32346 Münden
EINGANG: 26.08.2016

Klage

der Gastwirtin Bettina Brause, Schäfer-Heinrich-Straße 66, 333 45 Bad Hohnhausen, vertreten durch Rechtsanwalt Dr. Pfeiffer, Bad Hohnhausen

- **Klägerin**

gegen

die Stadt Bad Hohnhausen, vertreten durch den Bürgermeister,

- **Beklagte**

Namens und im Auftrag der Klägerin (Vollmacht, Anlage 1) werde ich beantragen,
1. den beigefügten Bescheid der Stadt Bad Hohnhausen vom 11.08.2016 aufzuheben;
2. die Kosten des Verfahrens vollumfänglich der Beklagten aufzuerlegen.

Begründung:

Zunächst wird die der Klägerin abgenötigte Rechtsmittelverzichtserklärung wegen widerrechtlicher Drohung angefochten (§ 123 BGB). Hierzu versichert meine Mandantin an Eides statt, dass Herr Amtsleiter Huchzemeyer ihr nach einem längeren Gespräch wörtlich erklärt hat:

„Wenn Sie sich weigern, zu unterschreiben, werden wir uns Ihren Laden mal sehr genau ansehen, der ist uns schon lange ein Dorn im Auge. Der kann jederzeit dichtgemacht werden, dann können Sie beim Sozialamt antanzen und ihre Damen gleich mitbringen."

Meine Mandantin hat diese Drohung seinerzeit ernst genommen und sich spontan entsprechend geäußert. Ihre Erklärung ist aber nicht schriftlich erfolgt. Auf jeden Fall ist sie wegen des grob rechtswidrigen Verhaltens des Beamten ungültig.

In der Sache ist die Ordnungsverfügung nicht haltbar und deshalb vollumfänglich aufzuheben. Die Vorschrift des § 33 StVO ist überhaupt nicht anwendbar. Sie bezieht sich auf „Werbung", die im Falle der Klägerin aber nicht vorliegt. Zum anderen erfasst sie nur außerörtliche Werbung. Das Clubgrundstück meiner Mandantin liegt indessen innerhalb des Ortsbereichs.

Des Weiteren ist die Klägerin als Pächterin des Grundstücks berechtigt, zu entscheiden, was sich auf dem Grundstück abspielt. Sie darf daher ihren Mitarbeiterinnen gestatten, den Garten zu nutzen, sich dort zu sonnen oder sportlich zu betätigen.

I. Fall 1 (Vahle)

In § 2 des Pachtvertrages (Anlage 2) heißt es:

„Die Pächterin sowie die von ihr benannten Personen sind berechtigt, sich auf den Gemeinschaftsflächen, insbesondere dem Garten des Geländes, aufzuhalten und die Flächen für Freizeitzwecke zu nutzen."

Wenn sich Autofahrer durch die Mitarbeiterinnen der Klägerin abgelenkt fühlen und sogar Unfälle verursachen sollten, so sind diese Verkehrsteilnehmer ggf. nicht geeignet, ein Kraftfahrzeug im Straßenverkehr zu führen. Ablenkungen gibt es überall und in jeder Form. Würde man das Argument der Behörde ernst nehmen, müsste z. B. im Sommer das Tragen von kurzen Röcken und jede auffällige Werbung (z. B. für Damenunterwäsche) verboten werden. Wenn die Behörde hier eine schwere Gefahr sieht, möge sie einen Sichtschutzzaun auf dem Seitenstreifen der Schäfer-Heinrich-Straße anlegen.

Rechtlich unhaltbar ist weiterhin die unter Ziffer 2 getroffene Regelung. Die Beklagte stützt sich auf bloße Vermutungen über Frau Nadine Nowack. Das Vorleben der betroffenen Arbeitnehmerin ist kein Grund für ein Berufsverbot, das hiermit ebenfalls angefochten und aufzuheben sein wird.

Dass nach alledem auch die Zwangsandrohung (Ziffer 4) rechtswidrig ist, ergibt sich aus dem Vorstehenden.

Die Klägerin behält sich vor, gegen die Anordnung der sofortigen Vollziehung vorläufigen Rechtsschutz in Anspruch zu nehmen.

Dr. Pfeiffer

Anlagen:
1) Vollmachtsurkunde
2) Pachtvertrag

Vom Abdruck der Anlagen wurde abgesehen.

Das VG Münden hat die Klageschrift der Stadt Bad Hohnhausen zugeleitet und eine Stellungnahme angefordert. Dem Verfahren wurde das Aktenzeichen 4 K 153/16 zugeteilt.

Stadt Bad Hohnhausen, den 16.09.2016
Der Bürgermeister
Amt für öffentliche Sicherheit
Verwaltungsgericht Münden
Postfach

In der Verwaltungsrechtssache
Brause./.Stadt Bad Hohnhausen
- 4 K 153/16 -
werde ich beantragen,
die Klage zurückzuweisen.

Begründung:
Die Klage ist bereits unzulässig.
Die Klägerin hat auf das Recht verzichtet, Rechtsbehelfe gegen meinen Bescheid vom 11.08.2016 einzulegen. Zwar ist die in der Klageschrift zitierte Äußerung von Herrn Stadtoberverwaltungsrat Huchzemeyer so oder ähnlich gefallen. Damit war aber weder eine Drohung bezweckt, noch kann der Äußerung ein solcher Sinn unterstellt werden. Der Klägerin wurde lediglich die rechtliche Seite aus Sicht der Stadt verdeutlicht. Die Vorschrift des § 123 BGB ist im öffentlichen Recht zudem nicht anwendbar. Es ist zu keinem Zeitpunkt ernsthaft erwogen worden, die Konzession zu entziehen und den Club „dichtzumachen". Die hierfür nötigen Voraussetzungen lagen auch aus unserer Sicht gar nicht vor.

Im Übrigen ist die Klage auch unbegründet. Zur Vermeidung von Wiederholungen verweise ich auf die Begründung des angefochtenen Bescheides. Die Anordnung zu 1. ist insbesondere auch mit dem Gebot der Verhältnismäßigkeit vereinbar. Die von der Klägerin ins Spiel gebrachte Errichtung eines Sichtschutzzauns auf dem Seitenstreifen der Schäfer-Heinrich-Straße wäre zwar rechtlich möglich, würde aber Kosten zu Lasten der Stadt und damit der Allgemeinheit verursachen und scheidet daher aus.

Im Übrigen liegen die Ausführungen der Klägerin neben der Sache, so dass es sich erübrigt, hierauf näher einzugehen.

Wolkig
(Bürgermeister)

I. Fall 1 (Vahle)

AUFGABEN:

I. Nehmen Sie in einem (umfassenden) Gutachten zur Erfolgsaussicht der Klage Stellung.
Sollten Sie die Klage für unzulässig halten, ist die materielle Rechtslage in einem Hilfsgutachten zu erörtern.

II. Prüfen Sie die Zulässigkeit eines – in der Klageschrift vorbehaltenen – Antrages auf Gewährung vorläufigen Rechtsschutzes.

Bearbeitungsvermerk:
a) Die Stadt Bad Hohnhausen liegt in Nordrhein-Westfalen.
b) Örtlich zuständig ist das VG Münden.
c) Die in der Klageschrift erwähnten Anlagen waren beigefügt. Der Inhalt der im Vermerk vom 10.08.2016 erwähnten Schreiben wird korrekt wiedergegeben.
d) Von der Zuständigkeit der Stadt Bad Hohnhausen (Bürgermeister) ist auszugehen.
e) Fragen des Baurechts sind nicht zu erörtern.

Anlage

§ 33 StVO Verkehrsbeeinträchtigungen

(1) Verboten ist
1. der Betrieb von Lautsprechern,
2. das Anbieten von Waren und Leistungen aller Art auf der Straße,
3. außerhalb geschlossener Ortschaften jede Werbung und Propaganda durch Bild, Schrift, Licht oder Ton,

wenn dadurch am Verkehr Teilnehmende in einer den Verkehr gefährdenden oder erschwerenden Weise abgelenkt oder belästigt werden können. Auch durch innerörtliche Werbung und Propaganda darf der Verkehr außerhalb geschlossener Ortschaften nicht in solcher Weise gestört werden.

(2)...

Lösung
Erster Teil: Erfolgsaussicht der Klage
Die Klage hat Erfolg, wenn sie zulässig und begründet ist.
A. Zulässigkeit der Klage
I. Verwaltungsrechtsweg
Die Verwaltungsgerichte – hier das VG Münden - sind nur dann zur Gewährung des Rechtsschutzes berufen, wenn insoweit der Verwaltungsrechtsweg offensteht. Die hier streitentscheidenen Normen (u. a. OBG, VwVG NRW) gehören zum öffentlichen Recht. Folglich handelt es sich um eine öffentlich-rechtliche Streitigkeit i. S. des § 40 Abs. 1 S. 1 VwGO. Mangels Beteiligung von Verfassungsorganen auf beiden Seiten (s. zu diesem Kriterium W.- R. Schenke/Ruthig, in Kopp/Schenke, VwGO, 23. Aufl. 2017, § 40 Rn. 32) ist die Streitigkeit auch nicht verfassungsrechtlicher Art.

II. Statthafte Klageart
In Betracht kommt eine Anfechtungsklage (§ 42 Abs. 1 1. Alt. VwGO). Dann muss sich die Klage gegen einen **Verwaltungsakt (VA)** richten.

1. Hinsichtlich der **Nummer 1** der Ordnungsverfügung bestehen keine Zweifel an der VA-Qualität i. S. des § 35 VwVfG NRW. Die Beklagte (B) hat der Klägerin (K) die Pflicht auferlegt, auf die Beschäftigten ihres Clubs einzuwirken und ihnen bestimmte Verhaltensweisen vorzuschreiben. Zwar berührt diese Verpflichtung (auch) das Zivil- und ggf. Arbeitsrecht (Direktionsrecht des Arbeitgebers); die Behörde hat sich jedoch auf die hoheitliche Befugnis gemäß § 14 Abs. 1 OBG berufen.

Hinweis: Sogar dann, wenn der Streitfall im Kern nur privatrechtlich ist, kann es sich um einen VA handeln, wenn die Behörde sich zu Unrecht auf eine Eingriffsnorm des öffentlichen Rechts stützt. Zumindest müssen Maßnahmen, die in die äußere Form eines VA gekleidet sind, hinsichtlich des Rechtsschutzes (Anfechtung) wie ein VA behandelt werden (Ramsauer, in Kopp/Ramsauer, VwVfG, 18. Aufl. 2017, § 35 Rn. 52 und 3a).

2. Zweifelhaft ist demgegenüber der VA-Charakter der **Nummer 2**. Die Behörde versucht zwar, K zu einem bestimmten Verhalten – keine weitere Beschäftigung der N – zu veranlassen, in dem sie mit einem Widerruf der Gaststättenerlaubnis droht. Die Androhung eines Beschäftigungsverbots i. S. d. § 21 GastG ist jedoch kein (vollstreckungsrechtliches) Zwangsmittel so dass eine – als VA einzustufende - Androhung i. S. des § 63 VwVG NRW nicht vorliegt. Es liegt in der Ankündigung einer solchen Maßnahme auch **keine verbindliche Regelung**, weil ein Beschäftigungsverbot noch nicht erlassen wurde (Michel/Kienzle/Pauly, Das Gaststättengesetz, 14. Aufl. 2003, § 21 Rn. 6).

Damit fehlt es an einem VA als Streitgegenstand. Soll der Erlass eines **bevorstehenden** VA abgewehrt werden, muss der Betroffene eine vorbeugende Unterlassungsklage erheben.

Eine **Umdeutung** des Rechtsschutzantrages in einen entsprechenden Klageantrag ist allerdings nur dann sinnvoll, wenn wegen der besonderen Umstände des Falles wirksamer Rechtsschutz nur auf diese Weise erreicht werden kann. Hier ist es K jedoch zuzumuten, den Erlass des „angedrohten" VA abzuwarten, um sodann eine Anfechtungsklage zu erheben und ggf. vorläufigen Rechtsschutz nach § 80 Abs. 5 VwGO in Anspruch zu nehmen. Von einem **besonderen (qualifizierten) Rechtsschutzbedürfnis** für eine vorbeugende Unterlassungsklage (s. näher W.-R. Schenke in Kopp/Schenke, VwGO, a.a.O., Vorb. § 40 Rn. 33) kann angesichts des noch offenen Inhalts eines eventuellen „Beschäftigungsverbots" **nicht** ausgegangen werden. Schwere und irreparable Schäden durch den „angedrohten" VA sind nicht zu erwarten.

Hinweis: Nähere Ausführungen zu dieser Problematik sollten von den Bearbeiterinnen und Bearbeitern nicht erwartet werden. Setzen sich Bearb. damit jedoch verständig auseinander, wäre dies besonders positiv zu bewerten. Die VA-Qualität der Anordnung der sofortigen Vollziehung (Nummer 3) kann offenbleiben, weil die Klage sich hierauf nicht erstreckt. K hat insoweit einen Antrag nach § 123 VwGO angekündigt.

3. Die Androhung des Zwangsgeldes (**Nummer 4**) ist als VA einzustufen. Mit der Androhung eines Zwangsmittels wird die rechtliche Voraussetzung für die spätere Anwendung geschaffen. Die Behörde entscheidet sich verbindlich für ein bestimmtes Zwangsmittel und legt im Fall eines Zwangsgeldes zudem die Höhe des Zwangsgeldes fest.

Hinweis: Anders als die Androhung/Ankündigung eines VA ist die Androhung von **Zwangsmitteln** zur Durchsetzung eines VA immer als Verwaltungsakt einzustufen (s. z. B W.-R. Schenke/R.-P. Schenke in Kopp/Schenke, VwGO, a. a. O., Anh § 42 Rn. 32).

III. Klagebefugnis

K muss gem. § 42 Abs. 2 VwGO klagebefugt sein. Diese Anforderung ist erfüllt, weil K **Adressatin** des angefochtenen VA ist (sog. Adressatentheorie).

IV. Vorverfahren

Grundsätzlich ist vor Erhebung der Anfechtungsklage in Vorverfahren durchzuführen (§ 68 Abs. 1 VwGO). Nach § 110 Abs. 1 JustG NRW ist ein solches Vorverfahren jedoch entbehrlich, so dass ein **Widerspruch** nicht erforderlich ist; er wäre im Gegenteil **unzulässig**.

V. Vertretung

Eine Vertretung durch einen **Rechtsanwalt** ist zulässig (§ 67 Abs. 2 S. 1 VwGO). Der von K beauftragte Anwalt hat seine Vertretungsmacht durch eine Vollmachtsurkunde nachgewiesen.

VI. (Kein) Verzicht auf Klagerecht

Ein Rechtsbehelf ist unzulässig, wenn der Betroffene wirksam auf sein entsprechendes Recht verzichtet hat. Der Verzicht kann sowohl gegenüber dem Gericht als auch gegenüber dem (künftigen) Prozessgegner erklärt werden (Brenner, in Sodan/Ziekow, VwGO, 4. Aufl. 2014, § 74 Rn. 49).Wegen der weitreichenden Folgen muss ein solcher Klageverzicht **eindeutig, unzweifelhaft** und **unmissverständlich** erklärt werden (Kopp/Schenke, VwGO, a.a.O., § 74 Rn. 21, 22 f). Ein solcher Verzicht kann hier in der mündlichen Erklärung der K liegen, sie sei mit der ihr vorgelegten „Verzichtserklärung" einverstanden. Der Verzicht kann einseitig erklärt oder rechtsgeschäftlich vereinbart werden. Eine solche Vereinbarung – die B ersichtlich angestrebt hat – ist hier indessen nicht zustande gekommen. Die Weigerung der K, das Schriftstück zu unterzeichnen, lässt sich auch nicht als einseitiger Klageverzicht deuten. Ihr Hinweis, sie wolle zunächst mit ihrem Anwalt sprechen, zeigt, dass beim Behördentermin noch kein wirksamer Verzicht erklärt werden sollte.

Selbst bei Annahme einer Verzichtserklärung wäre die Wirksamkeit fraglich.

Eine Verzichtserklärung ist im Falle einer **Drohung** unwirksam (W.-R. Schenke in Kopp/Schenke, VwGO, a. a. O., § 74 Rn. 22; Brenner, in Sodan/Ziekow, a. a. O., VwGO, § 74 Rn. 51) oder kann zumindest entsprechend den §§ 123, 142 BGB angefochten werden. Für eine rechtswidrige Drohung spricht, dass K durch die Behörde massiv unter Druck gesetzt wurde. Die Äußerung des Amtsleiters, der Club der K, sei der Behörde ein „Dorn im Auge", er könne jederzeit „dichtgemacht werden" und K könne künftig im „Sozialamt antanzen" lässt sich aus Sicht der Erklärungsempfängerin als Ankündigung eines künftigen „Übels" (= Drohung) verstehen, das sie nur durch Abgabe einer Verzichtserklärung abwenden konnte. Nicht erforderlich ist die Absicht, die Drohung zu verwirklichen (Prütting/Wegen/Weinreich/Ahrens, BGB, 7. Aufl. 2012, § 123 Rn. 40). Da die Voraussetzungen eines Widerrufs der Gaststättenkonzession – auch nach Ansicht der Behörde (s. Klageerwiderung) - nicht vorlagen, wurde mit einem **rechtswidrigen Mittel** gedroht. Die Drohung ist damit widerrechtlich.

VII. Zuständigkeit, Form und Frist
1. Die **örtliche Zuständigkeit des VG Münden** ist gegeben (s. Bearbeitungsvermerk b), die **sachliche** folgt aus § 45 VwGO.
2. Die Verfahrensvorschriften der §§ 81 und 82 VwGO wurden beachtet: Die Klage ist **schriftlich** und damit formgerecht (§ 81 Abs. 1 S. 1 VwGO) eingereicht worden enthält auch die zwingenden Angaben gem. § 82 Abs. 1 S. 1 VwGO.
3. Die **Klagefrist** von einem Monat gem. 74 Abs. 1 S. 2 VwGO wurde eingehalten.

<u>Zwischenergebnis: Die Klage ist zulässig, soweit sie sich gegen die Nrn. 1 und 4 des Bescheides richtet; in Bezug auf Nr. 2 ist sie unstatthaft und deshalb unzulässig.</u>

B. Begründetheit der Klage

Die Klage ist begründet, wenn der angefochtene VA rechtswidrig und K dadurch in ihren Rechten verletzt ist (§ 113 Abs. 1 S. 1 VwGO).

I. Formelle Rechtmäßigkeit der Ordnungsverfügung

In dieser Hinsicht bestehen keine Bedenken. Die **Zuständigkeit** der Stadt Bad Hohnhausen ist gegeben (s. Bearbeitungsvermerk d). Die gem. § 28 Abs. 1 VwVfG NRW erforderliche **Anhörung** ist erfolgt, weil K mit Schreiben vom 28. 7. 2016 die Gelegenheit gegeben wurde, sich zur Sachlage zu äußern. Die Ordnungsverfügung ist im Einklang mit § 20 Abs. 1 S. 1 OBG und § 63 Abs. 1 S. 1 VwVG NRW – im Hinblick auf die Zwangsandrohung - **schriftlich** erlassen worden. Das Erfordernis der formellen **Zustellung** gem. § 63 Abs. 6 VwVG NRW wurde durch die Wahl der Zustellungsurkunde (§ 3 LZG NRW) beachtet.

I. Fall 1 (Vahle)

II. Materielle Rechtmäßigkeit

1. Nummer 1 der Ordnungsverfügung

Als **Ermächtigungsgrundlage** kann § 33 Abs. 1 Nr. 3 StVO in Frage kommen. Dann muss die Vorschrift zu Eingriffen ermächtigen. Das ist hier zweifelhaft, weil die Norm lediglich Verbote normiert, aber **keine ausdrückliche Befugnis** zum Erlass von Verwaltungsakten.

Hinweis: Das BVerwG hat allerdings in einer älteren Entscheidung (NJW 1974, 761) **§ 32** StVO als Ermächtigungsgrundlage qualifiziert, obwohl diese Norm nur Verhaltenspflichten der Bürger normiert und keine ausdrückliche Befugnis der Behörden zum Erlass von Ordnungsverfügungen enthält. Die Auffassung des BVerwG ist zwar vertretbar (Argument: Die Verwaltung muss auch befugt sein, derartige Pflichten durchzusetzen), stellt jedoch die Systematik des Polizei- und Ordnungsrechts in Frage. Werden Verbotsnormen als eigenständige Ermächtigungen aufgefasst, wird die polizeiliche Generalklausel (hier: § 14 OBG) überflüssig. Auch bestehen Bedenken unter dem Gesichtspunkt der Rechtsklarheit.

Mangels anderer spezieller Rechtsgrundlagen kann die Anordnung nur nach der **Generalklausel** des § 14 Abs. 1 OBG gerechtfertigt sein.

a) Gefahr für die öffentliche Sicherheit oder Ordnung

Die **öffentliche Sicherheit** umfasst insbesondere die Gesamtheit der Rechtsnormen und die persönlichen Rechtsgüter des Einzelnen. Ein Schaden für die Rechtsordnung droht, wenn das beschriebene Verhalten der Mitarbeiterinnen gegen eine Rechtsvorschrift verstößt oder verstoßen wird. Gefahr i. S. des § 14 Abs. 1 OBG ist die hinreichende Wahrscheinlichkeit eines Schadenseintritts im Einzelfall (konkrete Gefahr).

aa) Das Auftreten der Bardamen könnte als (verbotene) **Werbung** i. S. des § 33 Abs. 1 Nr. 3 StVO einzustufen sein. Die Vorschrift zählt indessen nur „Bild, Schrift, Licht und Ton" zu den möglichen Werbemitteln. Es ist zweifelhaft, ob die bloße Anwesenheit von Personen unter diese Aufzählung fällt. Dies gilt auch dann, wenn die fraglichen Personen durch ihr Verhalten oder ihre Kleidung die Aufmerksamkeit Dritter auf sich lenken, so dass ein gewisser Werbeeffekt eintreten kann. Würde man § 33 Abs. 1 Nr. 3 StVO auf diese Fälle anwenden, würde das zu einer Art „Vermummungsgebot" führen, weil letztlich jeder Anschein werbenden Verhaltens zur Annahme eines Verstoßes ausreichen würde.

Hinweis: Eine nähere Auseinandersetzung mit dieser Auslegungsfrage sollte von den Studierenden nicht verlangt werden.

Darüber hinaus verbietet die Vorschrift nur die „Werbung **außerhalb geschlossener Ortschaften**, was auf das von K gepachtete Grundstück nicht zutrifft. Eine innerörtliche Werbung wird von diesem Verbot nur erfasst, wenn sie ablenkende oder belästigende Wirkung auf den **außerörtlichen** Verkehr hat. Eine **analoge** Anwendung des § 33 Abs. 1 Nr. 3 StVO auf störende Werbung **innerhalb** geschlossener Ortschaften ist **nicht** möglich, weil der Gesetzgeber in der differenzierenden Regelung lediglich die möglichen Auswirkungen innerörtlicher Werbung auf den außerörtlichen Verkehr bedacht hat, nicht jedoch die Auswirkungen auf den innerörtlichen Verkehr. Das ist auch sachgerecht, da im innerörtlichen Verkehr ein Verkehrsteilnehmer eher mit Ablenkungen rechnen muss.

bb) In Betracht kommt weiter, dass der Tatbestand der **Belästigung der Allgemeinheit** i. S. des § 118 Abs. 1 OWiG erfüllt ist. Dann müsste das Verhalten der Frauen auf dem Grundstück eine grob ungebührliche Handlung darstellen. Darunter versteht man eine Handlung, die sich nicht in die für das gedeihliche Zusammenleben der jeweiligen Rechtsgemeinschaft erforderliche Ordnung einfügt und dadurch in einen deutlichen (groben) Widerspruch zur Gemeinschaftsordnung tritt (Göhler, Ordnungswidrigkeitengesetz, 17. Aufl. 2017, § 118 Rn. 12). Als „grob ungebührlich" wird insbesondere das unbekleidete Auftreten in der Öffentlichkeit bewertet (Göhler, a. a. O., § 118 Rn. 12). Das Tragen modisch gewagter Kleidung – auch knapper – Bikinis auf einem Privatgrundstück ist hiermit nicht vergleichbar. Insoweit machen die Trägerinnen vielmehr von ihrem Grundrecht aus Art. 2 Abs. 1 GG Gebrauch, das auch ein „Recht auf schlechten Geschmack" umfasst. Die Einsehbarkeit des Grundstücks vom öffentlichen Straßenraum ändert nichts an dem privaten Charakter der Vorgänge, zumal das Grundstück durch einen Zaun erkennbar als „privat" gekennzeichnet ist.

Auch der Umstand, dass eine der Bardamen ihr Oberteil abgelegt hat, begründet keine Gefahr für die öffentliche Ordnung i. S. des § 118 OWiG. Zwar kann in der Präsentation des nackten Körpers – je nach den Umständen – ein solcher Verstoß liegen (Göhler, a. a. O. § 118 Rn. 12). Eine solche Konstellation lag hier jedoch nicht vor. Zudem kann aus der geringen Zahl (2) der beobachteten „Fälle" schwerlich eine Wiederholungsgefahr abgeleitet werden.

Hinweis: Auch eine Gefahr für die öffentliche Ordnung – also gegen ungeschriebene Verhaltensregeln, deren Beachtung für ein geordnetes Zusammenleben unerlässlich ist – scheidet nach alledem aus. Unter dem Aspekt der Verhältnismäßigkeit wäre zudem allein eine Anordnung denkbar, die fragliche Körperpartie zu bedecken.

cc) Betroffen sein können – im Hinblick auf die Unfallgefahren – die Schutzgüter **Leben** und **körperliche Unversehrtheit**. Es ist damit zu rechnen, dass sich Autofahrer auch in der Zukunft durch die Vorgänge auf dem Clubgelände irritieren lassen und es an der notwendigen Aufmerksamkeit fehlen lassen, so dass es zu Unfällen oder zumindest gefahrträchtigen Situationen kommen kann. Zwar sind drei Schadensfälle und gelegentliche „kritische Verkehrssituationen" eine relativ schmale Grundlage für die Gefahrenprognose. An die **Wahrscheinlichkeit** des Schadenseintritts sind jedoch umso geringere Anforderungen zu stellen, je hochwertiger das Sicherheitsgut und je größer der mögliche Schaden ist (*BVerwG*, NJW 1970, 1890). Im Hinblick auf die hier gefährdeten Rechtsgüter und der Art der potentiellen Schäden bei Verkehrsunfällen ist die hinreichende Wahrscheinlichkeit i. S. der konkreten Gefahr daher zu bejahen.

Hinweis: Die gegenteilige Annahme ist – mit entsprechend intensiver Begründung – noch vertretbar. In einem „umfassenden" Gutachten gemäß der Aufgabenstellung ist allerdings ggf. auch auf die nachfolgenden Gesichtspunkte einzugehen.

b) Verantwortlichkeit

Zweifelhaft ist allerdings, ob K für diese Gefahrenlage verantwortlich ist.

aa) K ist nach § 17 Abs. 1 OBG verantwortlich, wenn sie die Gefahr **unmittelbar** oder – folgt man der Theorie der rechtswidrigen Verursachung - **rechtswidrig** verursacht hat (s. zu diesen beiden Theorien: Haurand, Allgemeines Polizei-und Ordnungsrecht Nordrhein-Westfalen, 7. Aufl. 2017, S. 68 ff.; Vahle in Tegtmeyer/Vahle, Polizeigesetz Nordrhein-Westfalen, 11. Aufl. 2014, § 4 Rn. 15). Unmittelbar gehen die Gefahren jedoch allenfalls von den Frauen auf, die sich in anzüglicher Weise auf dem Grundstück aufhalten bzw. bewegen. K hat sie zu diesem Verhalten weder angestiftet noch in sonstiger Weise dazu ermuntert, so dass ihr nur ein Unterlassen zur Last gelegt werden kann. Ein Unterlassen begründet indessen nur dann eine Verhaltensverantwortlichkeit, wenn eine Rechtspflicht zum Handeln besteht. Diese Pflicht muss in der Regel durch eine **öffentlich-rechtliche Norm** begründet sein. Eine solche Rechtsnorm besteht jedoch nicht. Das Verhalten der K verstößt demgemäß auch nicht gegen die Rechtsordnung.

Es ist auch fraglich, ob K unter dem Gesichtspunkt der **Zweckveranlassung** in Anspruch genommen werden darf. Als Zweckveranlasser (und damit als Störer i. S. des § 17 Abs. 1 OBG) kann eine Person zum einen qualifiziert werden, die eine **Gefahr/Störung subjektiv, also mit Kenntnis und Willen bezweckt** („echter" Zweckveranlasser im Wortsinne). Das liegt hier ferne: K will keine Unfälle produzieren, sondern nimmt es lediglich gern in Kauf, dass Verkehrsteilnehmer durch die Mitarbeiterinnen auf den Club aufmerksam gemacht werden. Eine Zweckveranlassung kann darüber hinaus angenommen werden, wenn das Verhalten, das die Gefahr durch Dritte auslöst, in einem **untrennbaren Zusammenhang mit ihr steht und sie somit zwangsläufig verursacht** (*VGH Mannheim,* NVwZ-RR 1995, 663). Das Verhalten des Zweckveranlassers und der durch das Verhalten des Dritten eintretende Erfolg (Gefahr bzw. Störung) müssen eine für den Zweckveranlasser erkennbare **natürliche Einheit** bilden. Eine derartige natürliche Einheit besteht typischerweise dann, wenn jemand die durch den (unmittelbaren) Verursacher bewirkte Gefahr bzw. Störung gezielt ausgelöst hat (*OVG Münster,* KommJur 2008, 80). Auch diese Alternative ist zweifelhaft: Es ist nur zu vergleichsweise wenigen Unfällen gekommen, folglich kann schwerlich angenommen werden, dass es bei den von K wohlwollend geduldeten Auftritten ihrer Beschäftigten zwangsläufig zu gefährlichen Verkehrssituationen kommt.

Eine Verantwortlichkeit nach § 17 Abs. 3 OBG scheidet ebenfalls aus, weil K die Frauen **nicht** zu einer „**Verrichtung**" bestellt hat. Das Verhalten der beiden Beschäftigten liegt im Freizeitbereich und nicht im „dienstlichen" Bereich. Dafür spricht insbesondere auch, dass die Gartennutzung mietvertraglich gestattet wurde. K hat im Übrigen von ihrem Weisungsrecht als Arbeitgeberin keinen Gebrauch gemacht. Das ist aber Voraussetzung für die Anwendung der Vorschrift (s. insoweit *OVG Münster,* OVGE 34, 50, 54).

Hinweis: Es kann daher offenbleiben, ob eine solche Weisung („Aufenthalt und Sporttreiben") überhaupt arbeitsrechtlich zulässig wäre.

bb) K ist – entgegen der Begründung der Ordnungsverfügung - nicht Zustandsverantwortliche i. S. des § 18 Abs. 2 OBG. Die Gefahr geht nicht **unmittelbar** von dem Grundstück aus, sondern in erster Linie von den unaufmerksamen Verkehrsteilnehmern.

Hinweis: Die Theorie der unmittelbaren Verursachung gilt nicht nur für die Verhaltensverantwortlichkeit, sondern auch für die Zustandsverantwortlichkeit. Die Gefahr muss danach unmittelbar von aus der Beschaffenheit der Sache ausgehen (s. hierzu Haurand, a. a.O., S. 65).

cc) Auch eine **Notstandsverantwortlichkeit** der K gem. § 19 OBG liegt nicht vor. Zum einen hätten vorrangig Maßnahmen gegen die handelnden Frauen gem. § 17 Abs. 1 OBG getroffen werden müssen, sofern man diese als Handlungsverantwortliche einstuft. Außerdem wären eigene Maßnahmen der B möglich gewesen, z. B. Errichtung eines Sichtschutzzauns auf dem öffentlichen Straßengrund (§ 19 Abs. 1 Nr. 3 OBG).

c) Bestimmtheit

Fraglich ist schließlich, ob die Regelung hinreichend bestimmt ist und damit § 37 Abs. 1 VwVfG NRW genügt. Entscheidend ist, ob ein **verständiger Adressat** erkennen kann, was die Behörde von ihm will. Der Begriff" **aufreizende** Kleidung" ist damit schwerlich vereinbar. In einer pluralistischen Gesellschaft ohne „Kleiderordnung" ist „aufreizend" stark von subjektiven Einstellungen abhängig und damit zu ungenau. Entsprechendes gilt für die Kombination mit dem Begriff „Gesten".

Im Ergebnis ist die Verfügung zu 1 aus verschiedenen Gründen rechtswidrig.

2. Nummer 4 der Ordnungsverfügung

Da Nr. 1 der Ordnungsverfügung rechtswidrig ist, ist auch die Androhung als **Annex** rechtswidrig. Ohne Grundverfügung verliert die Androhung die rechtliche Grundlage (§ 55 Abs. 1 VwVG NRW).

Hinweis: Auf die Frage, ob die Zwangsandrohung auch deshalb fehlerhaft ist, weil das Clubgrundstück im Eigentum einer dritten Person steht, kommt es nicht an. Zwar können zivilrechtliche Rechte ein Vollstreckungshindernis bilden und damit bereits einer Androhung entgegenstehen (Sadler, VwVG, 9. Aufl. 2014, § 15 VwVG Rn. 10, 11). Es ist aber nicht erkennbar, dass die Ordnungsverfügung bzw. die Zwangsandrohung in das Grundeigentum der Verpächterin eingreift. Die Verpachtung wäre ihr auch bei Fortbestand des Bescheides möglich.

Ergebnis: Die Klage ist – soweit sie zulässig ist - auch begründet; sie wird hinsichtlich der Nummern 1 und 4 der Ordnungsverfügung Erfolg haben.

Zweiter Teil: Zulässigkeit eines Antrages auf Gewährung vorläufigen Rechtsschutzes

I. Verwaltungsrechtsweg

Die Verwaltungsgerichte – hier das VG Münden - sind nur dann zur Gewährung vorläufigen Rechtsschutzes berufen, wenn insoweit der Verwaltungsrechtsweg offensteht. Die hier streitentscheidenen Normen (u. a. OBG, VwVG NRW) gehören zum öffentlichen Recht. Folglich handelt es sich um eine öffentlich-rechtliche Streitigkeit i. S. des § 40 Abs. 1 S. 1 VwGO.

II. Statthafte Antragsart

Der Antrag muss sich gegen einen **Verwaltungsakt** (VA) richten. Das Verfahren nach § 80 Abs. 5 VwGO ist also immer dann statthaft, wenn in der Hauptsache die Anfechtungsklage die richtige Klageart ist.

In allen übrigen Fällen ist vorläufiger Rechtsschutz durch eine einstweilige Anordnung (§ 123 VwGO) zu gewähren (s. insbesondere § 123 Abs. 5 VwGO).

1. Hinsichtlich der **Nummer 1** der Ordnungsverfügung bestehen keine Zweifel an der VA-Qualität i. S. des § 35 VwVfG NRW. Insoweit wird auf die Ausführungen des ersten Teils Bezug genommen.

2. Demgegenüber ist der VA-Charakter der **Nummer 2** zu verneinen (s. Teil 1). Ein nur vorsorglicher Antrag gem. § 80 Abs. 5 VwGO ist nicht zulässig. Soll der Erlass eines bevorstehenden VA abgewehrt werden, muss der Betroffene eine vorbeugende Unterlassungsklage erheben. Dementsprechend kann vorläufiger Rechtsschutz nur

nach § 123 VwGO gewährt werden (Puttler, in Sodan/Ziekow,VwGO, a. a. O., § 80 Rn. 124).

3. Die Androhung des Zwangsgeldes (**Nummer 4**) ist ebenfalls als VA einzustufen.

III. Rechtsbehelfseinlegung in der Hauptsache

Die Antragstellerin (Ast.) muss einen **Rechtsbehelf** eingelegt haben, dessen **aufschiebende Wirkung entfällt**. Die Ast. hat Klage gegen den Bescheid vom 11. 8. 2016 erhoben. Der (Anfechtungs-) Klage kommt zwar grundsätzlich aufschiebende Wirkung zu (§ 80 Abs. 1 VwGO).

Die Behörde hat jedoch – bezüglich der Nummer 1 des Bescheides - die sofortige Vollziehung gem. § 80 Abs. 2 Nr. 4 VwGO angeordnet, so dass die aufschiebende Wirkung der von der Ast. eingereichten Klage entfällt. Die Klage gegen die Androhung (Nummer 4) hat gem. § 112 S. 1 JustG NRW i. V. mit § 80 Abs. 2 S. 1 Nr. 3 VwGO keine aufschiebende Wirkung.

Hinweis: In NRW ist ein Widerspruch nicht (mehr) zulässig (§ 110 Abs. 1 JustG NRW). Als Rechtsbehelf kommt deshalb nur noch die (hier: Anfechtungs-) Klage in Betracht (§ 42 Abs. 1 1. Alt. VwGO).

IV. Antragsbefugnis

Für das Verfahren nach § 80 Abs. 5 VwGO ist in entsprechender Anwendung des § 42 Abs. 2 VwGO die Antragsbefugnis erforderlich (Kopp/Schenke, a. a. O., § 80 Rn. 134). Hier ist diese Anforderung erfüllt, weil die Ast. selbst **Adressatin** des angefochtenen VA ist.

V. Vertretung durch Rechtsanwalt

Eine Vertretung im Verfahren nach § 80 Abs. 5 VwGO durch einen Rechtsanwalt ist zulässig (§ 67 Abs. 2 S. 1 VwGO). Der in concreto beauftragte Anwalt hat seine Vertretungsmacht durch eine Vollmachtsurkunde nachgewiesen.

VI. (Kein) Verzicht auf Antragsrecht

Ein auch im Verfahren nach § 80 Abs. 5 VwGO möglicher Verzicht auf das Antragsrecht liegt hier nicht vor (s. Teil 1).

VII. Zuständigkeit, Form und Frist

1. Die **örtliche Zuständigkeit des VG Münden** ist gegeben, die **sachliche** folgt aus § 45 VwGO.

Hinweis: Für die Entscheidung über einen Antrag nach § 80 Abs. 5 S. 1 VwGO ist das Gericht der „Hauptsache" zuständig, also das für die in der Hauptsache zu erhebende Anfechtungsklage.

2. Die für das Rechtsschutzverfahren gem. § 80 Abs. 5 VwGO entsprechend anzuwendenden Verfahrensvorschriften der §§ 81 und 82 VwGO sind zu beachten.

3. Eine **Antragsfrist** besteht demgegenüber **nicht**, weil die §§ 70 und 74 VwGO nicht analog anwendbar sind. Der Antrag der Ast. ist somit nicht fristgebunden.

Ergebnis: Der Antrag ist zulässig, soweit er sich gegen die Nummern 1 und 4 des Bescheides richtet; in Bezug auf Nummer 2 ist er unstatthaft und deshalb unzulässig.

II. Fall 2 (Weber)
Sachverhalt

Am 01.09. um 13:00 Uhr spricht Christiane Müller (Frau M.) beim „Amt für Soziales" in der Stadt D (im Kreis L des Landschaftsverbandes Westfalen-Lippe) vor und bittet um Leistungen zum Lebensunterhalt. In dem mit dem Sachbearbeiter geführten Gespräch ergeben sich folgende Informationen:

Christiane Müller (45 Jahre alt) wohnt mit ihrem behinderten Sohn Sebastian (20 Jahre alt) in der Stadt D im Kreis L in Nordrhein-Westfalen. Innerhalb des Hauses bewohnt Sebastian eine eigene Wohnung (sog. Einliegerwohnung) mit u. a.. eigenen Koch-, Wasch- und Duschmöglichkeiten. Sebastian kocht für sich selbst und versorgt sich selbst. Sein Ziel ist es, in einem Hotel der Lebenshilfe als Koch zu arbeiten.

Der Ehemann von Christiane Müller hat die Familie verlassen und ist nach unbekannt verzogen. Unterhaltszahlungen werden deshalb nicht erbracht. Für ihren behinderten Sohn hat Christiane Müller die Betreuung für die Aufgabenkreise Gesundheitsfürsorge, Vermögenssorge, Vertretung vor Behörden und Institutionen, Wohnungsangelegenheiten sowie Geltendmachung von Ansprüchen auf Rente übernommen.

Christiane Müller ist erwerbsfähig. Aus einer Erwerbstätigkeit (Minijob als Aushilfskellnerin) erzielt sie ein monatliches Einkommen in Höhe von 400,00 € (brutto gleich netto). Außerdem erhält sie von der Familienkasse als Kindergeldberechtigte monatlich Kindergeld in Höhe von 192,00 € für ihren Sohn. Das Kindergeld wird zwar für den Lebensunterhalt von Sebastian eingesetzt, an diesen aber nicht auf ein eigenes Konto von Sebastian weitergeleitet.

Konkrete Angaben über die wirtschaftliche Situation gibt der am Vormittag von der Bank abgeholte Kontoauszug. Dem ist u. a.. folgendes zu entnehmen:

```
Kontoauszug der Sparkasse D        Blatt 10      Stand: 01.09.
Konto      123456789               Frau Christiane Müller
BLZ        47650130                Aktuelles Saldo: +450,11 €
```

Verwendungszweck	Betrag	Wertstellung
Lohn/Gehalt	+400,00	01.09. 10:58:00 Uhr
Familienhaftpflichtvers.	-10,00	01.09. 09:00:00 Uhr
Hausratvers.	-10,00	01.09. 09:00:00 Uhr
Monatskarte ÖPNV zur Arbeit	-30,00	01.09. 08:36:33 Uhr
Gewerkschaftsbeitrag	-5,33	01.09. 01:00:00 Uhr
E.on (Strom)	-60,00	01.09. 01:00:00 Uhr
Sportverein Beitrag Sebasti	-7,50	01.09. 01:00:00 Uhr

II. Fall 2 (Weber)

Die angemessenen Unterkunftskosten (Kaltmiete und Nebenkosten) betragen für die beiden Wohnungen jeweils 175,00 €; die angemessenen Heizkosten betragen jeweils 40,00 €. In den Heizkosten sind Anteile der Warmwassererzeugung enthalten.

Sebastian ist geistig behindert. Nach Abschluss einer Lernbehindertenschule hat er eine Tätigkeit in einer Werkstatt für Behinderte (WfbM) aufgenommen. Die dortigen Maßnahmen im sog. Arbeitsbereich werden vom überörtlichen Träger der Sozialhilfe finanziert. Der Fachausschuss der WfbM informiert die Mutter, Christiane Müller, darüber, dass ggf. ergänzend Sozialhilfe zur Bestreitung des notwendigen Lebensunterhalts beantragt werden könne. Er, der Fachausschuss, hätte jedenfalls dem Rentenversicherungsträger über die Aufnahme in der WfbM eine Stellungnahme i.S. der §§ 2 und 3 der Werkstättenverordnung zugeleitet.

In der WfbM wird Sebastian ein Netto-Lohn in Höhe von 150,00 € gezahlt (brutto = netto). Außerdem wird er dort darauf vorbereitet, zukünftig in einem Hotel der Lebenshilfe zu arbeiten. Andere Aussichten, auf dem allgemeinem Arbeitsmarkt tätig zu werden, bestehen nicht. Der überörtliche Sozialhilfeträger zahlt für die Tätigkeit von Sebastian im Arbeitsbereich der Werkstatt zusätzlich ein Arbeitsförderungsgeld (§ 43 SGB IX) in Höhe von 52,00 €. Ein Anspruch auf volle Erwerbsminderungsrente besteht für Sebastian nicht, da er bislang keine (ausreichenden) Einzahlungen in die gesetzliche Rentenversicherung getätigt hat.

Mit Ausnahme eines angemessenen Hausrats und dem angegebenen Barvermögen verfügt die Familie Müller über kein weiteres Vermögen.

Aufgaben

1) Prüfen Sie gutachtlich, ob und wenn ja, welche Leistungen zum Lebensunterhalt nach dem Zweiten Buch Sozialgesetzbuch (SGB II) für die im Sachverhalt genannten Personen im Monat September in Frage kommen! Auf formelle Aspekte ist bei der Beantwortung dieser Aufgabe nicht einzugehen.
2) Prüfen Sie gutachtlich, ob und wenn ja, welche Leistungen zum Lebensunterhalt nach dem Zwölften Buch Sozialgesetzbuch (SGB XII) für die im Sachverhalt genannten Personen im Monat September in Frage kommen! Auf formelle Aspekte ist bei der Beantwortung dieser Aufgabe nicht einzugehen.
3) Erklären und begründen Sie kurz, um welchen kommunalrechtlichen Aufgabentypus es sich bei den von Ihnen geprüften Leistungen in den Aufgaben 1) und 2) handelt.
4) Unterstellen Sie, dass Sebastian im Haushalt der Mutter lebt und wohnt und keine eigene Einliegerwohnung besitzt. Wie würden Sie die Rechts- und Leistungssituation jetzt bewerten? Eine ergebnisorientierte Argumentation mit Begründung und ggf. Berechnung genügt.

Bearbeitungshinweise

1) Der Nachranggrundsatz muss, mit Ausnahme der Einkommens- und Vermögensfragen, nicht geprüft werden.
2) Auf formelle Rechtmäßigkeitsgesichtspunkte ist bei der Beantwortung der Aufgabenstellungen nicht einzugehen.
3) Eine Kürzung des Regelsatzes wegen der Einnahme von Mittagessen in einer Werkstatt für behinderte Menschen muss nicht thematisiert werden.
4) Von der Möglichkeit der Pauschalierung der Unterkunftskosten haben die zuständigen Leistungsträger keinen Gebrauch gemacht.

5) Sofern eine SGB II-Berechnung notwendig ist, ist eine differenzierte Berechnung nach den in § 6 SGB II genannten Trägern der Grundsicherung für Arbeitsuchende nicht vorzunehmen.
6) Auszug aus dem SGB IX

§ 43 Arbeitsförderungsgeld

¹Die Werkstätten für behinderte Menschen erhalten von dem zuständigen Rehabilitationsträger zur Auszahlung an die im Arbeitsbereich beschäftigten behinderten Menschen zusätzlich zu den Vergütungen nach § 41 Abs. 3 ein Arbeitsförderungsgeld. ²Das Arbeitsförderungsgeld beträgt monatlich 52 Euro für jeden im Arbeitsbereich beschäftigten behinderten Menschen, dessen Arbeitsentgelt zusammen mit dem Arbeitsförderungsgeld den Betrag von 351 Euro nicht übersteigt. ³ ...

§ 138 Rechtsstellung und Arbeitsentgelt behinderter Menschen

(1) Behinderte Menschen im Arbeitsbereich anerkannter Werkstätten stehen, wenn sie nicht Arbeitnehmer sind, zu den Werkstätten in einem arbeitnehmerähnlichen Rechtsverhältnis, soweit sich aus dem zugrunde liegenden Sozialleistungsverhältnis nichts anderes ergibt.
(2) Die Werkstätten zahlen aus ihrem Arbeitsergebnis an die im Arbeitsbereich beschäftigten behinderten Menschen ein Arbeitsentgelt, ...
(3) Der Inhalt des arbeitnehmerähnlichen Rechtsverhältnisses wird unter Berücksichtigung des zwischen den behinderten Menschen und dem Rehabilitationsträger bestehenden Sozialleistungsverhältnisses durch Werkstattverträge zwischen den behinderten Menschen und dem Träger der Werkstatt näher geregelt.
(4) ...

7) Auszug aus dem SGB VI Sechstes Buch Sozialgesetzbuch

§ 43 SGB VI – Rente wegen Erwerbsminderung

(1) ¹ ....
(2) ¹ Versicherte haben bis zum Erreichen der Regelaltersgrenze Anspruch auf Rente wegen voller Erwerbsminderung, wenn sie
 1. voll erwerbsgemindert sind,
 2. in den letzten fünf Jahren vor Eintritt der Erwerbsminderung drei Jahre Pflichtbeiträge für eine versicherte Beschäftigung oder Tätigkeit haben und
 3. vor Eintritt der Erwerbsminderung die allgemeine Wartezeit erfüllt haben.

² Voll erwerbsgemindert sind Versicherte, die wegen Krankheit oder Behinderung auf nicht absehbare Zeit außer Stande sind, unter den üblichen Bedingungen des allgemeinen Arbeitsmarktes mindestens drei Stunden täglich erwerbstätig zu sein. ³ Voll erwerbsgemindert sind auch
1. Versicherte nach § 1 Satz 1 Nr. 2, die wegen Art oder Schwere der Behinderung nicht auf dem allgemeinen Arbeitsmarkt tätig sein können, und
2. Versicherte, die bereits vor Erfüllung der allgemeinen Wartezeit voll erwerbsgemindert waren, in der Zeit einer nicht erfolgreichen Eingliederung in den allgemeinen Arbeitsmarkt.
(3) ...
(4) ...
(5) ...

§ 1 SGB VI – Beschäftigte

¹ Versicherungspflichtig sind
1. ..,
2. behinderte Menschen, die
 a) in anerkannten Werkstätten für behinderte Menschen oder in Blindenwerkstätten i.S. des § 143 des Neunten Buches oder für diese Einrichtungen in Heimarbeit tätig sind,
 b) in Anstalten, Heimen oder gleichartigen Einrichtungen in gewisser Regelmäßigkeit eine Leistung erbringen, die einem Fünftel der Leistung eines voll erwerbsfähigen Beschäftigten in gleichartiger Beschäftigung entspricht; hierzu zählen auch Dienstleistungen für den Träger der Einrichtung,

3. ... ,
3a. ...,
4. ....

...

Lösung

Aufgabe 1) Anspruch auf Leistungen nach dem SGB II

1 Materielle Prüfung

Es könnte für Frau M. und ihren Sohn Sebastian ein Anspruch auf SGB II-Leistungen in Frage kommen. Anspruchsgrundlage für die Gewährung von Grundsicherungsleistungen für Arbeitsuchende ist § 7 Abs. 1 S. 1 SGB II.

1.1 Anspruch auf Arbeitslosengeld II

Gemäß § 7 Abs. 1 S. 1 SGB II, § 19 Abs. 1 S. 1, S. 3 SGB II erhalten erwerbsfähige Leistungsberechtigte Arbeitslosengeld II (ALG II) als Leistungen zur Sicherung des Lebensunterhalts einschließlich der angemessenen Kosten für Unterkunft und Heizung, wenn die antragstellenden Personen das 15. Lebensjahr vollendet haben und die Altersgrenze nach § 7a SGB II noch nicht erreicht haben, erwerbsfähig i.S.v. § 8 Abs. 1 SGB II sind, hilfebedürftig i.S.v. § 9 Abs. 1 SGB II sind und ihren gewöhnlichen Aufenthalt in der Bundesrepublik Deutschland haben (erwerbsfähige Leistungsberechtigte).

Frau M. ist 45 Jahre alt und erfüllt damit die **Altersvoraussetzungen** des § 7 Abs. 1 S. 1 Nr. 1 SGB II.

Die **Altersvoraussetzungen** erfüllt auch der Sohn Sebastian. Dieser ist 20 Jahre alt.

Die Frage der **Erwerbsfähigkeit** beurteilt sich nach § 7 Abs. 1 S. 1 Nr. 2, § 8 Abs. 1 SGB II. Danach ist erwerbsfähig, wer nicht wegen Krankheit oder Behinderung auf [nicht] absehbare Zeit außerstande ist, unter den üblichen Bedingungen des allgemeinen Arbeitsmarktes mindestens drei Stunden täglich erwerbstätig zu sein. Ausweislich der Angaben im Sachverhalt ist Frau M. „erwerbsfähig". Sie erfüllt damit diese Voraussetzung.

Problematisch ist, ob Sebastian erwerbsfähig ist. Erwerbsfähig ist nicht, wer voll erwerbsgemindert ist. Voll Erwerbsgeminderte sind gemäß § 43 Abs. 2 S. 2 SGB VI wegen Krankheit oder Behinderung auf nicht absehbare Zeit außerstande, unter den üblichen Bedingungen des allgemeinen Arbeitsmarktes mindestens drei Stunden täglich erwerbstätig zu sein. Gesetzlich Rentenversicherte haben in solchen Konstellationen einen Anspruch auf volle Erwerbsminderungsrente (§ 43 Abs. 2 S. 1 SGB VI). Sebastian bezieht weder eine Erwerbsminderungsrente, noch ist die dauerhafte volle Erwerbsminderung durch den Rentenversicherungsträger festgestellt worden.

Nach § 43 Abs. 2 S. 3 Nr. 1 SGB VI **gelten** Personen als voll erwerbsgemindert, die wegen Art oder Schwere ihrer Behinderung nicht auf dem allgemeinen Arbeitsmarkt tätig sein können. Gemäß § 45 S. 3 Nr. 4 SGB XII muss der Rentenversicherungsträger keine Stellungnahme für Personen abgeben, bei denen der Fachausschuss einer Werkstatt für behinderte Menschen (WfbM) über die Aufnahme in einer WfbM eine Stellungnahme der §§ 2 und 3 WVO (Werkstättenverordnung) abgegeben hat. In solchen Fällen gilt gemäß § 45 S. 3 Nr. 4 SGB XII die Person im **Arbeitsbereich** einer

WfbM als dauerhaft voll erwerbsgemindert. Nach dem Sachverhalt hat der Fachausschuss der WfbM eine solche Stellungnahme abgegeben. Da es sich um eine Fiktionsregelung handelt, bedarf es keiner weiteren (medizinischen) Feststellung des Rentenversicherungsträgers. Dem korrespondierend regelt § 43 Abs. 2 S. 3 Nr. 1 SGB VI i.V.m. § 1 S. 1 Nr. 2 SGB VI, dass behinderte Menschen, die in anerkannten WfbM tätig sind, wegen Art und Schwere der Behinderung als voll erwerbsgemindert gelten. Damit sind die Voraussetzungen des § 43 Abs. 2 S. 3 Nr. 1 SGB VI, § 45 S. 3 Nr. 4 SGB XII erfüllt. Sebastian ist als (dauerhaft) voll erwerbsgeminderte Person zu behandeln. Er ist mithin auch nicht erwerbsfähig i.S. des § 8 Abs. 1 SGB II und kann daher kein Arbeitslosengeld II beziehen.

Für Frau M ist der gewöhnliche Aufenthalt in Deutschland zu bejahen, da sie in D, im Kreis L, wohnt (vgl. § 30 Abs. 3 S. 2 SGB II). Der Wohnort ist üblicherweise auch der Lebensmittelpunkt.

Frau M. unterliegt auch keinem der in § 7 Abs. 1 S. 2, § 7 Abs. 4, § 7 Abs. 4a, § 7 Abs. 5 SGB II genannten Ausschlusstatbeständen für den Bezug von Leistungen zur Sicherung des Lebensunterhaltes, so dass sie vorbehaltlich der noch zu prüfenden Hilfebedürftigkeit im Dezember zum anspruchsberechtigten Personenkreis für den Bezug von Arbeitslosengeld II gehört.

1.2 Anspruch auf Sozialgeld

Nach § 7 Abs. 2 S. 1 SGB II sind leistungsberechtigt auch Personen, die die Voraus¬setzungen nach § 7 Abs. 1 S. 1 SGB II nicht erfüllen, aber mit erwerbsfähigen Leistungsberechtigten in einer Bedarfs¬gemeinschaft leben. Nicht erwerbsfähige Angehörige, die mit erwerbsfähigen Leistungsberechtigten in Bedarfsgemeinschaft leben, erhalten Sozialgeld, soweit sie keinen Anspruch auf Leistungen nach dem 4. Kapitel SGB XII haben (vgl. § 19 Abs. 1 S. 2 SGB XII).

Ein solcher Sozialgeldanspruch nach dem SGB II kann für Sebastian in Frage kommen.

Er muss dazu zunächst mit seiner Mutter eine Bedarfsgemeinschaft bilden. Gemäß § 7 Abs. 3 Nr. 1 SGB II setzt eine Bedarfsgemeinschaft mindestens einen erwerbsfähigen Leistungsberechtigten voraus, der als sogenannter Hauptleistungsberechtigte nach § 7 Abs. 3 Nr. 1 SGB II Ausgangspunkt für die Bildung der Bedarfsgemeinschaft ist. Frau M. ist im Monat Dezember – vorbehaltlich der Prüfung der Hilfebedürftigkeit - erwerbsfähige Leistungsberechtigte und damit „Gründerin" der Bedarfsgemeinschaft.

Zur Bedarfsgemeinschaft gehören nach § 7 Abs. 3 Nr. 4 SGB II auch
- die dem Haushalt angehörenden
- unverheirateten
- Kinder der in den Nummern 1 bis 3 genannten Personen,
- wenn sie das 25. Lebensjahr noch nicht vollendet haben,
- soweit sie die Leistungen zur Sicherung ihres Lebensunterhalts nicht aus eigenem Einkommen oder Vermögen beschaffen können.

Sebastian ist das (leibliche) Kind von Christiane Müller. Sebastian ist 20 Jahre alt und hat das 25. Lebensjahr noch nicht vollendet.

Fraglich ist allerdings die Haushaltszugehörigkeit. Ein gemeinsamer Haushalt besteht bei einer gemeinsamen Wohn- und Wirtschaftsgemeinschaft. Einliegerwohnungen haben die Eigenschaft, keine vom restlichen Hauseigentum abgeschlossenen

Wohneinrichtungen zu sein. Eine Wohngemeinschaft kann daher bestehen. Demgegenüber ist die eigene „Bewirtschaftung" Kennzeichen einer Einliegerwohnung. Nach dem Sachverhalt bestehen z. B. eigene Koch- und Waschmöglichkeiten. Gemäß § 5 Abs. 4 S. 1 WoGG liegt z. B. eine Wohn- und Wirtschaftsgemeinschaft vor, wenn Familienmitglieder Wohnraum gemeinsam bewohnen und sich ganz oder teilweise mit dem täglichen Lebensbedarf versorgen. Hiervon ist somit nicht auszugehen, wenn eine eigene und selbständige Lebensführung möglich ist. Genau dies ist aber Ziel einer Einliegerwohnung. Laut Sachverhalt will Sebastian auch Koch werden und wird auf diese Tätigkeit in einer WfbM auch vorbereitet. Mithin ist insgesamt von einem eher autark geführten Leben auszugehen.

Damit besteht keine Haushaltszugehörigkeit von Sebastian und auch keine Zugehörigkeit zur Bedarfsgemeinschaft.

Ein Anspruch auf Leistungen nach dem SGB II scheidet daher für Sebastian aus.

1.3 Nachrang der SGB II - Leistungen

Den Leistungen zur Sicherung des Lebensunterhaltes nach dem SGB II liegt das Nachrangprinzip zugrunde. Danach müssen alle erwerbsfähigen Leistungsberechtigten und die mit ihnen in einer Bedarfsgemeinschaft lebenden Personen vor dem Bezug von SGB II-Leistungen alle Möglichkeiten zur Beendigung oder Verringerung ihrer Hilfebedürftigkeit ausschöpfen (§ 2 Abs. 1 SGB II). Denn SGB II – Leistungen dürfen nur erbracht werden, soweit die Hilfebedürftigkeit nicht anderweitig beseitigt werden kann (§ 3 Abs. 3 1. HS SGB II).

Zu diesen Möglichkeiten gehören der Einsatz von eigenen Mitteln (Einkommen gemäß §§ 11, 11a, 11b SGB II und Vermögen gemäß § 12 SGB II) und eigenen Kräften (Einsatz der Arbeitskraft im zumutbaren Umfang zur Beschaffung des Lebensunterhalts, vgl. § 2 Abs. 2 S. 2 SGB II, § 10 SGB II). Den Einsatz dieser Selbsthilfemöglichkeiten verlangt noch einmal konkretisierend § 9 Abs. 1 SGB II. Frau M. setzt ihre Arbeitskraft bereits im Rahmen eines Minijobs ein. Einkommen und Vermögen wird zu einem späteren Zeitpunkt geprüft.

Darüber hinaus soll lt. Bearbeitungshinweis die Prüfung des Nachranggrundsatzes unterbleiben.

1.4 Feststellung der Hilfebedürftigkeit (§ 9 SGB II)

1.4.1 Grundsätze zur Feststellung der Hilfebedürftigkeit

Nach § 9 Abs. 1 SGB II ist nur hilfebedürftig, wer seinen Lebensunterhalt nicht oder nicht ausreichend aus zu berücksichtigenden Einkommen und Vermögen sichern kann. Notwendig ist also ein Vergleich zwischen dem Lebensunterhalt (sog. Hilfebedarf) einerseits, ausgedrückt durch die im SGB II dafür vorgesehenen Leistungen, und dem Einkommen und Vermögen andererseits. Nur soweit das Einkommen und/oder das Vermögen nicht ausreichen, um den Lebensunterhalt zu decken, kommen SGB II-Leistungen in Frage.

Bezüglich des Einkommens und Vermögens ist dabei zu berücksichtigen, dass gemäß § 9 Abs. 2 S. 1 SGB II bei der Frage der „Bedarfsdeckung" auch das Einkommen und Vermögen des Partners der Bedarfsgemeinschaft zu berücksichtigen ist (sog. Einsatzgemeinschaft). Ferner ist gemäß § 9 Abs. 2 S. 2 SGB II das Einkommen und Vermögen der Eltern bzw. Elternteile auch für die Kinder einzusetzen. Diese Regelung ist hier zu vernachlässigen, da weder ein Partner in der Bedarfsgemeinschaft vorhanden ist noch Sebastian als Kind in der Bedarfsgemeinschaft berücksichtigt werden muss.

1.4.2 Regelleistung zur Sicherung des Lebensunterhaltes

Gemäß § 20 Abs. 2 S. 1 SGB II beträgt der Regelbedarf für **Alleinerziehende** oder **Alleinstehende** 409,00 €. Grundsätzlich ist eine Person, die ohne Partnerin oder Partner in einer Bedarfsgemeinschaft lebt, alleinstehend. Alleinerziehend sind Personen, die alleinstehend sind und mit einem oder mehreren Kindern im gemeinsamen Haushalt leben und allein für die Erziehung sorgen.

Frau M. kümmert sich ohne Partner und ohne Unterstützung von anderen Personen – es kommt nur auf die tatsächlichen und nicht auf die rechtlichen Verhältnisse an – allein um die Erziehung und Pflege ihres Sohnes. Insoweit kann an eine Alleinerziehung gedacht werden. Es fehlt allerdings an der für eine Alleinerziehung notwendigen Voraussetzung, dass sie mit ihrem Sohn in einem Haushalt lebt.

Allerdings lebt Frau M. auch ohne Partner. Damit ist sie als alleinstehend zu behandeln. Alleinstehende erhalten einen Regelbedarf in Höhe von 409,00 €.

Die aus dem Kontoauszug sich ergebenden Stromkosten sind auch im System des SGB II aus dem Regelbedarf zu finanzieren. Nach § 20 Abs. 1 SGB II umfasst der Regelbedarf auch die Aufwendungen für die „Haushaltsenergie".

Die Kosten der Warmwasserzubereitung sind als Energiekosten nicht mehr im Regelbedarf enthalten, sondern sind Bestandteil der Heizkosten oder – bei dezentraler Warmwassererzeugung – als Mehrbedarf zu gewähren.

1.4.3 Mehrbedarf wegen Alleinerziehung gemäß § 21 Abs. 3 SGB II

Ein Mehrbedarf für Alleinerziehung nach § 21 Abs. 3 SGB II scheitert daran, dass Sebastian als Kind nicht mehr mindorjährig ist.

1.4.4 Leistungen für Unterkunft

Leistungen für Unterkunft und Heizung werden nach § 22 Abs. 1 S. 1 SGB II in Höhe der tatsächlichen Aufwendungen erbracht, soweit diese angemessen sind. Die tatsächlichen Kosten werden damit nur übernommen, sofern sie nicht die angemessenen Kosten überschreiten. Die angemessenen Kosten bilden die Höchstgrenze der übernahmefähigen Kosten.

Zu diesen Kosten der Unterkunft gehören die Kosten für die Gebrauchsüberlassung des Wohnraumes, die vertraglich geschuldet werden, so dass neben der Kaltmiete die umlagefähigen Nebenkosten übernommen werden.

Nach dem Sachverhalt handelt es sich bei den Kosten für die Wohnung um angemessene Kosten. Diese Kosten sind in tatsächlicher Höhe zu übernehmen.

Anzuerkennen sind daher im vorliegenden Fall 175,00 € für Frau M.

1.4.5 Leistungen für Heizung

Für die Heizkosten gilt ebenfalls die Regelung des § 22 Abs. 1 S. 1 SGB II. Auch diese Aufwendungen werden in tatsächlicher Höhe übernommen, soweit sie angemessen sind.

II. Fall 2 (Weber)

Auch die Heizkosten sind angemessen und daher in Höhe von 40,00 € zu übernehmen.

1.4.6 Zusammenfassende Darstellung des Bedarfs

	Frau M.	Rechtsgrundlage
Regelbedarf	409,00 €	§ 20 Abs. 2 Satz 1 SGB II
Mehrbedarf	- €	§ 21 SGB II
angemessene Unterkunftskosten	175,00 €	§ 22 Abs.1 S.1 SGB II
angemessene Heizkosten	40,00 €	§ 22 Abs.1 S.1 SGB II
Gesamtbedarf	624,00 €	

1.4.7 Einkommen aus Erwerbstätigkeit von Frau M.

Dem Bedarf ist zunächst das zu berücksichtigende Einkommen gegenüberzustellen. Nach § 11 Abs. 1 S. 1 SGB II sind alle Einnahmen in Geld als Einkommen zu berücksichtigen, und zwar grundsätzlich unabhängig von Herkunft und Rechtsnatur.

Frau M. erzielt durch einen Minijob als Aushilfskellnerin ein Arbeitsentgelt aus Erwerbstätigkeit in Höhe von 400,00 €. Es ist fraglich, ob das am 01.09. um 10:58:00 Uhr zugeflossene Arbeitsentgelt als Einkommen oder Vermögen zu werten ist. Maßgeblicher Zeitpunkt für die Unterscheidung von Einkommen (vgl. § 11 SGB II) und Vermögen (vgl. § 12 SGB II) ist der Zeitpunkt der Antragstellung. Einkommen ist grundsätzlich alles das, was jemand nach Antragstellung wertmäßig dazu erhält, und Vermögen das, was er vor Antragstellung bereits hatte.

Im vorliegenden Fall erfolgte der Zufluss durch Gutschrift und Wertstellung auf dem Konto am 01.09. um 10.58 Uhr, während der Antrag erst um 13:00 Uhr gestellt wurde. Bei „reiner" Anwendung der Zuflusstheorie handelt es sich daher bei dem überwiesenen Arbeitsentgelt um Vermögen. Dafür spricht auch, dass nach § 37 Abs. 2 S. 1 SGB II Leistungen nach dem SGB II nicht für Zeiten vor der Antragstellung erbracht werden.

Andererseits gilt gerade hinsichtlich eines Leistungsantrages die spezielle Regelung nach § 37 Abs. 2 S. 2 SGB II, wonach der Antrag auf Leistungen zur Sicherung des Lebensunterhalts auf den Ersten des Monats zurück wirkt. Der erste Tag des Monats beginnt um 0:00 Uhr. Des Weiteren beginnt selbst bei Anwendung des § 37 Abs. 2 S. 1 SGB II der Leistungsanspruch bereits am Tag der Antragstellung und nicht am darauf folgenden Tag. Auch danach würde der Antrag auf 0:00 Uhr zurückwirken. Nimmt man vor diesem Hintergrund eine „Rückwirkung" der Antragstellung an, liegt der Zugang des Arbeitsentgelts auf dem Konto von Frau M. nach der Antragstellung. Damit handelt es sich um Einkommen. Die Zuflusstheorie ist daher modifizierend auszulegen: Wenn einem Antrag auf Bewilligung von Leistungen zur Sicherung des Lebensunterhalts nach dem SGB II (oder nach dem 4. Kapitel SGB XII, vgl. § 44 Abs. 1 SGB XII) Rückwirkung zukommt, so ist für die Abgrenzung zwischen Einkommen und Vermögen nicht der Zeitpunkt der Antragstellung, sondern der Beginn des Leistungszeitraums maßgeblich. Ein entsprechendes Ergebnis ist auch mit Hilfe von

§ 11 Abs. 2 S. 1 SGB II zu erzielen. Danach sind laufende Einnahmen für den Monat zu berücksichtigen, in dem sie zufließen. Es ist also bei laufenden Einnahmen auf den Monat abzustellen, selbst wenn die Einnahmen noch vor der Antragstellung zugeflossen sind. Der Monat beginnt am 01.09. um 0:00 Uhr.

Darüber hinaus kann neben den genannten Regelungen in § 37 Abs. 2 SGB II auch aus anderen Vorschriften – z. B. § 41 Abs. 1 SGB II, § 16 SGB I – entnommen werden, dass die kleinste Einheit der Tag und nicht die konkrete Uhrzeit ist. Der Tag wird mithin nicht anteilig berechnet. Damit kommt es bei der von der Zuflusstheorie aufgeworfenen Frage des „Zeitpunktes der Antragstellung" als Zäsur zwischen Einkommen und Vermögen nicht auf die Uhrzeit an dem Tag der Antragstellung an, sondern nur auf den Tag der Antragstellung, soweit dieser Tag „im Monat" des Geldzuflusses (vgl. § 11 Abs. 2 SGB II) liegt.

Im Ergebnis bedeutet dies, dass das Arbeitsentgelt in Höhe von 400,00 € als Einkommen zu werten ist, obwohl es einige Minuten vor der Antragstellung eingegangen ist.

Dieses Einkommen bleibt auch nicht unberücksichtigt (§ 11a SGB II, § 1 ALG II-V).

Es ist zu ermitteln, ob, und wenn ja, in welcher Höhe von diesem Einkommen Beträge gemäß § 11b SGB II abzusetzen sind.

Ausgehend von den Bruttoeinnahmen in Höhe von 400,00 € (§ 2 Abs. 1 ALG II-V) sind gemäß § 11b Abs. 1 S. 1 Nr. 1 und Nr. 2 SGB II vom Einkommen zunächst Steuern und Sozialversicherungsbeiträge (§ 11b Abs. 1 S. 1 Nr. 1 und Nr. 2 SGB II) abzusetzen. Hier entspricht das Bruttoeinkommen aber dem Nettoeinkommen, so dass diesbezüglich keine weiteren Absetzungen vorzunehmen sind.

Hinsichtlich der Absetzbeträge in § 11b Abs. 1 S. 1 Nr. 3 – 5 SGB II ist vorrangig die Spezialregelung des § 11b Abs. 2 S. 1 SGB II anzuwenden. Danach ist bei erwerbsfähigen Leistungsberechtigten, die erwerbstätig sind, an Stelle der Beträge nach § 11b Abs. 1 S. 1 Nr. 3 bis 5 SGB II ein Betrag von insgesamt 100,00 € als sog. **Grundfreibetrag** monatlich abzusetzen.

Frau M. ist erwerbstätig sowie erwerbsfähige Leistungsberechtigte (vgl. § 7 Abs. 1 S. 1 SGB II sowie obige Prüfung). Damit können bei ihr 100,00 € vom Einkommen als **Grundfreibetrag** abgesetzt werden.

Eine noch speziellere Vorschrift enthält § 11b Abs. 2 S. 2 SGB II. Beträgt danach das monatliche Einkommen mehr als 400,00 €, gilt Satz 1 nicht, wenn die oder der erwerbsfähige Leistungsberechtigte nachweist, dass die Summe der Beträge nach § 11b Abs. 1 S. 1 Nr. 3-5 SGB II den Betrag von 100,00 € übersteigt. Aus dem **Umkehrschluss** des Gesetzgebers folgt: Beträgt das monatliche Einkommen **nicht** mehr 400,00 €, gilt Satz 1. Da Frau M. über nicht mehr als 400,00 € Erwerbseinkommen verfügt, ist § 11b Abs. 2 S. 1 SGB II anzuwenden. Es bleibt damit **zunächst** (vgl. Ausführungen zum Kindergeld) bei einem Absetzbetrag von 100,00 €, und zwar unabhängig davon, ob Frau M. höhere Aufwendungen nach § 11b Abs. 1 S. 1 Nr. 3-5 SGB II absetzen könnte. Einzelne Aufwendungen, die sich z. B. aus dem Kontoauszug ergeben, können unberücksichtigt bleiben, **wenn das Kindergeld als zusätzliches Einkommen unbeachtet bleibt.** Insoweit ist eine Vergleichsberechnung nicht notwendig.

Für Frau M. ist darüber hinaus ein Freibetrag bei Erwerbstätigkeit nach § 11b Abs. 1 S. 1 Nr. 6 i. V. m. § 11b Abs. 3 SGB II abzusetzen (sog. **Erwerbstätigenfreibetrag**), da Frau M. eine erwerbsfähige Leistungsberechtigte ist, die erwerbstätig ist. Dieser

Erwerbstätigenfreibetrag beläuft sich auf 20 Prozent des Bruttoeinkommens, soweit er 100,00 € übersteigt (300,00 € x 20 v. H. = 60,00 €).

Damit ist aus dem Bruttoeinkommen von 400,00 € ein bereinigtes Einkommen von 240,00 € zu berücksichtigen.

1.4.8 Kindergeld als Einkommen

Das für volljährige behinderte Menschen zu zahlende Kindergeld (vgl. § 32 Abs. 4 Nr. 2 buchst. a) EStG; alternativ nach § 32 Abs. 4 Nr. 3 EStG) ist nach dem Einkommensteuerrecht Einkommen des kindergeldberechtigten Elternteils (§ 62 EStG, § 64 EStG). Gemäß § 11 Abs. 1 S. 5 SGB II wird **Kindergeld für zur Bedarfsgemeinschaft gehörende Kinder**, soweit es bei dem jeweiligen Kind zur Sicherung des Lebensunterhalts benötigt wird, beim Kind als Einkommen angerechnet. **Sebastian gehört nicht zur Bedarfsgemeinschaft**. Daher liegen die Voraussetzungen für diese normative Zurechnung des Einkommens nicht vor. Da das Kindergeld auch nicht an Markus weitergeleitet wird, bleibt es auch bei Christiane Müller nicht unberücksichtigt (§ 1 Abs. 1 Nr. 8 ALG II-V). Mithin ist es Einkommen des kindergeldberechtigten Elternteils, hier von Christiane Müller.

Eine Berücksichtigung des Kindergeldes bei Sebastian Müller im Rahmen einer Sozialhilfegewährung nach § 82 Abs. 1 S. 3 SGB XII kommt ebenfalls nicht in Frage, da Sebastian hierfür minderjährig sein müsste.

Damit verfügt Frau Müller über ein Gesamt-Einkommen von mehr als 400,00 €.

In einer solchen Fallkonstellation können von dem Kindergeld als sonstigem Einkommen (§ 4 ALG II-V) noch **einkommensartunabhängige** Absetzungen (z. B. Versicherungspauschale, KfZ-Haftpflichtversicherung, aber auch Aufwendungen, die gemäß § 11 Abs. 1 S. 1 Nr. 5 SGB II mit der Erzielung des Einkommens verbunden sind) vorgenommen werden, soweit sie im Grundfreibetrag noch nicht enthalten sind. Im konkreten Fall sind aber keine Aufwendungen nach § 11b Abs. 1 S. 1 Nr. 3 bis 5 SGB II von mehr als 100,00 € vorhanden, die zusätzlich vom sonstigen Einkommen abgesetzt werden können. Damit erübrigen sich Überlegungen in diese Richtung.[113]

1.4.9 Zurechnung des Einkommens im Rahmen der Einsatzgemeinschaft

§ 9 Abs. 2 S. 1 und S. 2 SGB II regeln, wer wessen Einkommen füreinander einzusetzen hat. Eine solche Einsatzgemeinschaft bzw. Einkommens- und Vermögensgemeinschaft bilden nach § 9 Abs. 2 S. 1 SGB II die Partner einer Bedarfsgemeinschaft. Eine solche Partnerschaft liegt hier nicht vor. Wie bereits oben ausgeführt, kann ebenfalls das Kind unberücksichtigt gelassen werden.

---

113 Zum ähnlichen Themenkreis: vgl. BSG, Urteil vom 05.06.2014 sowie Urteil vom 17.02.2015, B 14 AS 1/14 R.

Danach ergibt sich folgende Situation:

	Frau M.	Rechtsgrundlage
Regelbedarf	409,00 €	§ 20 Abs. 2 Satz 1 SGB II
Mehrbedarf	- €	§ 21 SGB II
angemessene Unterkunftskosten	175,00 €	§ 22 Abs.1 S.1 SGB II
angemessene Heizkosten	40,00 €	§ 22 Abs.1 S.1 SGB II
Gesamtbedarf	624,00 €	
Einkommen	- 240,00 €	§§ 11, 11a, 11b SGB II; ALG II-V
Einkommen	- 192,00 €	§ 11, § 1 Abs. 1 Nr. 8 ALG-II-V
Leistung	192,00 €	§ 19 SGB II

1.5 Beginn und Höhe der Leistung (Antragserfordernis)

Die Leistungen der Grundsicherung für Arbeitsuchende werden auf Antrag erbracht (§ 37 Abs. 1 SGB II). Gemäß § 37 Abs. 2 S. 1 SGB II werden Leistungen nicht für Zeiten vor der Antragstellung erbracht. Gemäß § 37 Abs. 2 S. 2 SGB II wirkt der Antrag auf den ersten des Monats zurück. Ein Antrag wurde von Frau M. am 01.09. gestellt. Ab dem 01.09. werden gemäß § 37 Abs. 2 S. 2 SGB II rückwirkend die SGB II Leistungen erbracht.

1.6 Form der Hilfe / Leistungsart

Die Leistungen der Grundsicherung für Arbeitsuchende werden in Form von Dienstleistungen, Geldleistungen und Sachleistungen erbracht (vgl. § 4 Abs. 1 SGB II), wobei die Geldleistung bei den Leistungen zur Sicherung des Lebensunterhaltes der Regelfall ist. Der Sachverhalt enthält keine Anhaltspunkte dafür, von diesem Grundsatz abzuweichen.

2 Gesamtergebnis

Für Frau M kommen Leistungen der Grundsicherung für Arbeitsuchende nach dem SGB II in Höhe von 192,00 € in Frage.

Aufgabe 2) Leistungen für Sebastian nach dem SGB XII

1 Anspruch auf Leistungen nach dem 4. Kapitel SGB XII für Sebastian
1.1 Sachliche Voraussetzungen

Es könnte ein (realisierbarer) Anspruch auf Leistungen nach dem **4. Kapitel SGB XII** (Grundsicherung im Alter und bei dauerhafter voller Erwerbsminderung) bestehen. Entsprechende Leistungen sind gegenüber dem Sozialgeld vorrangig (vgl. § 5 Abs. 2 S. 2, § 19 Abs. 1 S. 2 SGB II). Leistungsberechtigt nach dem 4. Kapitel SGB XII sind u. a. Personen, die die Altersgrenze nach § 41 Abs. 2 SGB XII erreicht haben oder gemäß § 19 Abs. 2, § 41 Abs. 3 SGB XII das 18. Lebensjahr vollendet haben und dauerhaft voll erwerbsgemindert sind.

Sebastian hat zwar die Altersgrenze (vgl. § 41 Abs. 2 SGB XII) noch nicht erreicht. Wie bereits oben ausgeführt gilt (Fiktionsregelung) er aber als dauerhaft voll erwerbsgemindert. Die in diesem Zusammenhang problematische Frage, ob es auch „unwahrscheinlich ist, dass die volle Erwerbsminderung behoben werden kann" (§ 41 Abs. 3 SGB XII), ist für Personen in WfbM keine Voraussetzung. Die Regelung wird durch die speziellere vorrangige Fiktionsregelung des § 45 S. 3 Nr. 4 SGB XII verdrängt. Es ist gerade das Ziel einer WfbM, behinderte Menschen wieder für den Allgemeinen Arbeitsmarkt vorzubereiten (vgl. § 136 Abs. 1 S. 3 SGB IX: Sie [die WfbM] fördert den Übergang geeigneter Personen auf den allgemeinen Arbeitsmarkt durch geeignete Maßnahmen), so dass sich die Prognose einer dauerhaften vollen Erwerbsminderung nicht geben lässt.

Auch die übrigen sachlichen Voraussetzungen des § 41 SGB XII erfüllt Sebastian Müller:

- Der **gewöhnlicher Aufenthalt** liegt in D in L in Westfalen-Lippe und damit in Deutschland (§ 41 Abs. 1 S. 1 SGB XII i.V.m. § 30 Abs. 3 S. 2 SGB I)

- Problematisch ist, ob ein **Antrag** – im Rahmen des SGB XII eine konstitutive Leistungsvoraussetzung – auf Leistungen zum Lebensunterhalt gestellt wurde (§ 44 Abs. 1 S. 1 SGB XII). Die Art des Antrags ist in § 44 Abs. 1 SGB XII nicht vorgegeben. Ein Antrag stellt eine empfangsbedürftige Willenserklärung dar, die mit Zugang (§ 130 Abs. 1 S. 1 BGB) wirksam wird; bei Anwesenden mithin im Zeitpunkt des Verstehens des Anliegens durch den Sachbearbeiter. Als Willenserklärung kann der Antrag auch mündlich gestellt werden. Die hier vorgetragene Bitte um Leistungen zum Lebensunterhalt ist als Antrag nach dem objektiven Empfängerhorizont des Sachbearbeiters auszulegen (vgl. §§ 133, 157 BGB). Der Antrag konnte nicht mehr durch Christiane Müller für ihren Sohn gestellt werden. Denn die gesetzliche Vertretung nach § 1629 BGB gilt nur bis zum 18. Lebensjahr. Es ist daher notwendig, dass entweder der Antrag durch Sebastian selbst gestellt wird oder dass Frau M. durch ihren Sohn bevollmächtigt wird (§ 13 SGB X), sofern die Mutter nicht als Betreuerin (vgl. § 1902 BGB) für ihren Sohn tätig wird. Letzteres ist hier der Fall.
Grundsätzlich sind Anträge auf Sozialleistungen beim zuständigen Leistungsträger zu stellen (§ 16 Abs. 1 S. 1 SGB I). Soweit das „Amt für Soziales" bei der Stadt D die für die Antragstellung nicht zuständige Stelle sein sollte, hat diese Stelle, da die Stadt D auch Leistungsträger ist (vgl. z. B. §§ 27, 28 SGB I, § 16 Abs. 2 S. 1 SGB I) den Antrag entgegenzunehmen und bei Unzuständigkeit unverzüglich an den zuständigen Leistungsträger weiterzuleiten (vgl. § 16 Abs. 2 SGB I).

- Die Hilfebedürftigkeit wurde nicht schuldhaft herbeigeführt (§ 41 Abs. 4 SGB XII). Der Sachverhalt liefert keine Hinweise auf ein sozialwidriges Verhalten von Sebastian.

- Unterhaltsleistungen von Eltern mit einem Einkommen von mehr als 100.000 € (brutto, abzgl. von Werbungskosten) sind nicht ersichtlich (§ 43 Abs. 5 SGB XII) bzw. ergeben sich aus dem Sachverhalt nicht.

1.2 Wirtschaftliche Voraussetzungen / Hilfebedürftigkeit

Neben den sachlichen Voraussetzungen müssen die wirtschaftlichen Voraussetzungen für einen Anspruch auf Leistungen nach dem 4. Kapitel SGB XII erfüllt sein.

Anspruch auf Leistungen der Grundsicherung im Alter und bei Erwerbsminderung ist Personen zu leisten, die ihren notwendigen Lebensunterhalt nicht oder nicht ausreichend aus eigenen Kräften und Mitteln, insbesondere aus ihrem Einkommen und Vermögen, beschaffen können. Einkommen und Vermögen der Mutter sind bei Sebastian nicht zu berücksichtigen. Aus § 43 Abs. 1 S. 2 SGB XII ergibt sich, dass eine Einsatzgemeinschaft bei Leistungen der Grundsicherung im Alter und bei Erwerbsminderung nur zwischen nicht getrennt lebenden Ehegatten oder Lebenspartnern sowie zwischen Partnern einer eheähnlichen oder lebens-partnerschaftsähnlichen Gemeinschaft besteht, nicht aber zwischen Eltern und Kindern. Damit ist ausschließlich die Hilfebedürftigkeit von Sebastian zu betrachten (ohne Berücksichtigung der Mutter).

Die Prüfung der individuellen Hilfebedürftigkeit verlangt einen Vergleich zwischen dem Hilfebedarf von Sebastian einerseits mit seinem Einkommen (§§ 82 bis 84 SGB XII) bzw. Vermögen (§ 90 SGB XII) andererseits.

Der Umfang der möglichen Bedarfe nach dem 4. Kapitel SGB XII ergibt sich aus § 42 SGB XII. Die Vorschrift verweist im Einzelnen auf die relevanten Bedarfe im Rahmen der Hilfe zum Lebensunterhalt nach dem 3. Kapitel SGB XII.

1.2.1 Regelbedarf

Gemäß § 42 Nr. 1 SGB XII umfasst die Grundsicherung im Alter und bei Erwerbsminderung die Regelsätze nach den Regelbedarfsstufen der Anlage zu § 28 SGB XII. Die Anlage zu § 28 SGB XII sieht in der Regelbedarfsstufe 1 für eine erwachsene leistungsberechtigte Person, die in einer Wohnung nach § 42a Absatz 2 Satz 2 SGB XII lebt und für die nicht die Regelbedarfsstufe 2 gilt, einen Regelbedarf in Höhe von 409,00 € vor.

Mit 20 Jahren gilt Sebastian als „erwachsen" (Schlussfolgerung aus den Regelbedarfsstufen 4 bis 6, die abgestuft bis zur Vollendung des 18. Lebensjahres gelten). Er bewohnt eine eigene Einliegerwohnung und damit eine Wohnung im Sinne von § 42a Abs. 2 S. 2 SGB XII, weil Kennzeichen einer Einliegerwohnung darin besteht, dass eine solche Wohneinheit von anderen Wohnräumen getrennt ist und alle für die Führung eines Haushalts notwendigen Einrichtungen umfasst. Außerdem lebt Sebastian nicht in einer Partnerschaft, so dass die Regelbedarfsstufe 2 nicht in Frage kommt.

Gemäß § 42 Nr. 1 SGB XII ist auch § 27a Abs. 4 S. 1 und S. 2 SGB XII anzuwenden. Danach wird im Einzelfall der individuelle Regelbedarf abweichend festgelegt, wenn ein Bedarf ganz oder teilweise anderweitig gedeckt ist oder unabweisbar seiner Höhe nach erheblich von einem durchschnittlichen Bedarf abweicht. Grundsätzlich gibt es hinsichtlich der individuellen Situation bei Sebastian keinen Grund, den Regelbedarf gemäß § 27a Abs. 4 S. 1 **Alternative 2** SGB XII zu erhöhen, weil der Bedarf unabweisbar seiner Höhe vom durchschnittlichen Bedarf abweicht (z. B. wegen Kosten einer Putzhilfe, besondere Fahrtkosten bei Besuch von Verwandten in der JVA etc.). Die geltend gemachten Stromkosten sind grundsätzlich im Regelbedarf enthalten (vgl. § 27a Abs. 1 SGB XII, RBEG – Abteilung 04, § 35 Abs. 4 SGB XII). Erhöhte Stromausgaben sind durch Einsparungen in anderen Bereichen zu kompensieren. Ein erhöhter Wärmebedarf und dadurch erhöhte Stromausgaben ergeben sich aus dem Sachverhalt nicht.

II. Fall 2 (Weber)

Eine Senkung des Regelbedarfs nach § 27a Abs. 4 S. 1 **Alternative 1** SGB XII kann sich dann ergeben, wenn im Arbeitsbereich einer Werkstatt für behinderte Menschen das Mittagessen eingenommen wird, weil dann der vorhandene Bedarf anderweitig gedeckt wird. Für Behinderte, die im **Arbeitsbereich** (nicht: Eingangs- und Berufsbildungsbereich, da hierfür die Bundesagentur für Arbeit zuständig ist) einer WfbM tätig sind, hat das Bundessozialgericht entschieden, dass der gewährte Regelsatz wegen § 27a Abs. 4 S. 1 Alternative 1 SGB XII zu kürzen ist, weil die Kosten für Ernährung, die mit dem Regelsatz (Regelbedarf) abgegolten werden, durch die gewährte Eingliederungshilfe teilweise gedeckt ist. Die Anwendung des § 27a Abs. 4 S. 1 SGB XII erreicht im konkreten Fall, dass die örtlichen und überörtlichen Träger der Sozialhilfe im Rahmen ihrer Zuständigkeiten und ihrer geleisteten Sozialhilfeaufwendungen gegenüber dem Leistungsberechtigten **keine Doppel¬leistungen für den identischen Zweck** erbringen. Im konkreten Fall würde das für die abweichende Bemessung des Regelsatzes bedeuten, dass der Regelsatz von 409,00 € einen Ernährungsanteil von 145,22 € aufweist. 145,22 € durch 30 Tage im September ergeben einen Ernährungsanteil pro Tag in Höhe von 4,84 €. Nimmt Sebastian nur am Mittagessen teil, führt dies pro Tag zu Ausgabeeinsparungen von 1,93 € (40% von 4,84 €). Unterstellt, dass Sebastian an 20 Tagen am Mittagessen teilnimmt (ein konkreter Nachweis ist notwendig), führt dies zu Einsparungen von 38,72 €. In dieser Höhe wäre der Regelsatz zu kürzen.

1.2.2 Leistungen für Unterkunft

Die Unterkunftskosten werden gemäß § 42 Nr. 4 i.V.m. § 35 Abs. 1, Abs. 2 SGB XII in Höhe der tatsächlichen Aufwendungen erbracht, soweit sie angemessen sind. Laut Sachverhalt sind die Unterkunftskosten angemessen. Sie werden anteilig pro Kopf aufgeteilt und übernommen, wenn mehrere Personen in einer Wohnung leben. Hier wohnt nur eine Person in der Einliegerwohnung. Die angemessenen Kosten in Höhe von 175,00 € sind also zu berücksichtigen.

1.2.3 Leistungen für Heizung

Die Heizungskosten werden gemäß § 42 Nr. 4 i.V.m. § 35 Abs. 4 SGB XII in Höhe der tatsächlichen Aufwendungen erbracht, soweit sie angemessen sind. Laut Sachverhalt sind die Heizungskosten angemessen. Sie werden – wie die Unterkunftskosten – übernommen und betragen damit hier 40,00 €.

1.2.4 Weiterer Bedarf

Anhaltspunkte für weitere Leistungen sind dem Sachverhalt nicht zu entnehmen. U. a.. ergibt sich auch kein weiter Bedarf im Rahmen des Bildungs- und Teilhabepakets. Zwar könnte nach § 34 Abs. 7 SGB XII die Übernahme der Mitgliedsbeiträge für den Tischtennisverein in Höhe von 7,50 € in Frage kommen. Eine Übernahme kommt aber nur für Leistungsberechtigte bis zur Vollendung des 18. Lebensjahres in Frage.

1.2.5 Gesamtbedarf

Damit ergibt sich folgender Gesamtbedarf.

Bedarfsgegenstand	Betrag	Rechtsgrundlage
Regelbedarf	409,00 €	§ 42 Nr. 1 iVm § 27a, § 28 SGB XII, Anlage zu § 28 SGB XII
Kosten der Unterkunft	175,00 €	§ 42 Nr. 4 iVm § 35 Abs. 1, Abs. 2 SGB XII
Kosten der Heizung	40,00 €	§ 42 Nr. 4 iVm § 35 Abs. 4 SGB XII
Gesamtbedarf	624,00 €	

1.2.6 Einkommen

Dem Bedarf ist das zu berücksichtigende Einkommen gegenüberzustellen (§ 19 Abs. 2, § 41 Abs. 1 SGB XII). § 43 Abs. 1 SGB XII verweist auf die Anwendbarkeit der Vorschriften der §§ 82 bis 84 SGB XII sowie der §§ 90, 91 SGB XII. Damit sind die Bestimmungen zum Einkommens- und Vermögenseinsatz des 11. Kapitels SGB XII für die Leistungsermittlung relevant.

Zum Einkommen gehören alle Einkünfte in Geld oder Geldeswert, unabhängig von ihrer Herkunft, Rechtsnatur und Steuerpflicht (vgl. § 82 Abs. 1 S. 1 SGB XII i.V.m. § 1 VO zu § 82 SGB XII). Maßgebend ist das, was im Bedarfszeitraum – hier der Monat Dezember – zugeflossen ist (sog. Zuflusstheorie).

Kindergeld

Als Zufluss in Geld kommt das Kindergeld in Frage. Grundsätzlich ist es nach dem Einkommensteuerrecht (vgl. §§ 62 ff. EStG) Einkommen der kindergeldberechtigten Mutter. Allerdings gilt nach § 82 Abs. 1 S. 3 SGB XII, dass bei Minderjährigen das Kindergeld dem jeweiligen Kind als Einkommen zuzurechnen ist, soweit es bei diesem zur Deckung des notwendigen Lebensunterhalts benötigt wird. Diese für das Sozialhilferecht geltende Spezialregelung ist nicht anwendbar, da Sebastian mit 20 Jahren nicht mehr minderjährig (vgl. § 2 BGB) ist. § 82 Abs. 1 S. 3 SGB XII gilt im konkreten Fall auch und insbesondere, obwohl Sebastian behindert ist. Etwas anderes kann nur dann gelten, wenn das Kindergeld tatsächlich an Sebastian weitergeleitet wird, da Einkommen nach der Zuflusstheorie grundsätzlich bei demjenigen bedarfsmindernd anzurechnen ist, bei dem es zufließt (vgl. auch § 1 Abs. 1 Nr. 8 ALG II-V). Das ist aber laut Sachverhalt nicht der Fall. Damit bleibt es Einkommen der Mutter Christiane Müller.

Arbeitsentgelt in WfbM

Weiterhin erzielt Sebastian ein Arbeitsentgelt aus einer Tätigkeit im Arbeitsbereich einer WfbM. Da es im Bedarfsmonat als „Geld" zufließt, stellt das Arbeitsentgelt Einkommen dar. Dieses Einkommen ist auch nicht nach den § 82 Abs. 1, § 83, § 84 SGB XII unberücksichtigt zu lassen. Insbesondere ist § 83 Abs. 1 SGB XII nicht einschlägig. Nach dieser Vorschrift sind unter bestimmten Voraussetzungen Leistungen aus öffentlich-rechtlichen Vorschriften unberücksichtigt zu lassen. Bei dem Arbeitsentgelt handelt es um ein privatrechtliches Entgelt und nicht um eine Leistung aus öffentlich-rechtlicher Vorschrift. Dies ergibt sich bereits aus dem Begriff „Entgelt" (§ 138 Abs. 1, Abs. 2 SGB IX), aus dem Begriff „Vertrag" (§ 138 Abs. 3 SGB IX) sowie daraus, dass sich der behinderte Mensch im Arbeitsbereich anerkannter Werkstätten gemäß § 138 Abs. 1 SGB IX in einem „arbeitnehmerähnlichen Rechtsverhältnis" zur WfbM befindet und deshalb einen Anspruch auf „Arbeitsentgelt" besitzt. Die Werkstätten sind verpflichtet, an die im Arbeitsbereich beschäftigten behinderten Menschen aus dem erwirtschafteten Arbeitsergebnis ein Arbeitsentgelt zu zahlen. Die

II. Fall 2 (Weber)

Vorschrift konkretisiert § 136 Abs. 1 S. 2 Nr. 1 SGB IX, wonach die Werkstätten den dort beschäftigten behinderten Menschen eine Beschäftigung zu einem ihrer Leistung angemessenen Arbeitsentgelt aus dem Arbeitsergebnis anzubieten haben. Schließlich geht § 82 Abs. 3 S. 2 SGB XII davon aus, dass von dem „Entgelt" in einer WfbM ein bestimmter Freibetrag freizulassen ist. Die Vorschrift hätte keinen Sinn, wenn das Entgelt zuvor unberücksichtigt gelassen werden müsste.

Aufgrund dieser Feststellungen erzielt Sebastian Einkommen aus einer Erwerbstätigkeit. Bei einer solchen Einkommensart sind neben Steuern und Sozialversicherungsbeiträgen (vgl. § 82 Abs. 2 Nr. 1, Nr. 2 SGB XII), die laut Sachverhalt bereits abgezogen sind, gemäß § 82 Abs. 2 Nr. 4 SGB XII die mit der Erzielung des Einkommens verbundenen notwendigen Ausgaben einkommensmindernd zu berücksichtigen. Die nach dieser Vorschrift abzusetzenden Ausgaben sind für Einkünfte aus nichtselbständiger Tätigkeit in § 3 VO zu § 82 SGB XII näher beschrieben. Vorliegend kommt – im Rahmen einer **Ermessensentscheidung** – die Berücksichtigung der Arbeitsmittelpauschale nach § 3 Abs. 4 Nr. 1 i.V.m. § 3 Abs. 5 VO zu § 82 SGB XII mit 5,20 € in Betracht, wenn nicht im Einzelfall höhere Aufwendungen nachgewiesen werden. Der Sachverhalt enthält keine Angaben über (höhere) Ausgaben. Es darf unterstellt werden, dass für Erwerbstätige immer Aufwendungen im Rahmen der Arbeitstätigkeit anfallen. U. a.. deshalb erkennt der Gesetzgeber auch die Werbungskostenpauschale im Rahmen der Einkommensteuererklärung an, auch wenn die Aufwendungen hier nicht konkret nachgewiesen werden. Das Ermessen ist daher dahingehend auszuüben, den Pauschalbetrag anzuerkennen.

Arbeitsförderungsgeld

Als Zufluss in Geld stellt auch das Arbeitsförderungsgeld nach § 43 SGB IX sozialhilferechtlich Einkommen dar. Aus § 43 S. 1 SGB IX ergibt sich, dass es zusätzlich zu der Vergütung, d. h. zu dem in der WfbM erzielten Arbeitsentgelt ausgezahlt wird. In § 43 S. 2 SGB IX heißt es, dass das „Arbeitsentgelt zusammen mit dem Arbeitsförderungsgeld" ausgezahlt wird.

Aus diesen gesetzlichen Aussagen ist zu schlussfolgern, dass das Arbeitsförderungsgeld als Arbeitsentgelt gelten soll bzw. inhaltlich mindestens in dessen Nähe rückt. Somit ist es das Ziel des Arbeitsförderungsgeldes, die Arbeitsentgelte der im Arbeitsbereich der Werkstätten beschäftigten behinderten Menschen zu erhöhen. Zwar wird das Arbeitsförderungsgeld ursprünglich von den Sozialhilfeträgern an die WfbM ausgezahlt (vgl. § 43 S. 1 SGB IX), die es an die behinderten Menschen weiterleiten, so dass das Arbeitsförderungsgeld **kein Teil des Arbeitsergebnisses** darstellt. Vor dem Hintergrund des Zusammenhangs von Arbeitsentgelt und Arbeitsförderungsgeld ist es aber als gemeinsames Einkommen aus Erwerbstätigkeit zu betrachten. Vor allem stellt das Arbeitsförderungsgeld **Arbeitsentgelt i. S. der Vorschriften des § 14 SGB IV** dar, daneben ist es steuerrechtlich zu behandeln als Einkünfte aus nichtselbständiger Tätigkeit. Das bedeutet, dass auch hier § 83 SGB XII nicht anwendbar ist, da es sich nicht um eine Leistung handelt, die aufgrund von öffentlich-rechtlicher Vorschrift erbracht wird.

Nach dem vor dem beschrieben Hintergrund Arbeitsförderungsgeld als Einkommen zu betrachten ist, sieht § 82 Abs. 2 Nr. 5 SGB XII vor, dass das Arbeitsförderungsentgelt in voller Höhe vom Einkommen abzusetzen ist. Damit wirkt sich diese „Lohnsubvention" im Ergebnis nicht bedarfsmindernd aus.

Erwerbstätigenfreibetrag

Daneben ist nach § 82 Abs. 3 S. 1 SGB XII die Absetzung eines Freibetrages wegen Erwerbstätigkeit von 30 v.H. des Einkommens aus nichtselbständiger Tätigkeit vorzunehmen. Die Vorschrift wird allerdings durch die spezielle Regelung des § 82 Abs. 3 S. 2 SGB XII verdrängt.[114] Danach ist bei einer Beschäftigung in einer Werkstatt für behinderte Menschen von dem Entgelt ein Achtel der Regelbedarfsstufe 1 nach der Anlage zu § 28 zuzüglich 50 Prozent des diesen Betrag übersteigenden Entgelts abzusetzen.

Problematisch ist, ob der Freibetrag nur von dem Arbeitsentgelt in der WfbM ermittelt wird oder von dem Arbeitsentgelt plus dem Arbeitsförderungsgeld.

Gegen die Berücksichtigung spricht, dass das Arbeitsförderungsgeld kein Entgelt i.S. des § 138 Abs. 2 SGB IX ist (s. o.). Es wird von der WfbM als besonderer Lohnanreiz nur an den Beschäftigten durchgereicht.

Andererseits wird es als Teil des Arbeitsentgelts behandelt und soll zu dessen Erhöhung beitragen. Auch handelt es sich beim Arbeitsförderungsgeld um eine sozialversicherungspflichtige Einnahme i.S. des § 14 SGB IV. Es wird daher die Meinung vertreten, dass der Freibetrag von einem Entgelt einschließlich des Arbeitsförderungsgeldes zu ermitteln ist (siehe auch obige Ausführungen).

Weiterhin ist problematisch, ob von dem Bruttoarbeitsentgelt oder von dem sozialhilferechtlich bereinigten Arbeitseinkommen auszugehen ist. Der Wortlaut des § 82 Abs. 3 S. 1 SGB XII geht davon aus, dass nach Absetzung der in § 82 Abs. 2 SGB XII genannten Beträge der Erwerbstätigenfreibetrag abzusetzen ist. Das ergibt sich aus dem Wort „ferner".

Andererseits wird der Begriff „Einkommen" verwendet. Sowohl im SGB II als auch im SGB XII wird dieser Begriff dahingehend verstanden, dass es sich um das Bruttoeinkommen handelt (vgl. § 3 Abs. 3 S. 1 VO zu § 82 SGB XII). Aus Gleichbehandlungsgründen ist es daher angezeigt, auch im SGB XII von dem Bruttoeinkommen auszugehen, wenn es um die Ermittlung des Erwerbstätigenfreibetrages geht. Darüber hinaus ist der Begriff „ferner" in § 82 Abs. 3 SGB XII nicht so zu verstehen, dass Bezugspunkt für die Berechnung des Absetzungsbetrages nach Absatz 3 das nach Absatz 2 der Vorschrift ermittelte Einkommen wäre und mit dem Begriff „ferner" eine Reihenfolge der Berechnung vorgegeben wird. Das Wort „ferner" ist vielmehr erforderlich, um klarzustellen, dass die Absetzung für Erwerbstätigkeit nur bei der Einkommensberechnung bei der Hilfe zum Lebensunterhalt und der Grundsicherung erfolgt, nicht aber etwa bei der Eingliederungshilfe.

Danach wird der Erwerbstätigenfreibetrag wie folgt ermittelt:[115]

---

114 Ab dem 01.07.2017 existiert ein alternativer Erwerbstätigenfreibetrag nach § 82 Abs. 3a SGB XII. Danach wird auch für Personen, die u.a. Eingliederungshilfe erhalten, ein Betrag in Höhe von 40 Prozent des Einkommens aus nichtselbständiger Tätigkeit von dem Einkommen aus Erwerbstätigkeit abgesetzt, höchstens jedoch 65 Prozent der Regelbedarfsstufe 1 nach der Anlage zu § 28 SGB XII. Diese Voraussetzungen treffen auch auf Sebastian zu, weil er neben den Leistungen zum Lebensunterhalt auch Eingliederungshilfe vom überörtlichen Träger der Sozialhilfe erhält, der den Aufenthalt in der Werkstatt für behinderte Menschen finanziert. Beide Regelungen - § 82 Abs. 3 SGB XII und § 82 Abs. 3a SGB XII – sind nach hier vertretener Auffassung nebeneinander anwendbar. Allerdings ist die Regelung des § 82 Abs. 3 SGB XII für Sebastian günstiger, so dass die Anwendung dieser Vorschrift vorzugswürdig erscheint. Mit der Neuregelung des § 82 Abs. 3a SGB XII bezweckte der Gesetzgeber keine Schlechterstellung im Vergleich zum bisherigen Recht.

115 Nach anderer Auffassung wird der Erwerbstätigenfreibetrag vom Bruttoeinkommen abzüglich des Arbeitsförderungsgeldes berechnet. Danach wäre das Arbeitsförderungsgeld kein Einkommen aus Erwerbstätigkeit, da es sich um eine staatliche Transferleistung handelt. Es erscheine auch nicht ange-

II. Fall 2 (Weber)

Rechnungsvorgang	Zwischen-ergebnis	Betrag
1/8 von 409		- 51,13 €
202,00 € abzügl. -51,13 €	150,88 €	
150,88 € mal 0,50		- 75,44 €
Erwerbstätigenfreibetrag		**- 126,56 €**

Danach ist folgendes anrechenbares Einkommen zu berücksichtigen:

EK-Ermittlung	Betrag	Rechtsgrundlage
Bruttoeinkommen	202,00 €	§ 3 Abs. 3 Satz 1 VO zu § 82 SGB XII
abzgl. Arbeitsmittelpauschale	- 5,20 €	§ 82 Abs. 2 Nr. 4 SGB XII; § 3 Abs. 4 Nr. 1 iVm § 3 Abs. 5 VO zu § 82 SGB XII
abzgl. Arbeitsförderungsgeld	- 52,00 €	§ 82 Abs. 2 Nr. 5 SGB XII
abzgl. Erwerbstätigenfreibetrag	- 126,56 €	§ 82 Abs. 3 Satz 2 SGB XII
zu berücksichtigendes Einkommen	18,24 €	

1.2.7 Vermögen

Es ist nur angemessener Hausrat vorhanden, der nach § 90 Abs. 2 Nr. 4 SGB XII geschützt ist. Barvermögen oder Sparvermögen ist bis zu einer Summe von 5.000,00 € nicht zu berücksichtigen (§ 90 Abs. 2 Nr. 9 SGB XII, § 1 Satz 1 Nr. 1 VO zu § 90 Abs. 2 Nr. 9 SGB XII).

1.3 Ergebnis für Sebastian Müller

Im Ergebnis besteht folgender Anspruch auf Grundsicherungsleistungen:
624,00 € - 31,24 €= 592,76 €.

1.4 Beginn der Leistung

Leistungen der Grundsicherung nach dem 4. Kap. SGB XII werden gemäß § 44 Abs. 1 S. 1 SGB XII auf Antrag gewährt. Als Ausnahme von dem für die Sozialhilfe geltenden Kenntnis¬grundsatz (vgl. § 18 Abs. 1 SGB XII) reicht demnach das Bekanntwerden einer Notlage beim Träger der Sozialhilfe nicht aus. Es ist vielmehr ein ausdrücklicher Antrag erforderlich, der von Frau M. in Vertretung (§ 1902 BGB, § 16 SGB I) für ihren Sohn am 01.09. gestellt wurde.

Die Grundsicherung im Alter und bei Erwerbsminderung wird bei der erstmaligen Bewilligung ab dem Ersten des Monats gezahlt, in dem der Antrag gestellt worden ist (vgl. § 44 Abs. 2 S. 1 SGB XII). Damit muss auch hier der zuständige Leistungsträger ab dem 01.09. die Leistung erbringen.

---

zeigt, auf einen sozialpolitischen Anreiz nochmals einen Anreiz in Form eines Freibetrages aufzubauen (vgl. Thüringer LSG, Urteil vom 09.09.2015, L 8 SO 273/13).

1.5 Form der Hilfe / Leistungsart

Die Leistungen der Grundsicherung im Alter und bei Erwerbsminderung werden in Form von Dienstleistungen, Geldleistungen und Sachleistungen erbracht (vgl. § 10 SGB XII, wobei die Geldleistung bei den Leistungen zur Sicherung des Lebensunterhaltes der Regelfall ist. Der Sachverhalt enthält keine Anhaltspunkte dafür, von diesem Grundsatz abzuweichen.

Aufgabe 3)

Der Aufgabentypus bei Leistungen der Grundsicherung für Arbeitsuchende (SGB II)

Im Zweiten Buch Sozialgesetzbuch (SGB II) besteht die Besonderheit, dass für die Aufgaben der Grundsicherung für Arbeitsuchende zwei unterschiedliche Leistungsträger zuständig sind, sofern es sich nicht um einen zugelassenen kommunalen Träger handelt (vgl. §§ 6a, 6b SGB II). Die zwei Leistungsträger werden in § 6 SGB II genannt. Es handelt sich zum einen um die Bundesagentur für Arbeit (vgl. auch § 19a SGB I) und zum anderen um die Kreise und kreisfreien Städte als Kommunale Träger (vgl. auch § 19a SGB I). Die prinzipiell geteilte Aufgabenträgerschaft wird durch das Konstrukt der „gemeinsamen Einrichtung" nach § 44b SGB II wieder zusammengeführt. Die Gemeinsame Einrichtung ist eine (teil-) rechtsfähige öffent¬lich-rechtliche Gesellschaft sui generis , die gegenüber dem Leistungsempfänger als ein „Ansprechpartner" einheitlich auftritt.

Vor dem beschriebenen Hintergrund werden zwei verschiedene Aufgabentypen wahrgenommen:

Für den kommunalen Träger gilt nach § 1 AG-SGB II NRW: Die kreisfreien Städte und Kreise als kommunale Träger nehmen die ihnen nach dem Zweiten Buch Sozialgesetzbuch obliegenden Aufgaben der Grundsicherung für Arbeitsuchende als Pflichtaufgaben zur Erfüllung nach Weisung wahr.

Für die Bundesagentur für Arbeit gilt: es handelt sich um eine staatliche Bundesaufgabe. Die Bundesagentur führt die Aufgabe im Auftrage des Bundes durch, so dass nach § 47 SGB II nicht nur eine Rechts-, sondern auch eine Fachaufsicht gesetzlich verankert ist. Aus der Perspektive des Bundes regelt § 44b SGB II insofern nur Wahrnehmungszuständigkeiten.

Der Aufgabentypus bei Leistungen nach dem 4. Kapitel SGB XII

Gemäß § 46a SGB XII trägt der Bund seit dem Jahr 2014 100% der Kosten. Damit gilt kraft Verfassungsrecht, dass es sich um eine Bundesauftragsangelegenheit nach Art. 104 Abs. 3 S. 2 GG i. V. m Art. 85 GG im Verhältnis Bund-Land handelt. Im Rahmen der Bundesauftragsverwaltung kann die Bundesregierung mit Zustimmung des Bundesrates allgemeine Verwaltungsvorschriften erlassen. Des Weiteren unterliegen die Landesbehörden den Weisungen der obersten zuständigen Bundesbehörde. Die Weisungen werden in der Regel an die oberste Landesbehörde (Sozialministerium) gerichtet, welche den Vollzug sicherzustellen hat. Die Bundesaufsicht erstreckt sich auf die Gesetzmäßigkeit und Zweckmäßigkeit der Ausführung des Vierten Kapitels des SGB XII. Dazu kann der Bund Berichte und Vorlage der Akten verlangen sowie Beauftragte zu allen Behörden entsenden (vgl. Artikel 85 Abs. 2 – 4 GG). Nach § 46a Abs. 4 SGB XII haben die Länder zu gewährleisten, dass die Ausgaben nach dem Vierten Kapitel SGB XII nach den Grundsätzen der Wirtschaftlichkeit und Sparsamkeit erbracht werden.

Im Verhältnis Land-Kreise handelt es sich um eine Pflichtaufgabe zur Erfüllung nach Weisung. Das Land NRW macht von seiner Befugnis aus § 5 Abs. 3 S. 2, S. 3 LOG NRW Gebrauch. Danach kann das Land Nordrhein-Westfalen bei Durchführung von Bundesrecht bestimmen, dass diese Aufgaben als Pflichtaufgaben zur Erfüllung nach Weisung wahrgenommen werden; der Umfang des Weisungsrechts und die Aufsichtsbehörden sind in der Rechtsverordnung zu bestimmen.

Dem folgend regelt § 1 Abs. 2 AG-SGB XII: Soweit Geldleistungen erbracht werden, wird das Vierte Kapitel SGB XII in Bundesauftragsverwaltung durchgeführt. **Die örtlichen** und überörtlichen **Träger** nehmen dann die ihnen nach dem Vierten Kapitel SGB XII **obliegenden Aufgaben als Pflichtaufgabe zur Erfüllung nach Weisung wahr.**

Die bei dieser Aufgabenart vorhandene Sonderaufsicht führt i.d.R. zu einer beschränkte Fachaufsicht (vgl. § 3 Abs. 2 GO NRW). Dazu bestimmt § 2 Abs. 4 AG-SGB XII NRW: „Soweit die Träger die Aufgaben nach dem Vierten Kapitel SGB XII in **Bundesauftragsverwaltung** durchführen, kann die aufsichtsführende Behörde den Trägern Weisungen erteilen, um die gesetzmäßige und zweckmäßige Erfüllung der Aufgaben zu sichern. Das Weisungsrecht ist unbeschränkt und erstreckt sich auch auf
1. die Prüfung, dass die Ausgaben für Geldleistungen für die Ausführung des Vierten Kapitels SGB XII begründet und belegt sind und den Grundsätzen für Wirtschaftlichkeit und Sparsamkeit entsprechen und
2. die Ermöglichung des Abrufs der Bundeserstattung nach § 46a Absatz 2 SGB XII und den Nachweis der Ausgaben i.S.v. § 46a Absatz 3 bis 5 SGB XII."

Die gesetzliche Regelung ist nach dem Wortlaut „gegenstandslos", weil die Kreise und kreisfreien Städte als Träger der Leistungen nach dem 4. Kapitel (Grundsicherung im Alter und bei Erwerbsminderung, vgl. § 1 Abs. 2 AG-SGB XII NRW i.V.m. § 1 Abs. 1 AG SGB XII NRW) die Aufgabe nicht als **Bundesauftragsverwaltung**, sondern als Pflichtaufgabe zur Erfüllung nach Weisung durchführen und damit die Voraussetzungen für die Fachaufsicht bzw. Sonderaufsicht gegenüber den Kreisen als örtliche Träger nicht vorliegen. Nach Kenntnis des Verfassers ist diese problematische gesetzliche Regelung bzw. Frage noch nicht geklärt.

Aufgabe 4)

In diesem Fall bildet Sebastian mit seiner Mutter eine Bedarfsgemeinschaft nach dem SGB II, weil er nun dem Haushalt der Mutter angehört und die übrigen Voraussetzungen des § 7 Abs. 3 Nr. 1 und § 7 Abs. 3 Nr. 4 SGB II erfüllt sind.

Grundsätzlich genießt Sebastian auch in dieser Fallkonstellation einen vorrangigen Anspruch auf Leistungen nach dem 4. Kapitel SGB XII (vgl. § 19 Abs. 1 S. 2 SGB II, § 5 Abs. 2 S. 2 SGB II).

Mitglieder gemischter Bedarfsgemeinschaften, bei denen Mitglieder der Bedarfsgemeinschaften nicht vom Leistungsbezug nach dem SGB II (z. B. Altersrentner nach § 7 Abs. 4 SGB II, BAföG-Berechtigte nach § 7 Abs. 5 SGB II) ausgeschlossen sind, können noch einen ergänzenden Anspruch auf Leistungen nach dem SGB II in Form von Sozialgeld besitzen. Dies folgt aus der „soweit"-Regelung in § 19 Abs. 1 S. 2 SGB II sowie aus dem systematischen Kontext des § 5 Abs. 2 S. 2 SGB II.

Deshalb ist eine **Vergleichsberechnung** nach dem SGB II notwendig. Diesbezüglich ist folgendes festzustellen:

- Im SGB II wird für Sebastian kein Grundfreibetrag (§ 11b Abs. 2 SGB II) gewährt, da er nicht zu den erwerbsfähigen Leistungsberechtigten zählt. Eine analoge Anwendung scheidet aus, da auf die im Vergleich zum Grundfreibetrag allgemeinen Regelungen nach § 11b Abs. 1 S. 1 SGB II zurückgegriffen werden kann und deshalb eine (planwidrige) Regelungslücke zu verneinen ist.
- Es kann daher vom Einkommen nur die einkommensartunabhängige Versicherungspauschale nach § 11b Abs. 1 S. 1 i. V. m. § 6 Abs. 1 Nr. 1 ALG II-V abgezogen werden.
- Ein Erwerbstätigenfreibetrag wird wegen planwidriger Regelungslücke für nicht erwerbsfähige Personen, die erwerbstätig sind, in analoger Anwendung nach § 82 Abs. 3 SGB XII gewährt. Diesbezüglich ergeben sich für Sebastian keine Änderungen.
- Das Arbeitsförderungsgeld stellt auch im SGB II zu berücksichtigendes Einkommen dar. § 11a Abs. 3 SGB II ist nicht einschlägig (vgl. obige Ausführungen zur inhaltlich identischen Regelung des § 83 Abs. 1 SGB XII). Es gibt im SGB II auch keine Absetzmöglichkeit, da es an einer Parallelregelung zu § 82 Abs. 2 Nr. 5 SGB XII im SGB II mangelt. Allerdings kann daran gedacht werden, § 82 Abs. 2 Nr. 5 SGB XII analog anzuwenden.
- Das Kindergeld wird nach § 11 Abs. 1 S. 5 SGB II bei Sebastian angerechnet, da er noch nicht das 25. Lebensjahr vollendet hat. § 11 Abs. 1 S. 5 SGB II ist eine Spezialregelung zu § 82 Abs. 1 S. 3 SGB XII, da es auch die Anrechnung von Kindergeld beim Kind im Fall der Volljährigkeit erlaubt. Die Wissensdatenbank der Bundesagentur für Arbeit bestimmt dazu: „In § 11 Abs. 1 S. 5 SGB II hingegen rechnet der Gesetzgeber das Kindergeld ausdrücklich dem volljährigen Kind unter 25 Jahren zu, wenn es noch bei den Eltern wohnt. Diese gesetzliche Regelung ist von den Leistungsträgern auszuführen, d. h. das Kindergeld ist bei dem volljährigen Kind anzurechnen, wenn es noch bei den Eltern wohnt und das Geld zur Sicherung seines Lebensunterhalts, mit Ausnahme der Bedarfe für Bildung und Teilhabe, benötigt. Eine Doppelberücksichtigung ist nicht zulässig, d. h. Kindergeld, das bereits bei dem Kind berücksichtigt wurde, darf nicht mehr auf die Leistungen der Mutter [im SGB XII] angerechnet werden."

Damit verfügt Sebastian, insbesondere **durch die Berücksichtigung von Kindergeld**, im SGB II insgesamt über höheres Einkommen als im SGB XII. Andererseits ist seit dem 01.01.2017 zu berücksichtigen, dass Sebastian im SGB XII den Regelsatz der Regelbedarfsstufe 1 erhält, während er im SGB II gemäß § 20 Abs. 2 S. 2 Nr. 2 SGB II analog nur 347,00 € erhalten würde[116]. Im Ergebnis hat aber Sebastian im SGB II einen niedrigeren Leistungsanspruch als im SGB XII. Ein ergänzender Anspruch auf Leistungen nach dem SGB II kommt folglich nicht in Frage.

Damit besteht auch kein Anspruch auf Sozialgeld nach dem SGB II.

Sebastian Müller kann folglich in der Berechnung nach dem SGB II unberücksichtigt gelassen werden.

---

116 Diese Ungleichbehandlung dürfte einen Verstoß gegen Art. 3 GG darstellen, so dass diese Norm verfassungskonform auszulegen ist und ebenfalls im SGB II die Regelbedarfsstufe 1 zu gewähren ist.

Literaturverzeichnis

Bader/Ronellenfitsch, Verwaltungsverfahrensgesetz, Kommentar, 2. Aufl. 2016.
Beaucamp, Ermessen der Verwaltung: Frei? Pflichtgemäß? Reduziert? Intendiert? - Eine Bestandsaufnahme, JA 2006, S. 74.
Beaucamp, Zum Analogieverbot im öffentlichen Recht, AöR 2009, S. 83.
Beaucamp/Treder, Methoden und Techniken der Rechtsanwendung, 2. Aufl. 2011.
Diederichsen/Wagner, Die BGB-Klausur, 9. Aufl. 1998.
Göhler, Ordnungswidrigkeitengesetz, 17. Aufl. 2017.
Haurand, Allgemeines Polizei- und Ordnungsrecht Nordrhein-Westfalen, 7. Aufl. 2017.
Haurand/Vahle, Das Reiterdenikmal. Fallbeabeitung aus dem Kommunalrecht, DVP 2014, S. 460.
Hofmann/Theisen/Bätge, Kommunalrecht in Nordrhein-Westfalen, 15. Aufl. 2013.
Kleeerbaum, Gemeindordnung Nordrhein-Westfalen, 2. Aufl. 2013.
Kleerbaum, Kreisordnung Nordrhein-Westfalen, 1. Aufl. 2009
Knollmann/Wilhelm, Der praktische Fall: Ein unwillkommener Abenteuerspielplatz, VR 1994, S. 58.
Kohler-Gehrig, Einführung in das Recht, 2010.
Kopp/Ramsauer, VwVfG, Kommentar, 18. Aufl. 2017.
Kopp/Schenke, VwGO, Kommentar, 23. Aufl. 2017.
Linhart, Einführung in das Recht, 2015.
Maurer, Allgemeines Verwaltungsrecht, 19. Aufl. 2017.
Michel/Kienzle/Pauly, Das Gaststättengesetz, 14. Aufl. 2003.
Prütting/Wegen/Weinreich, BGB, Kommentar, 7. Aufl. 2012.
Rüthers/Fischer/Birk, Rechtstheorie mit juristischer Methodenlehre, 7. Aufl. 2013.
Sadler, VwVG. VwZG, Kommentar, 9. Aufl. 2014.
Sauer/Freudenberg/Jung, Sozialgesetzbuch für die Praxis – SGB-Kommentar, 1. Aufl. 2012.
Schmalz, Methodenlehre für das juristische Studium, 4. Aufl. 1998.
Schoch, Das intendierte Ermessen, Jura 2010, S. 358.
Sodan/Ziekow, VwGO, Kommentar, 4. Aufl. 2014.
Tegtmeyer/Vahle, Polizeigesetz Nordrhein-Westfalen, 11. Aufl. 2014.
Vahle, Schutz der Sozialmoral im Recht, Gute Sitten und öffentliche Ordnung im Privatrecht und im öffentlichen Recht, DVP 2007, S. 49.
Voßkuhle, Der Grundsatz der Verhältnismäßigkeit, JuS 2007, S. 429.
Wienbracke, Der Verhältnismäßigkeitsgrundsatz, ZJS 2013, S. 148.
Wolff/Bachof/Stober, Verwaltungsrecht Band 1, 11. Aufl. 1999.
Zippelius, Juristische Methodenlehre, 11. Aufl. 2012.

Stichwortverzeichnis

Die Zahlen beziehen sich auf die Randnummern.

Abschließende Aufzählung 18
Abstrakte verwaltungsgerichtliche Normenkontrolle 141
Abwägungsdefizit 109
Abwägungsdefizit (Ermessen) 109
Abwägungsdisproportionalität 109
Allgemeine Ausführungen 230
Allgemeine Rechtsgrundsätze 152
Alternative 6
Alternative oder kumulative Reihung 16
- unklar 17
Analogie 200
- Gebot der Gleichbehandlung 207
- gleichgerichtete Interessenslage 206
- rechtsähnlicher Tatbestand 207
- Regelungslücke 205
- Voraussetzung 204
- Wertungsfrage 202
Angemessenheitsprüfung 120
Angstschreibe 260
Anhörung 191
Anspruchsgrundlage 11
Anspruchsgrundlage - Beispiele 11
Anspruchskonkurrenz 37
Antrag 22
Antwortnorm 10, 229
- einfach aufgebaute 12
- Einstiegsantwortnorm 21
- finden 60
- schwierig aufgebaute 21
- unpassend 231
Anwendungsbereich 28
Anwendungsvorrang 122
- abschließende Regelung 131
Argumentationstechnik 245
Argumentationsumfang in der Klausur 237
Aufbauschema 235
Ausdrucksweise in Klausuren 264
Auslegung 176
- unbestimmter Rechtsbegriff 176

Auslegung eines unbestimmten Rechtsbegriffs 69
Auslegungsmethoden
- Reihenfolge 180
Auswahl der Einstiegsantwortnorm 61
Auswahlermessen 94, 101

Befangenheit 42
Befugnisnorm 11
Beispielhafte Aufzählung 18
Bekanntgabe eines Verwaltungsaktes 128
Bekanntgabefiktion 34
Bekanntgabevermutung 34
Beschlussfähigkeit 197
Bestimmte Rechtsbegriffe 80
Beurteilungsspielraum 87
Beweislastumkehr 31
Bewertung einer Klausur 259
BGBl Bundesgesetzblatt

Contra legem 220

Deduktionsvorgang 45
Definitionsstufe 49

Einrede 41
- Verjährung 41
Einstiegsantwortnorm 21, 229
- richtige Auswahl 62
Einwendung 23, 40
- rechtshindernd 40
- rechtsvernichtend 40
Entscheidungsprogramm 43
Entschließungsermessen 101
Entsprechend anwendbar 209
Entsprechend vs. analog 209
Entsprechende Anwendung 37
Ergebnisstil 240 f.
Ermächtigungsgrundlage 11
Ermächtigungsgrundlage - Beispiele 11
Ermächtigungsnorm 11

Ermessen 91
- Abwägungsdefizit 109
- Auslegungsmethoden 181
- Auswahlermessen 101
- Entschließungsermessen 101
- Ermessensfehler 106
- Ermessensreduzierung 102
- Ermessensüberschreitung 113
- freies Ermessen 98
- gebundenes Ermessen 103
- gebundenes Ermessen (atypik) 104
- Handlungsspielraum 97
- intendiertes Ermessen 105
- pflichtgemäßes Ermessen 100
- sachfremde Erwägungen 110
- Verhältnismäßigkeitsprinzip 115
- Wahl der richtigen Rechtsfolge 99
- zweckmäßige Entscheidung 97

Ermessensentscheidung 93
Ermessensfehler 106, 109
Ermessensfehlgebrauch 106 f., 109
Ermessenslenkende Verwaltungsvorschriften 111
Ermessensreduzierung 102
Ermessensschranke 116
Ermessensüberschreitung 106, 113, 115
Ermessensunterschreitung 112
Erst-Recht-Schluss 164, 210
Erwerbstatigenfreibetrag 207
Europäisches Fürsorgeabkommen 168
Europarecht
- Primärrecht 160
- Sekundärrecht 162

Fallbearbeitung
- Sachverhalt 221

Falsifizierung 229, 245
Fiktion der Beschlussfähigkeit 35
Fiktionsregelung 33, 197
Finden der richtigen Antwortnorm 60
Förderalistische Prinzip 148
Freies Ermessen 98

Gebundene Entscheidung 92
Gebundenes Ermessen 103
Gegennorm
- Bedeutung 42

Gegennormen 39
Geltungsbereich 28

Geltungsvorrang 133
- Satzung 138

Genau zitieren 262
Generalklausel 74
Gesetzeserhaltende Auslegung 198
GewO 60
Gewohnheitsrecht 151
Gliederung der Klausur 232
GO 35
Grammatikalische Auslegung 182
Grenze der Auslegung 184
Grundfreibetrag 207
Gutachten
- Wertung 239

Gutachtenstil 44, 61
- Definitionsstufe 55
- Ergebnis 58
- Ergebnisstil 66, 240
- Grundregel 66
- Hinweise für die Abfassung 53
- Hypothese 53
- Subsumtion 57
- Umfang der Ausführungen 65

Gutachtenstil in der Klausurlösung 240
Gutachtentechnik 44

Halbsätze 6
Handbuch der Rechtsförmlichkeit 2
Herrschende Meinung 247
Hilfsbegründung 250
Hilfsgutachten 251, 255
Hilfsnorm 25
Historische Auslegung 192
Höflichkeitsformeln 263
Hypothese 48

Ich-Stil 279
In Verbindung mit 9
Insbesondere 18
Intendiertes Ermessen 105
Intertemporales Prozessrecht 175
Intertemporales Recht 174
Intertemporales Verfahrensrecht 175
Inzidenznormenkontrolle 142 f.

Kategorisierung von Tatbestandsmerkmalen 79
Kein Anspruch auf Fehlerwiederholung 172

Stichwortverzeichnis

Keine Analogie
– entsprechend 209
Keine Gleichheit im Unrecht 172
Klage
– Zulässigkeitsprüfung 252
Klausurtext 221
– Bearbeitungshinweise 226
– Fragestellung 227
Kollisionsregeln 135
Kombination von ‚und' und ‚oder' 19
Kompetenzen der Europäischen Union 161
Konditionale Form 267
Konjunktiv 48
Konjunktiv irrealis 267
konkrete Normenkontrolle 139
Koppelungsvorschrift 246
KWahlG 35

LBauO NRW Landesbauordnung NRW
Legaldefinition 26
Legalitätsprinzip 92
Lex specialis derogat legi generali 74
Lösungsskizze 228

Materielle Beweislast 23
Methoden der Gesetzesauslegung 179
Methodische Auslegungsregeln 178
Mitwirkungsverbot 42

Nachrang der Sozialhilfe 185
Negatives Tatbestandsmerkmal 23
Nichtigkeitsdogma 136
Niederschrift 261
Normenpyramide 133
Notwendigkeitsprinzip 72

Obersatz 48
Ohne Beurteilungsspielraum 86
Opportunitätsprinzip 93
Perspektive für Klausurerstellung 238
Pflichtgemäßes Ermessen 100
Primärrecht 160
Pro- und Contra-Argumentation 245
Prozessualer Vorrang 251
Prüfling 90
Prüfungsaufbau bei Satzungen 144

Prüfungsintensität
– Phantomstufe 67
– Trivialebene 68
– Wertungsebene 69
Prüfungsreihenfolge der Tatbestandsmerkmale 73
Prüfungsreihenfolge von Tatbestandsmerkmalen 43
Prüfungsschema 65
Prüfungsschemata 24

Recht der Europäischen Union 159
Rechtsansichten im Sachverhalt 222
Rechtserkenntnisquelle (Richterrecht) 153
Rechtsfolge
– Ermessen 91
Rechtsfolgenverweis 36, 38
Rechtsfortbildung
– contra legem 220
– teleologische Reduktion 194
Rechtsgewinnung
– verfassungskonforme Auslegung 194
Rechtsgrundsätze 150
Rechtsgrundverweis 36 f.
– Beispiel 42
Rechtsquellen 147
– Gewohnheitsrecht 147
Regelbeispiele 29
– auch 29
– in der Regel 29
– insbesondere 29
Richterrecht 153
Richtlinien (Sekundärrecht) 164
Rolle des Gutachters bei Klausurerstellung 238
Rückwirkungsverbot 144

Sachfremde Erwägungen 110
Sachverhalt
– Ergänzung 224
– Rechtsansichten 222
– Richtigkeit 222
– Tatsachen 223
Sachverhaltsauswertung 71
Sachverhaltsquetsche 223
Satzung (kommunale) 138
Schenkungsrückforderungsanspruch 42
Schranke des Ermessens 116
Sekundärrecht 162

Semikolon 6
Soll-Regelung 30
Soweit-Regelung 130, 218
Sperrwirkung durch Spezialregelung 131
Spezialrecht vor allgemeinem Recht 74
Spezielles Recht vor allgemeinen Recht 122
ständige Rechtsprechung 154
Struktur von Rechtsnormen 13
Supranationales Recht 159
Syllogistischen Schlussverfahren 45
systematische Auslegung 158, 185
Systematische Auslegung (Beispiele) 185

Tatbestandsmerkmal 14
- alternativ 15
- kumulativ 14, 16
Tatbestandsmerkmal offenlassen 249
Tatsachen im Sachverhalt 223
Teleologische Auslegung 186
teleologische Reduktion 194, 196
Transformationslehre 167

Übergangsregelung 174
Übergangsvorschrift 174
Überprüfungskompetenz 139
Überprüfungsumfang bei Beurteilungsspielräumen 89
Umkehrschluss 214
- beredtes Schweigen 216
unbestimmte Rechtsbegriffe 82
- mit Beurteilungsspielraum 87
- mit Beurteilungsspielraum (Fallgruppen) 88
- mit Beurteilungsspielraum (Prüfungsumfang) 89
- ohne Beurteilungsspielraum 86
Ungeschriebenes Recht 150
Unklarer Sachverhalt 257
Unpassende Antwortnorm 231
Untersuchungsprogramm 21, 24
Unzulässige Zitation 7
Urteilsstil 241

Variante 6
verfassungskonforme Auslegung 133, 194
Verhältnismäßigkeitsprinzip 115
- Angemessenheitsprinzip 121
- im Ordnungsrecht 118
- in der Leistungsverwaltung 119
- Prüfung 116
Verifizierung 229, 245
Vermutung 31
- Beweislastumkehr 31
Vermutungsregelung in der ZPO 32
Verordnung (Sekundärrecht) 163
Verschachtelter Prüfungsaufbau 21
Verwaltungsvorschrift 169 f.
- fehlerhafte Anwendung 172
- Gleichbehandlung 171
- Richtlinien, Erlasse, Fachliche Hinweise 172
Verwaltungsvorschriften 111
Verweisende Rechtsnorm 36
Verwerfungskompetenz 139
Völkerrecht 165
- gewohnheitsrechtliches 166
- Staatsverträge 167
Vollständige Rechtsnorm 13
Vorbemerkungen in der Lösung 63
Vorlagepflicht 139
Vorüberlegungen 230

Werbungskostenpauschale 174
Werteordnung des Grundgesetzes 157
Widerspruch zu höherrangiger Norm 133
Willenserklärung 22
Wortlautauslegung 182
- Fallvergleich 184
Wortlautauslegung (Beispiele) 184

Zitation - genaue 8
Zitieren 4
Zitierregeln 3
Zulässigkeitsprüfung 252